新文科 · 普通高等教育休闲旅游"十四五"系列教材

总主编 刘 住 肖潜辉

主编 王相彬 孟秋莉

旅游市场营销

西安交通大学出版社
XI'AN JIAOTONG UNIVERSITY PRESS

内容简介

本书依据原理阐述与实践应用相结合的理念，系统地阐述了旅游市场营销的基本理论与操作方法。全书共10章内容，力求从不同的角度，实现对旅游市场营销学的知识指导和案例呈现，以提高学生将营销理论与应用实践相结合的综合素质，进一步培养旅游产业所需的旅游市场应用型人才。

本书可作为高等院校旅游管理类专业教材，也可作为旅游企业管理者和旅游行业相关从业人员的培训教材或阅读资料。

图书在版编目(CIP)数据

旅游市场营销/王相彬，孟秋莉主编. — 西安：
西安交通大学出版社，2023.11
　新文科：普通高等教育休闲旅游"十四五"系列教材
　ISBN 978-7-5693-3561-3

Ⅰ.①旅… Ⅱ.①王… ②孟… Ⅲ.①旅游市场－市场营销学－高等学校－教材 Ⅳ.①F590.82

中国国家版本馆CIP数据核字(2023)第243438号

书　　名	旅游市场营销 Lüyou Shichang Yingxiao
主　　编	王相彬　孟秋莉
责任编辑	魏照民　李逢国
责任校对	郭　剑
装帧设计	伍　胜
出版发行	西安交通大学出版社 (西安市兴庆南路1号　邮政编码 710048)
网　　址	http://www.xjtupress.com
电　　话	(029)82668357　82667874(市场营销中心) (029)82668315(总编办)
传　　真	(029)82668280
印　　刷	陕西奇彩印务有限责任公司
开　　本	787mm×1092mm　1/16　印张 15　字数 310千字
版次印次	2023年11月第1版　2023年11月第1次印刷
书　　号	ISBN 978-7-5693-3561-3
定　　价	49.80元

如发现印装质量问题，请与本社市场营销中心联系。
订购热线：(029)82665248　(029)82667874
投稿热线：(029)82668133
读者信箱：897899804@qq.com

版权所有　侵权必究

前言

旅游是一个充满魅力和机遇的领域,不仅仅是一个庞大的产业,也是人们追求休闲、探索和文化体验的途径。旅游市场营销是旅游业成功的关键之一,它不仅关系到旅游企业的生存和发展,也深刻影响着旅游者的旅程体验。本教材旨在深入分析旅游市场营销的核心概念、策略和实践,以便使读者更好地理解和应对这个充满挑战和机遇的行业。

本教材的编写是基于对旅游市场营销领域的深入研究和实践经验,旨在提供一份全面而实用的指南。无论您是旅游从业者、学生,还是对旅游市场营销感兴趣的普通读者,这本教材都将为您提供有关如何理解、规划和成功实施旅游市场营销策略的重要知识。

本教材的内容涵盖了旅游市场营销的多个方面,包括旅游市场营销环境、旅游消费行为分析、旅游市场营销计划、旅游市场营销调研与预测、旅游市场细分与目标市场选择及定位、旅游市场产品策略与价格策略、促销策略和营销渠道策略等。我们将深入探讨旅游市场营销的特点,以满足旅游者不断变化的需求,以及使旅游企业在竞争激烈的市场中脱颖而出。

此外,本教材还将关注旅游市场营销中的新趋势和技术,如网络营销、新媒体营销、智慧旅游、定制化旅游和主题旅游。这些领域的发展不仅改变了旅游市场的营销方式,还为旅游企业和从业者提供了更多创新和发展的机会。本教材不仅提供了理论知识,还包括了实际案例和实践建议,以帮助读者将所学应用到实际工作中。我们相信,通过学习这些知识和技能,读者能够更好地理解和应对旅游市场营销中的挑战,取得更大的成功。

本书共分为10章,第一至三章为理论基础,整体介绍了旅游市场营销的概念和发展,从宏观和微观的角度对旅游市场营销的环境进行了阐述,并对旅游消费行为进行了分析,由孟秋莉和万国庆编写。第四至六章系统介绍了旅游市场营销计划、旅游市场营销调研与预测、旅游市场细分与目标市场选择等旅游市场营销的实操内容，由王相彬和魏亚洲编写。第七至九章详细介绍了旅游市场营销的基本策略，即产品策略、价格策略、营销渠道策略和促销策略，由王相彬和史良辰编写。第十章介绍了旅游市场营销的新业态和市场前沿，由魏亚洲、史良辰和万国庆编写。

本书在撰写和出版过程中，得到了众多专家、学者、同行、出版社编辑人员的帮助与支持，再次一并表示衷心感谢！由于旅游市场营销存在诸多影响因素，本书难免存在不足和错误之处，望广大读者批评指正。

最后，我们希望本教材能够激发您的思考，促使您更深入地探索旅游市场营销的各个方面。无论您是希望提高旅游企业的竞争力，还是想更好地满足旅游者的需求，这本教材都将成为您有用的工具。

作　者
2023年秋

目录

第一章　旅游市场营销概述 ······ 001
- 第一节　市场营销概述 ······ 001
- 第二节　旅游市场及旅游市场营销的内涵 ······ 009
- 第三节　旅游市场营销的发展 ······ 013
- 本章小结 ······ 018
- 核心概念 ······ 018
- 课后思考题 ······ 018

第二章　旅游市场营销环境 ······ 019
- 第一节　旅游市场营销环境的含义与特点 ······ 019
- 第二节　旅游市场营销的宏观环境 ······ 021
- 第三节　旅游市场营销的微观环境 ······ 027
- 第四节　旅游市场营销环境的 SWOT 分析 ······ 032
- 第五节　旅游市场 STP 营销战略 ······ 036
- 本章小结 ······ 042
- 核心概念 ······ 042
- 课后思考题 ······ 043

第三章　旅游消费行为分析 ······ 044
- 第一节　旅游消费行为概述 ······ 044
- 第二节　影响旅游消费行为的内、外部因素 ······ 054
- 第三节　旅游需求 ······ 058
- 第四节　旅游消费动机 ······ 064
- 本章小结 ······ 069
- 核心概念 ······ 070
- 课后思考题 ······ 070

第四章　旅游市场营销计划 ······ 071

- 第一节　旅游市场营销计划概述 ······ 071
- 第二节　旅游市场营销计划的制订 ······ 074
- 第三节　旅游市场营销计划的实施 ······ 079
- 第四节　旅游市场营销计划的控制 ······ 080
- 本章小结 ······ 083
- 核心概念 ······ 083
- 课后思考题 ······ 083

第五章　旅游市场营销调研与预测 ······ 084

- 第一节　旅游市场营销调研概述 ······ 084
- 第二节　旅游市场营销调研的程序 ······ 088
- 第三节　旅游市场营销调研的方法 ······ 090
- 第四节　旅游市场营销调研报告的撰写 ······ 095
- 第五节　旅游市场预测 ······ 100
- 本章小结 ······ 106
- 核心概念 ······ 107
- 课后思考题 ······ 107

第六章　旅游市场细分与目标市场选择及定位 ······ 108

- 第一节　旅游市场细分 ······ 108
- 第二节　旅游目标市场选择 ······ 116
- 第三节　旅游市场定位 ······ 125
- 本章小结 ······ 135
- 核心概念 ······ 135
- 课后思考题 ······ 135

第七章　旅游市场产品策略与价格策略 ······ 137

- 第一节　旅游产品概述 ······ 137
- 第二节　旅游产品生命周期理论及营销策略 ······ 141
- 第三节　旅游产品品牌策略和组合策略 ······ 145
- 第四节　旅游产品价格概述 ······ 150

第五节　旅游产品定价方法与策略 ·················· 153
　　本章小结 ····························· 158
　　核心概念 ····························· 159
　　课后思考题 ···························· 159

第八章　旅游营销渠道策略 ······················ 160
　　第一节　旅游营销渠道概述 ······················ 160
　　第二节　旅游营销渠道的类型 ···················· 163
　　第三节　旅游营销渠道的选择与管理 ················· 165
　　第四节　旅游营销渠道的发展趋势 ·················· 175
　　本章小结 ····························· 178
　　核心概念 ····························· 178
　　课后思考题 ···························· 179

第九章　旅游产品促销策略 ······················ 180
　　第一节　旅游产品促销概述 ······················ 180
　　第二节　旅游产品促销方式 ······················ 182
　　第三节　旅游产品促销组合策略 ··················· 194
　　本章小结 ····························· 198
　　核心概念 ····························· 198
　　课后思考题 ···························· 199

第十章　旅游市场营销新兴业态与市场前沿 ·············· 200
　　第一节　旅游市场营销新兴业态 ··················· 200
　　第二节　旅游营销前沿 ························ 219
　　本章小结 ····························· 227
　　核心概念 ····························· 227
　　课后思考题 ···························· 227

参考文献 ······························· 228

第一章 旅游市场营销概述

第一节 市场营销概述

美国著名市场学家菲利普·科特勒(Philip Kotler)在1984年提出了"市场"定义:可能与卖者交易的现实的和潜在的买者所构成的集合。从时空市场概念出发,市场被看作买卖的场所;从经济学角度出发,市场被认为是社会分工和商品生产的产物,是商品交换关系的总和;从市场营销学角度出发,市场被看作购买者对某个具体商品现实需求和潜在需求的总和,市场大小取决于人口、购买力和购买欲望三要素。

市场是"一只看不见的手",调节着企业的经营活动。企业需要抓住这只"手",使自己生产的产品和提供的服务能满足市场需要,能在激烈的市场竞争中击败对手,获得尽可能多的利益。

一、市场的概念

市场是社会分工和商品经济发展到一定程度的产物,哪里有社会分工和商品交换,哪里就有市场。一般来说,市场的含义包含以下三方面内容。

(一)市场是人们进行买卖活动和商品交换的场所

从商品交换地点的角度看,市场是人们进行买卖活动的地方。市场是商品生产和交换发展的必然结果。随着商品生产的发展,人们为了出卖自己生产或占有的产品以换取货币,为了购买自己所需要的生产或生活资料,总得有进行交换活动的地方和场所,这就形成了市场。

市场的出现是必然的,它随着商品交换的产生而产生,并随着商品交换的发展而发展。回顾人类历史的发展过程,随着生产力的不断提升,尤其是工业革命以后,随着蒸汽化、工业化时代的到来,人们所创造的劳动产品有了大量剩余,商品交换便开始出现,市场也逐渐形成。而随着社会分工的不断完善,逐渐出现了直接以交换为目的的商品生产,进一步促进了商品种类的增加和市场规模的扩大。如今市场已经与人们的生活息息相关,成为不可或缺的重要一环。

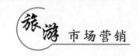

(二)市场是商品交换关系的总和

从经济学的角度看,在商品生产的条件下,由于社会分工不同,每一个生产者都需把自己生产的商品出售给别人,同时又需从别人手中购买自己所需要的商品。这样就形成了商品供给(也称商品可供量)和商品需求(也称社会购买力),即卖主提供的商品总量和买主提出的需求总额。在供给与需求的交互作用中,通过商品流通实现商品的价值,这就是市场。

在这里,商品交换关系主要指买卖双方、卖方与卖方、买方与买方、买卖双方各自与中间商、中间商与中间商之间等。这种交换关系直接表现为供给和需求的关系,而其背后则潜藏着更为复杂的社会经济利益关系。同时,市场这一概念不仅包含了供给和需求的相互依存,还包含了供给和需求在数量上的统一,即供求平衡。这种解释将市场局限在商品流通领域,是从商品交换的宏观角度来定义市场的。

(三)市场是指商品现实需求和潜在需求的总和

从市场营销角度看,市场就是在一定的购买力水平下,在各种影响需求因素的作用下,所形成的对某种商品的需求总量。市场是现实需求和潜在需求的总和,哪里有需求,哪里就有市场。市场营销主要是研究卖方的营销活动,所以在这里,市场专指买方,而不包括卖方。对卖方来说,自己就代表了供给。因此市场也可理解为某种商品的现实购买者和潜在购买者需求的总和,这样"市场"就只有需求。所以在市场营销中,市场往往等同于需求。

根据市场的第三种含义,市场包括三要素,即有某种需求的人、为满足这种需求的购买能力和购买欲望。

人口是构成市场的基本因素,哪里有人,有消费者群,哪里就有市场。一个国家或地区的人口多少,是决定市场大小的基本前提。购买力是指人们支付货币购买商品或劳务的能力。购买力的高低是由购买者收入的多少决定的。一般来说,人们收入多,购买力就高,市场和市场需求就大,反之,市场需求就小。购买欲望是指消费者购买商品的动机、愿望和要求。它是消费者把潜在的购买愿望变为现实购买行为的重要条件,因而也是构成市场的基本要素。

市场是人口、购买力和购买欲望的有机组合。这三个要素缺一不可,只有这三个要素同时具备,才能形成健全、完善、成熟的市场体系,才能称之为现实市场,才能决定市场的规模和容量。

二、市场营销的概念

在20世纪之前,现代意义上的市场营销并未出现,但是自人类社会开始商品生产和商品交换后,其思想便开始出现。我国早在春秋战国时期就出现了如子贡、范蠡等秉持"君子爱财取之有道"这一营销思想和准则的儒商。进入20世纪以来,现代意义上的市场营销在英、美等国产生并迅速发展,逐渐演变成成熟的市场营销理论与学科。

(一)市场营销的定义

市场营销(marketing),又称作营销、行销,其含义是企业选择目标市场、进行市场细分、对其产品(或服务)进行定位和开发,以及对其产品(或服务)进行包装、定价、分销、促销、售后服务等一系列经营销售活动。

美国学者基恩·凯洛斯将各种市场营销定义分为三类:一是将市场营销看作一种为消费者服务的理论;二是强调市场营销是对社会现象的一种认识;三是认为市场营销是通过销售渠道把生产企业同市场联系起来的过程。

全球最大的市场营销组织——美国市场营销协会(American Marketing Association,AMA)——2004年正式发布了新的市场营销定义:"市场营销是一项组织功能,是一系列创造、交流和传递价值给顾客,并通过满足组织和其他利益相关者的利益来建立良好的客户关系的过程。"

我们可以将市场营销理解为是一种通过交易程序满足购买需要或供货需要的综合性活动。企业的产品,必须经过市场营销活动才能进入消费领域,到达消费者手里。企业通过进行这些方面的研究来收集和掌握经济信息,通过对商品销售的可控因素进行调整和控制,从而提高企业产品市场营销能力。产品市场的经营过程,实际上是收集、传递、加工、利用经济信息的过程,也是营销信息不断反馈的过程。

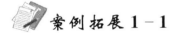

案例拓展 1-1

海岛卖鞋

有一个欧洲跨国制鞋公司,为了开发一个岛国的市场,先后派出了4个考察队。

第一批被派去的是由公司里最优秀的推销员组成的队伍。推销员们第二天就回来了。他们在述职报告中声称:岛上的居民没有一个穿鞋的,因为他们并没有穿鞋的习惯,岛上暂时也没有卖鞋的;由于存在这么巨大的市场空缺,公司可以把鞋大批量地运过去,而他们也有信心把鞋推销给这个岛国的居民使用。

第二批被派去的考察队是鞋厂的厂长们。厂长们在岛上考察了2天,回来之后显得非常兴奋,他们声称:该岛国是一个很有前景的市场,他们在岛上找到了可以生产鞋的原料,而且这些原料以及岛上其他各方面社会资源的价格都很低廉。他们建议公司立即到该岛国设立分厂,认为只要能够实现大批量生产,肯定可以获取高额的利润。

第三批被派去的是公司的财务人员团队。他们比较了"国际贸易"和"本地化生产"两种模式的优劣后认为:该岛国的原料、土地、劳动力、水、电等资源的价格相对低廉,但距离公司的鞋厂较远,且关税较高。综合两种模式所需的各方面成本来说,"本地化生产"的优势较大。只要新建的鞋厂能够保持每天1000双以上的生产量,每双鞋的"本土化生产"成本可以比"国际贸易"成本节省4元。按一个月生产3万双计算,一个月就可以节省12万元,半年就可以收回建厂的全部成本。所以他们建议公司到该岛国设厂，就地生产就地销售。

第四批被派去的是公司的营销经理团队。经理们在岛国上考察了5天，拜访了上至岛国酋长，下至岛国各行各业的普通老百姓，共五十多个对象。他们了解到，岛国的居民一直都没有穿鞋的习惯，他们看见外来的穿鞋人都非常稀奇——原来他们根本没有意识到穿鞋这件事。但是他们很多人的脚都是患有脚病的，他们想过很多办法去避免脚病，但都不太奏效；他们非常渴望根除脚病。当他们了解到穿鞋可以帮他们的脚避免很多意外伤害，更利于防止得脚病后，都表示非常愿意、非常渴望有一双鞋。经理们还了解到：岛国居民的脚，普遍都比公司所在地同年龄段人的脚长1英寸左右。因此，公司要对卖给他们的鞋重新进行设计。

此外，岛上盛产香蕉，这些香蕉又大又甜，在欧洲市场极具竞争力。经理们经过与酋长的谈判，酋长承诺将以每20公斤到30公斤的香蕉，对应一双鞋的比例，换取制鞋公司专门为岛国生产的鞋，总数量大概为一年10万双左右，第一批可以先预购1万双，并给予该制鞋公司独家卖鞋权。经理们经过了解，这样的香蕉假如经过适当的包装，可以以30元/公斤的价格卖给欧洲的连锁超市，按1万公斤算，扣除包装、运输、关税、人员工资等，每公斤香蕉的纯利润为23元。1万双鞋，假如从距离最近的制鞋厂运到岛国，公司的总成本为16万元。那第一批1万双鞋，可以换得25万公斤香蕉，而香蕉的总利润为575万元，扣除鞋的成本，公司可以在第一笔交易中赢利559万元。假如鞋在岛国本地生产，则每双鞋可以再节省成本4元，公司则可以得到563万元的总利润。所以，经理们建议公司一边用"国际贸易"做成第一笔的1万双交易，打好基础，一边同时在岛国建厂投入生产，以便为后续更大的市场发展提供支持。
[资料来源：顾逸卿."创造"顾客.湖南经济，1995(10).]

海岛卖鞋案例体现了市场营销的基本理论。市场营销的本质在于发现并满足顾客的需求，其基本特征包括以顾客为中心、注重市场调研、善于运用营销策略等。通过发现并满足顾客的需求、运用创新思维和营销策略等手段，企业可以更好地实现销售目标并获得成功。

(二)市场营销的发展历程

1912年，美国哈佛大学经济学教授哈杰特奇首次出版以"市场营销学"命名的教科书，标志着市场营销学正式成为一门独立的学科。

市场营销思想于20世纪初产生于美国。它是美国社会经济环境发展变化的产物。19世纪末20世纪初，美国开始从自由资本主义向垄断资本主义过渡，社会环境发生了深刻变化。工业生产飞速发展，专业化水平日益提高，市场日益扩大，人们对市场的态度也开始发生变化。这些因素都为思想创新提供了良好的机会，促进了市场营销思想和营销观念的产生。

19世纪末，科学技术的进步使美国迅速由农业经济向工业经济转变。到20世纪初，直接出售家庭手工业品和农产品的现象逐渐减少，中间商的作用和社会地位开始增强，通过正规的专门化分销渠道买卖商品的趋势日益明显，中间商拥有了以往没有的职能，还出现了同一流生产企业并驾齐驱的百货商店、邮购商店和连锁商店等。

"价格由生产要素成本构成"这一概念已不足以解释分销系统中的附加价值,价格已不仅仅是生产要素可计成本的总和,而是一种管理现象。分销组织利用价格作为一种实现其目标的手段,可以用低价扩大销售,也可以用高价提高利润。

正如大工厂需要一支专门的企业管理队伍一样,随着分销组织规模的扩大和分工的深化,分销组织也需要管理人员。但是管理一个工厂所要求的才能与新的分销组织所需要的才能不同,培养这方面人才所需要的技术知识和理论思想在当时的著作中是找不到的,迫切需要新的理论问世。

整个19世纪,社会信奉个人主义、商业寡头、政府干预极小化和政府对企业支持的极大化,社会强调积累规律和竞争规律,这些观念促使了商业自由竞争和经济自由思想的产生,当时的经济学家们也把经济发展的希望都寄托在市场竞争机制上。

20世纪初,出现了一种新的论点,即完全的自由竞争并不能使社会总体利益达到最佳水平。这一论点引起了经济学家的广泛重视。传统的经济学家从宏观和政治的角度来考虑市场问题,管理经济学家则主要考虑企业组织和生产过程的问题,而大量有关分销和市场问题的出现又造就了一批新的理论家,即市场营销学家。

市场营销思想的最初产生是自发的,是人们在解决各种市场问题中逐渐形成的。直到20世纪30年代,人们才开始从科学的角度来解释这门学科。市场营销思想的出现,对美国社会和经济产生了重大影响,为企业市场营销计划的制订提供了依据,并有力推动了中间商社会地位的提高。同时,市场营销思想也改变了人们对社会、市场和消费的看法,使人们形成了新的价值观念和行为准则,即营销观念。

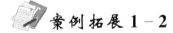

案例拓展1-2

"酱乡国"酒:突破营销传统边界 紧抓红利顺势而为

"酱乡国"是贵州中心酿酒集团有限公司重点打造的高端酱香型白酒品牌,其公司地处茅台镇7.5平方公里核心产区内,是国家技术监督总局认定的全国九家酱香型白酒(以下简称"酱酒")酿造产业知名品牌创建示范企业之一,并参与了《贵州酱香白酒标准体系》的起草工作。中心集团立足酱酒事业的长远发展,一直努力探索如何顺应发展趋势,把短期红利转化为远期增长,更好地传承和弘扬中国厚重的历史文化底蕴。

21世纪初期,酱酒营销模式大多以传统的直营代理模式为主,消费市场较为分散,区域发展差异较大。酱酒在我国西南、东部地区消费份额占比较大,在中部及西北部地区消费额占比较小,市场份额占有率差距也很明显。在传统营销模式下,头部品牌效应集中,新锐品牌突围难度较大。而如今,随着互联网的兴起,酱酒行业逐渐开始下沉市场,以大众消费为主,行业结构再度调整,酱酒生产企业也在进行内部改革,新锐品牌在网络营销中突围。目前,我国酱酒生产市场的产业聚集效应显著,已基本形成了以贵州为核心的生产大本营,并形成头部品牌带动规模、新锐品牌百花齐放的地域发展特色。头部品牌有大家熟知的茅台、习酒等,新锐品牌则以"酱乡国"等依托茅台镇核心产区优势崛起的品牌受关注较多。

"酱乡国"酒依托茅台镇得天独厚的地理和气候优势,顺应线上用户规模不断攀升、消费增速显著的趋势,调整营销战略布局,将营销模式从单一的线下直营代理模式转变为"线上+线下双渠道融合"的全新模式,并在聚合流量与品质的京东平台搭建"酱乡国旗舰店"官方店铺,打通线上与线下,连接企业与客户。与天南海北的客户近距离接触,也使得"酱乡国"酒可以更了解客户需求,提供更精准的服务。

在京东"双11""逛好物,超实在"活动的加持下,"酱乡国"酒借力网购平台的宣传势能以及平台优惠政策,不仅为消费者提供了有品质、又实在的消费新体验,同时也点燃了线上线下消费者的消费热情。

当前,"酱乡国"酒稳抓新消费时代机遇,积极开拓线上渠道,通过数据整合与分析,实现优化开拓营销渠道,线上带动线下产品升级,进一步提升了品牌实力,在网络营销中打响了品牌知名度,吸引了更多的客户。未来,"酱乡国"酒将持续创新营销模式,线上线下齐发力,为远期增长提供高质量发展引擎,让企业赢得竞争,让品牌更加响亮。(资料来源:中国财富网,2022-11-07.)

三、市场营销外延

(一)市场营销观念

1. 生产观念

生产观念是资本主义初期产生的观念,又被称作制造观念。生产观念是指企业将生产过程置于市场需求之上,认为企业的所有重心都应放在生产上,强调以高效率、低成本的生产为目标,通过批量和大规模生产来获得经济规模效益,从而降低成本,实现盈利。

生产观念在过去的工业时代曾经是一种主流观念,认为消费者会喜欢并购买廉价的产品,而生产目标是生产大量的产品,以降低成本和提高效率。因此生产观念下的企业通常关注的是产品的质量和数量,而不太关心市场需求是否存在。这种观念在当时适用,因为当时的市场需求相对不太敏感,消费者也较少进行选择,因此企业的生产能力成了市场的主导力量。

但随着市场经济的发展,消费者开始更加关注产品的品质、服务以及品牌形象等因素。市场需求也日益多样化,一旦市场环境发生改变,市场上的产品饱和,供大于求时,生产观念就不能完全适应市场变化。

2. 产品观念

当某种产品在市场上供求平衡时,意味着该产品生产处于饱和状态,生产者的重心就会从追求产品数量变成追求产品质量,产品观念也随之产生。产品观念是指企业以产品为中心,关注产品的质量、性能、外观等,通过产品创新和差异化来满足消费者的需求,从而提高市场份额和营利能力。

在产品观念下，企业的核心竞争力为产品本身。企业通常会在产品的研发、生产、销售等环节中，不断地投入人力、物力和财力，提高产品的品质和性能，以满足消费者对产品的需求。

然而产品观念也有一些缺陷。首先，这种观念忽略了消费者的其他需求，如品牌形象、服务质量、售后服务等。其次，产品观念可能导致企业过度依赖产品本身的优势，把所有精力放在提升产品质量上，忽略了市场竞争的其他因素，如价格、渠道、品牌、市场需求等，以致产品单一，竞争力不足。

因此，现代市场营销理念更加强调产品的不断创新和差异化，从而提高产品的附加值和市场竞争力。企业应该深入了解消费者的需求和喜好，以此为基础进行产品设计和研发，并通过精准的市场定位和营销手段，将产品推向市场，同时不断跟进反馈信息，提升产品品质和性能。

3. 推销观念

推销观念是指企业通过销售和促销活动，积极推动消费者了解并购买企业的产品和服务。该观念是生产观念和产品观念的延伸，当产品生产过剩，供大于求，造成产品积压时，许多企业会采取各种推销、促销政策。推销观念的核心是营销活动的积极性和主动性，企业需要通过各种渠道和手段，积极推销产品和服务，让消费者了解产品和服务的优势和特点，从而提高销售量和市场份额。推销观念也要求企业要了解消费者的需求和行为，以此为基础进行市场定位和制定营销策略。

在推销观念主导下，企业主要采取传统的推销方式，如广告、促销、降价、推销员拜访等，通过大规模的推销活动来促进销售。但过度的推销也有可能会让消费者感到厌烦或被误导，因此推销观念在现代市场营销中并不是唯一的营销观念。

4. 营销观念

营销观念是指企业以顾客为中心，通过不断满足顾客的需求和期望，来实现自身的营销目标。营销观念更加注重市场，强调企业应该对市场进行深入了解和分析，以此为基础进行产品开发，策划并实施市场营销活动。

营销观念在市场营销理念的发展历程中，是一种相对较新的观念。它强调了顾客导向和市场定位，认为企业的成功取决于它是否能够满足顾客的需求和期望，而非简单地以自己的产品或服务为中心。

5. 社会营销观念

社会营销观念是市场营销观念的一个重要分支，它强调企业应该在追求经济利益的同时承担社会责任，为社会做出贡献。通过积极地承担社会责任，企业可以建立良好的形象和声誉，提高消费者的满意度和忠诚度，从而增强竞争优势和营利能力。社会营销观念认为，企业的经济利益和社会责任是相互联系的，只有在实现社会责任的前提下，才能取得持久的商业成功。社会营销观念包括以下几个原则：

(1)以社会责任为导向。企业应该积极承担社会责任和义务，关注环境保护、消费者权益、员工福利等,从而建立良好的社会形象和信誉。

(2)以消费者为导向。企业应该通过满足消费者的需求和期望,为社会和消费者创造更多的长远利益,提高消费者的满意度和忠诚度,从而提升长期稳定的市场竞争力和营利能力。

(3)以社会效益为导向。企业应该注重社会效益的实现和提高,通过创造社会价值和改善社会福利,为社会做出贡献,从而增强社会形象和公信力。

(4)以综合营销为手段。企业应该综合运用各种营销手段和策略,包括产品设计、定价、促销、渠道管理等,以实现社会和商业目标的统一和协调。

(二)市场营销组合

市场营销组合是市场营销学的核心理论之一,由美国著名营销学者尼尔·博登(Neil Borden)于20世纪50年代首先提出。1960年,E.J.麦卡锡提出了著名的4P组合,即产品(product)、价格(price)、渠道(place)、促销(promotion)的营销组合。20世纪80年代,美国学者科特勒提出了大营销概念,当公司需要进入被保护的市场时,需要在4P的基础之上增加2P——政治力量(political power)和公共关系(public relations),即6P组合。

随着市场营销环境的变化和发展,市场营销组合理论也不断演变和发展。在20世纪90年代,由于消费者需求和竞争环境发生变化,市场营销组合理论又出现了"4C",即消费者(customer)、成本(cost)、便利(convenience)、沟通(communication)的市场营销组合模型,强调消费者价值和服务质量的重要性,以适应市场竞争和消费者需求的变化。另外,随着消费者需求的变化和环保意识的提高,企业也开始关注可持续发展和社会责任,市场营销组合理论中还出现了"3S",即可持续发展(sustainability)、社会责任(social responsibility)、满意度(satisfaction)的市场营销组合模型,强调企业的可持续发展和社会责任的重要性,以满足消费者和社会的需求和期望。

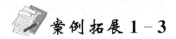

可口可乐经典营销案例

移动互联网时代,一个成功的营销应该是"走心"的。更有人说,直击人心的营销,是开启品牌成功之门的钥匙。"走心"的营销在于了解你的用户,通过直击内心的内容,引发情感共鸣互动,从而潜移默化地注入品牌信息,让受众接受品牌的传播诉求。

案例一 微小的货柜,不微小的幸福

Mini装的可口可乐,在飞机旅行中屡见不鲜。但在日常生活中,却难觅踪影。可口可乐在德国为了宣传这一事件,以一个非常简单的策略——Mini货柜亭——赢得了广泛好评。Mini货柜亭是正常货柜亭的三分之一大小,让人感觉似乎进入了小矮人的世界,萌感十足。麻雀虽小,五脏俱全,这里有专职的售货员,有Mini贩卖机,还有杂志、报纸、食物等。货柜亭虽微小,但引人瞩目,带来的幸福感也很大。这些都写在为此驻足的人们的脸上。

案例二　和平贩卖机：握手言和

在米兰，国际米兰与AC米兰两家足球俱乐部每年都会火拼，狂热的球迷们也各自为政，见到对方便分外眼红。

对此，可口可乐提出了"友谊第一，比赛第二"的营销理念。一个代表和平主义的可口可乐贩卖机在圣西罗球场亮相了。贩卖机分别放置在球场两侧的入口处，只有这一方按下去，另外一方才会吐出可口可乐，通过贩卖机上的视频和音频连接，能直接与对方球迷对话。

案例三　为不被看见的人"空降"快乐

在新加坡，有近130万的移民工人，分散在大大小小的建筑工地上。他们背井离乡，为城市的建设流汗出力，却始终处在社会关注的范围之外，就像不被看见的人。夜晚，他们不能像正常家庭一样和家人其乐融融，对远方亲人的思念让他们的身影倍显孤独。可口可乐关注到他们的存在，给他们送去了一份"从天而降"的快乐。可口可乐向大众征集了2700多份感谢话语，制成拍立得照片附在可乐罐上，再由无人飞机空降到各大工地。工人们惊喜之余，再读到这些真挚的谢意，突然发现：还是有人在关心他们。

案例四　一瓶可口可乐，开启一段友谊

大学生涯伊始，新生身边难免都是新面孔，与其落单，一个人独处等待机缘认识新朋友，不如让可口可乐来帮你！为此，有人为可口可乐设计出一种新的瓶盖。这种特殊的瓶盖一个人是没有办法打开的，必须得两个人瓶与瓶对接好，旋转一下才能打开。想喝可口可乐，你不得不向周围的同学寻求帮助，于是一个善意的举动、一瓶可口可乐，开启了一段新的友谊。

案例五　可口可乐，能召唤彩虹出现

一直有彩虹之国之称的南非，为了建国20周年纪念日，可口可乐竟然在约翰内斯堡的上空架起了一座"天然"彩虹。根据"水汽经太阳折射形成彩虹"的原理，可口可乐的工作人员在约翰内斯堡城市广场的大楼顶部安装了喷水装置，喷水装置会根据太阳的角度来洒水，进而形成彩虹。（资料来源：搜狐网，2019-03-02.）

第二节　旅游市场及旅游市场营销的内涵

一、旅游市场的含义与特点

旅游市场是市场的一个组成部分，与其他市场并无本质区别。旅游市场是指以旅游活动为核心，围绕旅游需求和消费而形成的具有市场特征的经济活动。旅游市场是一个宽泛的概念，包括旅游产品生产、销售和消费等环节，以及相关的旅游服务和旅游资讯等方面。旅游市场的主体包括旅游企业、旅游从业人员、旅游者以及政府等。旅游市场具有以下特点：

（1）季节性和周期性。旅游市场具有明显的季节性和周期性。旅游旺季和淡季的市场需求量差异很大，旅游市场的运营需要考虑到这些因素。

(2)地域性和目的性。旅游市场具有地域性和目的性。旅游目的地的选择受地理位置和旅游目的的制约,同时旅游需求也受旅游者的文化、语言、宗教信仰等因素的影响。

(3)多元化和个性化。旅游市场具有多元化和个性化的特点。不同的旅游者有不同的旅游需求和旅游喜好,旅游市场需要提供多样化的旅游产品和服务,以满足不同旅游者的需求。

(4)风险性和不确定性。旅游市场具有一定的风险性和不确定性,包括天气、政治和安全等因素,旅游企业需要做好具有针对性的风险管理和应急预案。

(5)竞争激烈和信息透明。旅游市场竞争激烈,旅游产品的服务质量和价格是影响旅游市场的重要因素。如果旅游市场信息透明度较高,旅游者可以通过各种渠道获取相关信息,因此旅游企业要提供真实、准确的信息,保持良好的信誉度。

(6)环保和可持续性。随着人们保护环境和可持续发展意识的增强,旅游市场也逐渐注重环保和发展的可持续性。旅游企业在开发旅游业的过程中,要有负起保护环境的社会责任,推出绿色、低碳的旅游产品和服务,以满足旅游者的需求。

案例拓展 1-4

春节后旅游市场"淡季不淡",近期迎来"小阳春"

据新华社报道,多家旅游企业数据显示,春节后一段时间旅游市场"淡季不淡"。业界预计,2023 年旅游市场全年有望"稳开高走"。

相较于春节、"五一"、国庆等传统旅游旺季,春节后一段时间的旅游市场往往相对平淡。但多家旅游企业及旅游平台数据显示,2023 年春节后旅游市场"淡季不淡",旅游市场迎来了"小阳春"。随着气温逐渐回暖,江苏地区选择踏青赏花的旅游者逐渐增多。去哪儿网大数据显示,近一周江苏省景区门票销量环比增长七成。携程网数据显示,2 月至 3 月赏花类度假产品预订量同比暴增 880%。首旅如家酒店集团最新数据显示,旗下中高端事业部 2 月 8 号平均每间可供出租客房收入同比 2019 年恢复至 142%,出租率 90% 以上的有 72 家店。如家酒店集团总经理孙坚预计,人群流动的增加、展会市场的蓬勃发展将会对社会经济活动产生重大推动作用。下半年行业仍然会有比较大的发展空间。华住集团相关负责人介绍,目前一线城市的酒店受到商旅市场回暖的影响,酒店的入住率和预订率明显提升,北京、上海以商旅出差客群为主的部分门店出现了连续高出租率的表现。携程研究院高级研究员沈佳旎说,春季旅游市场将与旅游传统旺季一样"火"。截至 2 月 20 日,在携程平台上预订 2 月至 3 月国内自由行产品的订单量同比增长 446%,跟团游预订量同比增长 188%。云南省大理州文化和旅游局局长赵薇介绍,大理 1 月份共接待旅游者 943 万人次,为疫情前的 2019 年同期的 107%。

中国旅游研究院副院长唐晓云说,品质提升正成为提振文旅消费的新引擎。在产业复苏过程中,政府有作为,企业在创新,市场体系更优化。同时,人才培养和能力建设更是产业可持续发展的强力支撑。(资料来源:陈爱平,沈寅飞,郝青.新华社,2023-02-23.)

二、旅游市场营销的内涵

旅游市场营销作为市场营销中特定的组成部分,具有市场营销的一般内涵。旅游市场营销是指旅游组织和个体(个人和组织)对思想、产品和服务的构思、定价、促销和分销的计划和执行过程,以实现经济个体(个人和组织)目标的交换。

由以上概念可知,旅游市场营销具有以下三层含义:

(1)以交换为中心,以旅游者为导向,协调各种旅游经济活动,力求通过提供有形产品和无形服务使旅游者满意,来实现旅游企业的经济和社会目标。

(2)旅游市场营销是一个动态过程,包括分析、计划、执行、反馈和控制,更多地体现了旅游经济个体的管理功能。旅游市场营销是对营销资源(如旅游市场营销中的人、财、物、时间、空间和信息等资源)的管理。

(3)旅游市场营销适用范围较广。一方面体现在旅游市场营销的主体上,包括所有旅游组织和个体;另一方面,旅游市场营销的客体不仅包括有形实物,还包括无形服务,以及旅游组织和个体由此所发生的一系列营销行为。

三、旅游市场营销的导向

旅游市场营销主要是为了满足旅游市场的需求和消费者的偏好,以提高旅游产品的销量和营利能力。具体来说,旅游市场营销的导向包括以下方面:

(一)市场导向

市场需求是旅游企业一切经营活动的出发点和最终归宿。人是旅游企业的服务对象,因此,旅游企业生存和发展的根本是如何针对不同人的不同需求来设计和开发旅游产品。旅游企业以旅游者为核心,通过满足旅游者的需求来获取利润。

旅游市场营销的市场导向需要旅游企业关注市场需求和变化趋势,通过市场调研和分析,制定相应的市场营销策略和计划,将产品推向市场。同时,企业还需要不断关注市场反馈,及时调整和改进市场营销策略,以适应市场变化,提高市场竞争力。

(二)管理导向

旅游企业的营销环境由诸多因素(人口、政治、文化、经济、社会和技术等)构成,这些因素随着时间和空间的变化不断变化。旅游市场营销的实质在于旅游企业对于动态营销环境的创造性适应——运用一切可利用的资源,通过产品、渠道、价格和促销等营销策略,实现对动态营销环境的适应。

旅游市场营销的管理导向强调管理和组织在旅游产品开发、营销推广和服务提供等环节中的重要作用。管理导向的目的是提高旅游企业的管理水平和组织效率,以提高旅游产品质量,满足旅游者需求,增强企业竞争力。

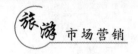

(三)信息导向

旅游市场营销的信息导向强调信息对旅游市场开发、管理和服务的重要作用。信息导向的目的是通过信息化手段提高旅游市场营销效率和效果,为旅游企业提供更好的信息支持和决策依据。

旅游市场营销的最终目的是满足旅游者的需求,这必须借助于信息的传导。现代旅游消费特征日趋个性化,旅游企业必须对复杂、多样的旅游者需求进行深入、细致的调查。同时,旅游企业的内、外部环境多变,且其产品缺乏专利保障,因此旅游企业之间的竞争日益侧重于旅游产品的质量、服务及旅游企业形象,这无形中增大了旅游企业的经营风险。所有这些因素均表明了充分利用信息的重要性。

(四)战略导向

旅游市场营销的战略导向是指旅游企业在面对市场竞争时所采取的长期的、全面的战略规划和决策,以实现长期利益最大化。

旅游市场营销对旅游企业的长远发展具有重要的影响,要求旅游企业具备对市场环境的长期适应性。因而,具有战略眼光的现代旅游企业纷纷推出"绿色旅游""可持续旅游""生态旅游"等,一方面使人们回归大自然,另一方面加强人们的环境保护意识。在市场环境多变且不确定的时代,旅游企业若要取得持续发展,必须依赖于对市场环境的适应以及现代市场营销中的战略导向。

案例拓展1-5

多项爆款惠民旅游项目促文旅市场复苏

从2022年"五一"假期桂林市文旅宣传营销工作新闻会上获悉,为加快推动文旅复苏,今年"五一"小长假,桂林市在做好疫情防控工作的前提下,向广大市民和旅游者提供丰富多彩的文旅产品,营造良好的节日氛围。

据介绍,于"五一"节前在同程旅游网上线的桂林微度假品牌旗舰馆,以"桂林山水甲天下,历史文化满名城"为主题,进行桂林微度假旅游专题定制,将桂林"文旅吃住行游购娱"进行全面整合,旅游者可直接预定景点、酒店、线路等产品;同时定期在网上开展旅游盲盒、发放旅游消费红包等优惠促销活动;及时更新文旅新闻、节庆赛事等资讯,吸引旅游者前来旅游消费。此外,旗舰馆可快速帮助用户筛选出桂林最具特色的吃喝玩乐资源,展示最优惠政策。该旗舰馆除了为旅游者提供本地生活以及周边度假服务,还为当地商家提供线上营销方案及线下营销活动,为商户快速引流,实现增长。

据悉,桂林市还将实施举办各项公益性文艺演出、扩大开放公共文化场馆等文化惠民措施28项。如戏曲进景区、戏曲进校园、戏曲进乡村等活动,表演节目有《刘三姐》选段等经典剧目。通过这些文化惠民活动,积极倡导市民及旅游者"感悟中华文化,享受美好旅程",进一步提振行业发展信心,增强文化旅游市场活力,助力文化旅游市场恢复和发展。(资料来源:李家健.广西日报,2022-05-03.)

第三节　旅游市场营销的发展

一、旅游市场营销理论的发展

旅游市场营销的起源可以追溯到20世纪50年代,当时的旅游市场尚处于发展初期,市场竞争相对较小,旅游产品和服务也比较单一,价格主导市场。当时人们开始意识到旅游业作为一个经济产业的发展潜力和重要性,旅游业从此逐渐成为国际贸易的一部分。这时候,旅游市场营销开始发展起来,人们开始探讨如何利用市场手段和营销策略来促进旅游业的发展。

在20世纪60年代,旅游业发生了重大变化。首先,旅游业的竞争越来越激烈,许多发达国家大力发展旅游业。其次,激烈的竞争缩短了旅游企业进入目标市场之前的准备时间。在准备阶段,旅游企业分析市场,研究旅游者的需求,分析旅游者的兴趣、爱好和意见,从而确立旅游企业经营的依据和基础。最后,旅游企业的投资急剧上升。旅游市场的快速发展造成许多旅游企业不注重旅游者的需求,盲目建造旅游设施,造成了资源的大量浪费。

旅游业引进市场营销学原理与方法之后,指导思想逐渐发生变化,经营者开始对旅游设施进行进一步改造。与此同时,旅游企业向旅游者销售产品的方法也越来越丰富多样。国际上出现了一些专门从事旅游市场营销的机构和组织,同时也涌现出了大量的旅游市场营销案例和理论研究成果。20世纪70年代后,旅游业进入了高速发展期,旅游市场竞争越来越激烈,旅游产品和服务也变得更加多样化,价格不再是唯一的竞争因素,营销开始成为旅游企业生存和发展的重要手段。

在此背景下,传统的营销理论和实践开始逐步应用于旅游业,如4P营销理论,以及市场细分、定位、定价等营销策略,逐步成为旅游市场营销的基本理论和实践指南。同时随着互联网技术的发展,电子商务和网络营销等新兴营销模式也开始应用于旅游市场营销,为旅游企业提供了更多的营销渠道和机会。

进入20世纪80年代后,旅游企业能否满足旅游者的特殊需求和爱好,是决定旅游业经营成败的关键。随着旅游者对旅游产品和服务选择的余地进一步扩大,旅游市场的竞争更为激烈。在整个80年代,旅游企业的经营者意识到,只有采取"重新市场定位"或"渗透已确立的细分市场"等策略,才能在竞争中获胜。20世纪80年代初,旅游业在我国国民经济中的地位不断提高,在国内外旅游市场竞争日益激烈的大背景下,传统的旅游市场营销已经无法满足市场需求,新的营销模式和方法开始出现。旅游市场营销从传统的单一手段向多元化发展,包括广告、促销、公关、直销、互联网等多种手段的组合使用,以此促进企业营利。

2000年以后,随着信息技术的迅速发展,尤其是互联网的普及和快速发展,旅游市场营销进入了一个全新的阶段。网络营销成为旅游市场营销的一个重要组成部分。传统的广告宣传、市场推广、销售渠道等手段逐渐失去了优势,而互联网平台、社交媒体等新兴渠道成为旅游市场营销的主要手段。近年来,随着旅游者需求的不断升级和变化,以及旅游市场竞争的不断加剧,旅游市场营销也在不断发展和创新。如基于用户体验的营销理念、社交媒体营销、移动互联网营销、智能化营销等,都成为旅游市场营销的新趋势和发展方向。

总之,旅游市场营销的产生和发展,是旅游业快速发展和市场竞争加剧的必然结果。旅游市场营销理论和实践不断创新和发展,旨在更好地满足旅游者需求,实现旅游企业的长期发展和良性竞争。

案例拓展 1-6

"数字+"赋能文旅产业全链条

一段时间以来,不少旅游大省纷纷出台相关举措,广泛应用数字技术,因地制宜推动文旅产业提质增效。有机融合数字技术,成为当前和今后一段时期推动文旅产业高质量发展的重要方向。

当前,文化产业和旅游业数字化转型步伐不断加快,大数据、元宇宙、人工智能等新技术应用成为常态化技术手段。行业从业者纷纷开展云展览、网络直播、云演播等服务,推动线上线下融合创新发展,激活文旅新业态。数据显示,2023年前三季度,国内旅游总人次36.74亿,同比增长75.5%。数字化方式随时随地的特性,有助于提升文化与旅游产品品质,创新产品供给,加强供需对接,激发消费潜力,从而不断满足人民群众多样化、品质化的文旅需求。

"数字化+文旅"的应用,是多维度、多层次的。比如,平台经济同旅游业相结合,以短视频为中介,实现了良好效益。云旅游和远程购票逐渐成为消费者的新选择,超过90%的5A景区已实现网络售票、分时预约等便利服务;一些社交平台成为"做攻略"首选,景区AI导游应用日益普遍;数字文博、直播等服务广泛开展,线上线下融合创新进一步深化;等等。数字化的深度介入,对于深刻影响文化信息获取、旅游供应商选择、文化消费场景营造、旅游景区便利支付以及社交分享等文旅产业全链条,发挥了重要作用。

一系列政策加速了数字技术融合文旅产业的进程。《"十四五"文化和旅游发展规划》指出,加快推进以数字化、网络化、智能化为特征的智慧旅游发展。文化和旅游部等10部门此前印发的《关于深化"互联网+旅游"推动旅游业高质量发展的意见》提出,深入推进旅游领域数字化、网络化、智能化转型升级。2023年9月份,《关于释放旅游消费潜力推动旅游业高质量发展的若干措施》指出,推动利用数字技术改造提升传统旅游消费场所,打造智慧旅游、沉浸式体验新空间。这些表述,都为数字技术赋能文旅产业发展提供了支撑。

不过,在数字技术融入文旅产业过程中,还存在一些亟待解决的问题,比如产业结构与市场导向不太匹配、服务内容与旅游者需求还存在一定距离、建设规划与应用结果有些脱节、智能应用泛化等。因此,应有针对性地找到解决办法,精准促进数字技术赋能文旅产业。(资料来源:陈雨.经济日报,2023-12-30.)

二、旅游市场营销的发展趋势

随着全球化、信息化以及互联网的快速发展,尤其是进入21世纪以来,旅游者的消费行为出现了许多新变化,旅游市场营销也出现了一些新的发展趋势。

(一)旅游网络营销

旅游网络营销是指利用互联网和数字媒体来推广旅游产品和服务,以实现旅游营销目标,吸引更多旅游者前来旅游。它是一种在互联网上运用营销策略和技术,通过各种网络渠道、互动平台和社交工具,与目标受众进行沟通、交流和互动的方式,促进旅游产品和服务的销售和推广。

从我国旅游网站发展现状来看,旅游网站大致分为两种类型:一类是第三方服务提供商,其中体量最大的是携程网和艺龙旅行网,它们占据了我国绝大部分的旅游线上预订市场。此外,还有同程网和去哪儿网等服务商。另一类是旅游企业自行组建的旅游网站,但这些网站大多只提供旅游信息查询和咨询服务,并不提供旅游产品在线预订服务,而且其中一些旅游企业网站产品信息更新慢、信息技术落后,没能达到网络营销的目的。

旅游网络营销与传统的营销模式相比具有以下优势:

(1)旅游网络营销可以使小规模旅游产品以低廉的营销费用实现全球营销。

(2)旅游网络营销虽然是定制营销,但并没有增加旅游营销成本,恰恰相反,网络营销大大降低了旅游营销费用,可提供全天候的广告及服务而无须增加开支,计算机软件24小时自动处理往来信息,完成统计和存档等工作,计算机工程师监控系统运作,处理突发情况,无须旅游公司本身增加营运成本或人力成本。全天候的广告及服务有利于增加旅游企业与旅游者的接触机会,大大增加了潜在销售机会。

(二)旅游绿色营销

旅游绿色营销是指旅游业在推广旅游目的地和旅游产品时,将可持续发展理念和环境保护意识融入其中,以对环境的影响最小化为基础,同时满足旅游者的需求和期望。旅游绿色营销的目的是保护自然环境,促进社区经济发展,提高旅游体验质量,并吸引越来越多的旅游者选择环保、可持续的旅游方式。

旅游绿色营销包含两个层次:一是基于旅游企业自身的利益进行的绿色营销;二是基于社会道义而进行的绿色营销。前者是指旅游企业满足旅游者的绿色消费需求,降低成本,在竞争中获取差别优势,从而获取更多的市场机会,占有更大的市场份额,获得更多的利益;后者是指旅游企业在营销过程中与社会对环境保护的要求相呼应,与社会的可持续发展战略相一致,尽量减少对环境的污染,维护全社会的公共利益。

旅游绿色营销的主要策略包括以下几点:

(1)推广旅游目的地的环保优势。营销人员可以突出该目的地的环保特点和优势,比如该地区采用可持续的旅游经营模式、保护野生动植物、保护当地文化遗产等策略来吸引旅游者。

（2）提供环保旅游产品。旅游企业可以为旅游者提供环保旅游产品，如骑自行车或徒步旅行，以减少对环境的影响，同时增加旅游者的新奇旅游体验。

（3）促进当地社区经济发展。营销人员可以宣传旅游业对当地社区经济的积极贡献，并鼓励旅游者在当地购物和消费，以支持当地经济。

（4）合理使用资源。旅游企业应该尽可能地减少对水资源、能源和其他资源的浪费，以保护环境。

（5）培养环保意识。营销人员可以宣传环保意识，鼓励旅游者参与环保行动，尽可能地将环保意识融入旅游产品中。

（三）旅游文化营销

旅游文化营销的目的是旅游企业通过旅游活动，展示和宣传旅游目的地的文化、历史、风土人情等资源，从而激发旅游者的兴趣，提升旅游目的地的吸引力，提高旅游者的认同感和忠诚度，进而推动当地旅游业的发展和旅游形象宣传。

旅游文化营销主要包括以下方面：

（1）文化资源的挖掘和利用。通过开展各种文化活动、展览、演出等形式，展示旅游目的地的文化、历史、风土人情，对旅游产品进行包装，并挖掘其文化内涵，体现出差异性的地域文化特色，在满足旅游者文化体验需求的同时，实现旅游产品价值最大化。

（2）市场营销策略的制定和实施。采用不同的市场营销策略，包括广告宣传、促销活动、网络推广等手段，提升旅游目的地的知名度和美誉度，提高旅游者的选择率和信任度。

（3）旅游产品的设计和创新。开发和推出符合旅游者需求的旅游产品，包括旅游路线、旅游活动、文化体验等，以满足不同旅游者的需求，提升旅游者的满意度和忠诚度。

（4）服务质量的提升和管理。加强对旅游服务质量的管理和提升，提升旅游者满意度的同时，提高旅游者的回头率和推荐率，推动旅游目的地的可持续发展。

（四）旅游服务营销

旅游服务营销理念起源于实体产品销售。将服务营销引入"旅游服务产品"的销售后，旅游服务产品自身不同于实体产品的特性，使得旅游服务营销不同于一般的产品服务营销。具体来说，旅游服务营销还须在传统市场服务营销的 4P 战略上再加上 3P，即人民（people）、物理环境（physical environment）和程序（process）三个因素。此外，旅游服务营销除了需要传统的 4P 外部服务营销外，还要加上两个服务营销要素，即内部市场服务营销和交互作用的市场服务营销。

旅游服务营销是旅游行业中的一个重要领域，它是通过各种市场推广和宣传手段，向潜在旅游者宣传和销售旅游产品和服务的过程。旅游服务营销的目的是吸引更多旅游者，促进旅游业的发展，提高旅游企业的收益和市场占有率。旅游服务营销需要结合市场需求和旅游产品的特点，制定针对性的营销策略，包括选择合适的营销手段和渠道、制订营销计划和预算、定期进行市场调查和分析等。在实施营销策略的过程中,需要关注旅游者的需求和反馈,及时进行调整和改进,提高企业的竞争力和市场份额。

在旅游服务营销过程中,需要综合考虑旅游市场的需求、竞争对手的情况、旅游服务供应商的实际情况等多个方面的因素,制定出合理的市场营销策略。这些策略可能包括针对不同的旅游市场、消费群体和消费需求的分层营销,通过各种渠道广泛宣传和推广旅游产品或服务,以及在促销和销售方面的不断创新等。通过这些措施,旅游服务供应商可以更好地满足旅游者的需求,提高产品或服务的满意度和品牌知名度,从而实现更好的商业回报。

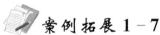

案例拓展 1-7

山河秋韵精彩不断 旅游市场热度不减

今年秋季,文化和旅游部积极谋划秋季旅游宣传推广,以秋天之美成旅游之邀,以推广之力聚市场之势,延续暑期旅游市场热度。

文化和旅游部积极指导各地文化和旅游部门围绕"山河秋韵"主题,开展上千项旅游宣传推广活动,着力优化供给、催生需求、做热秋季市场。"再回到三坊七巷,常逛常新,感受到了福州古老又鲜活的城市文化。"近日,"寻梦闽都·古厝 Citywalk"秋日之旅在福州市三坊七巷历史文化街区举办,资深媒体人杨澜化身为古厝推荐官,体验 AR(增强现实)项目,欣赏茶舞、闽剧等,体验了一把可视、可听、可触、可参与的闽都新玩法。福州名城保护开发有限公司文旅发展部经理林岚说,今年秋季,公司积极创新营销,做热秋季市场,推出"景区+酒店"产品、马术特色产品等;利用抖音平台开展直播30余场,今年9月以来,抖音各门店累计访问量已超过35万次。

文化和旅游部发布的数据显示,2023年第三季度,国内旅游总人次12.90亿,同比增长101.9%。美团、大众点评数据显示,今年秋季,"赏秋"等关键词的搜索量较去年同期增长200%,每逢周末均会迎来搜索高峰。途牛数据显示,年长用户更倾向于休闲轻松的旅游产品,年轻用户则对 Citywalk(城市漫步)、网红打卡等方式情有独钟。

围绕旅游与科技融合,文化和旅游部推介24家智慧旅游沉浸式体验新空间,展示各地依托旅游景区、度假区、休闲街区、工业遗产、博物馆等,运用数字科技、文化创意等方式打造的旅游新产品、消费新场景。

作为智慧旅游沉浸式体验新空间之一,河南·戏剧幻城今年秋季可谓收获满满。戏剧幻城内有21个大大小小的剧场、近千名演员,以黄河文化为基调,以科技为基石,综合运用先进技术,为旅游者提供极具感染力的沉浸式体验。

围绕旅游与体育融合,文化和旅游部积极推广12条国庆假期体育旅游精品线路、"中国之路"十大自驾游精品线路等旅游产品。张家界户外运动体育旅游线路是2023年国庆假期体育旅游精品线路之一。今年秋季,张家界将体育旅游作为引客的亮丽名片,徒步、挑战999级台阶、跑酷、翼装飞行、蹦极等旅游项目精彩纷呈。翼装飞行世锦赛赛事总曝光量超10亿次，融合发展让旅游频频出圈。(资料来源：李志刚.中国旅游报，2023-11-09.)

本章小结

1. 市场营销是经历了生产观念阶段、产品观念阶段、推销观念阶段、营销观念阶段和社会营销观念阶段而逐渐发展成熟的。旅游市场营销作为市场营销的一个分支，具备市场营销的一般内涵。

2. 旅游市场营销学也称为旅游市场经营，是市场营销学在旅游经济领域中的具体应用。它不仅研究旅游组织和个体在日常经营中的市场行为，同时也研究为实现某一具体的行为，经济个体应具有的一整套管理职能。其基本内容包括产品策略、价格策略、促销政策和流通/渠道策略。

3. 随着传统的营销理论不断发展，其概念也不断发展、完善，于是出现了很多旅游市场营销的新理念，如旅游网络营销、旅游绿色营销、旅游文化营销、旅游服务营销。

核心概念

市场营销 旅游市场营销学 网络营销 绿色营销 文化营销 服务营销

课后思考题

1. 市场营销组合出现了哪几种理论组合？分别代表了什么含义？
2. 旅游市场营销的特征有哪些？
3. 旅游市场营销学的基本内容包括哪些方面？

第二章
旅游市场营销环境

第一节 旅游市场营销环境的含义与特点

一、旅游市场营销环境的含义

旅游市场营销环境涵盖了市场营销过程中的各种内外部因素和条件,包括宏观环境、微观环境和地理环境等。这些因素将影响旅游企业的市场定位、产品设计、市场推广、渠道选择、价格策略等各个方面。旅游市场营销环境是一个不断变化的系统,旅游企业需要对其进行不断地监测、分析和适应,以提高自身在市场竞争中的竞争力和市场占有率。

简而言之,旅游市场营销环境是指与旅游企业营销活动有直接业务关系的各种因素的总和。这些因素包括但不限于:

(1)内部因素。旅游企业自身的资源、能力和特点。例如企业的品牌形象、产品质量、服务水平、市场定位等。

(2)外部因素。旅游市场营销所处的宏观环境和微观环境。宏观环境包括政治、经济、社会、技术等方面的因素,例如政策法规、经济形势、文化背景、科技进步等;微观环境包括供需关系、竞争格局、消费者行为等因素。

(3)地理环境。旅游目的地的自然环境和地理位置等因素也会影响旅游市场营销环境。例如,一些地区可能因为天气、交通等方面的原因而影响旅游活动的开展。

(4)其他因素。如市场规模、旅游产业链的成熟度、旅游营销渠道的发展等,也会对旅游市场营销环境产生影响。

旅游市场营销微观环境由与企业营销活动有关的组织和个人构成,包括旅游资源供应者、旅游中间商、旅游购买者、竞争对手、社会公众等,这些组织和个人行为对企业营销能力的有效发挥产生直接影响。

旅游市场营销宏观环境则必须通过微观环境来作用于旅游企业的市场营销活动。宏观环境由对微观环境产生重要影响的六大力量构成,包括各国或各地区的人口因素、经济因素、政治法律因素、科学技术因素、社会文化因素以及自然生态因素。

二、旅游市场营销环境的特点

(一)客观性

旅游市场营销环境的客观性是指,旅游市场营销环境是客观存在的,旅游企业不能单方面地改变或控制其环境因素。旅游市场营销环境客观存在于旅游企业营销部门的周围,它不以营销者的意志为转移,相反,它在一定程度上制约着旅游企业的营销行为。

旅游市场营销环境是由各种内、外部因素构成的。这些因素是旅游企业无法控制和改变的客观存在,例如政策法规、市场规模、旅游者需求等。旅游企业的市场营销策略需要充分考虑旅游市场营销环境的客观性,需根据环境变化制定相应的策略,而不能单方面地进行主观决策。

旅游市场营销环境的客观性也反映了旅游市场的开放性和竞争性,旅游企业需要在这样的环境中不断提升自身的市场竞争力。

(二)差异性

旅游市场营销环境的差异性是指,不同的国家和地区在文化、经济、政治等方面存在相当大的差别,导致旅游市场营销环境在不同的时间和空间上存在差异性。

例如,不同国家和地区的经济发展水平存在差异,对应旅游市场的消费购买力和消费需求也会有所不同;不同的文化背景和价值观念差异也会在对应的旅游市场中形成不同的消费习惯和消费行为;不同的政治制度和政策法规更是会形成不同的旅游市场体制。因此,旅游企业需要适应不同的市场营销环境,因地制宜地制定营销策略。

(三)波动性

旅游市场营销环境中各项因素的状态随着时间的变化而变化,各项因素在各个状态的多重组合,形成了季节性波动、经济周期性波动、政策法规波动等与不同时间相对应的多样化环境。

旅游市场的季节性波动是指在不同季节或节假日期间,旅游市场的需求量和消费行为发生波动,如春节、端午节、暑期等;旅游市场的经济周期性波动是指由于经济发展阶段的不同,旅游市场的消费需求也随之发生波动;旅游市场的政策法规波动是指政策法规的调整和变化会对旅游市场产生影响,如旅游补贴、签证政策等方面的变化,都会导致旅游市场营销环境的波动性;突发事件的发生也会对旅游市场产生影响,如天灾、社会事件等都会导致旅游市场营销环境的波动性。

(四)关联性和整体性

旅游市场营销环境的关联性和整体性是旅游市场营销策略制定的重要基础。旅游市场营销环境的各种要素之间并不是孤立存在的,而是具有密切的联系,它们互相作用、互相影响、相互依存、相互制约、相互促进的关系,构成了一个相互关联的旅游市场营销环境系统,任何一个环节的变化都可能对整体产生影响。例如,旅游市场需求不仅受消费者收入水平、闲暇时间、个人偏好以及社会文化等方面的影响,政治法律环境的变化往往也会对其产生决定性影响。

(五)不可控制性与企业相对能动性

旅游市场营销环境的不可控制性是指旅游市场营销环境中的某些因素是企业无法控制或预测的,例如自然灾害、政策法规等因素。这些因素会对旅游市场的发展和企业的经营产生影响,是企业无法控制和改变的。

相对而言,企业具有一定的相对能动性,即企业可以通过改变自身的策略、管理、产品等方式,以适应旅游市场营销环境的变化,从而提高企业的竞争力和市场占有率。企业可以根据市场营销环境的变化来调整自身的经营战略,如调整产品结构、销售渠道、宣传策略等,以应对市场变化和波动,实现企业自身的发展。

第二节 旅游市场营销的宏观环境

旅游市场营销的宏观环境是指对旅游企业营销活动产生重要影响的各种外部因素,这些因素包括但不限于政治、经济、社会、技术、法律和环境等方面。这些宏观环境因素会对旅游市场营销策略的制定和实施产生深远的影响,因此了解和适应宏观环境的变化是旅游企业成功营销的关键之一。旅游企业须根据宏观环境中的各种因素及其变化趋势来制定和调整自己的营销策略,以达到市场营销的目的。宏观环境主要包括政治法律环境、人口环境、经济环境、文化环境、科学技术环境、自然环境。

一、政治法律环境

旅游市场营销宏观环境中的政治法律环境是指对旅游业营销活动产生重要影响的政治和法律因素。具体来说,政治环境包括政治局势和政府政策两方面,而法律环境则包括旅游业法律法规以及当地的法律制度和道德规范。

政治环境对旅游市场营销的影响主要表现在政府政策和法规以及国际关系两方面。政府颁布的旅游政策和法规将直接影响旅游业的发展,以及旅游市场的规模和结构,同时还可能影响旅游产品的定价、销售和营销策略。在一些国家和地区,有的立法条款就对旅游娱乐的消费需求产生着重大影响,比如关于饮酒者年龄限制的规定、交通运输中关于铁路客运票价和航空票价制定与变动规则的规定、旅游娱乐消费税和扣除额的规定等,都影响着旅游者的消费行为,进而影响着旅游企业的营销活动。

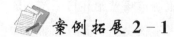

多措并举,助力旅游业高质量发展

2023年暑期全国国内旅游人数达18.39亿人次,占全年国内旅游出游人数的28.1%,可以说是近5年来旅游最火的一个暑假,多数旅游目的地接待游客人数达到历史最高水平。各部门和地方都采取了一些新举措,助力旅游业高质量发展。

2023年暑期以来,贵州黔西南州依托山地、峡谷、水体等地形地貌,打造了一批具有特色的攀岩、漂流、汽车拉力、休闲露营等户外运动项目,并以9个生态体育公园为基础,打造户外运动基地。位于安龙县的笃山生态体育公园完善丰富了配套设施,与此前以游园赏景不同的是,山地运动和户外拓展项目成为这里新的旅游业态。

为了规范旅游市场秩序,营造放心消费的市场环境,2023年6月到9月,云南西双版纳州市两级市场监管、公安、文旅、税务等部门,组织开展为期3个月的旅拍摄影市场秩序专项整治工作,还加强文旅市场监管,重点整治酒店乱涨价、网约车宰客等问题,促进涉旅经营户提升服务品质。

在湖北,当地推出了"惠游湖北"活动,通过发放4亿元的消费券,吸引游客前来游玩打卡。神农架作为湖北知名景区,除了提升旅游服务外,当地政府还联合旅游、金融多部门提前规划,提升基础设施等硬实力。(资料来源:刘淞菱.央视网,2023-09-03.)

二、人口环境

(一)人口因素

旅游市场营销宏观环境中的人口因素包括人口数量、分布、结构、性别、年龄、受教育程度、收入水平等。这些因素对旅游市场需求的变化、旅游产品和服务的设计与推广、旅游目的地的选择等都有一定的影响。

在收入接近的条件下,人口的多少决定着市场容量。一般来说,人口数量与市场容量、消费需求成正比。在同样经济发展水平的国家,人口的增加对旅游人次的增加起着一定的推动作用。但是人口数量与具体商品的市场关系还必须视消费群体的特质而定。例如:人口结构的变化会影响旅游需求的结构和规模,年轻人与老年人的旅游需求和偏好不同,因此需要针对不同的消费群体开展不同的市场营销策略;人口的收入水平和受教育程度也会影响旅游市场的需求和消费行为,因此需要考虑市场细分和定位策略,以满足不同层次消费者的需求。

(二)人口地理流动

人口地理流动对旅游市场同样存在影响。人口的地理流动包括城市化、乡村人口流动、外来人口流动等。近年来,随着人口的流动性不断增强,因地域不同所导致的消费观念和消费习惯差异逐渐消失,旅游企业开始面对一个人口在全球范围流动的大市场,而这种全球性的人口流动也呈现出一定的规律和特点。

1. 世界旅游客源的移动规律与地理环境的关系

从地理学的角度而言,旅游流强度随着地理距离的增大而逐渐衰减。国内旅游流大于国际旅游流,中短程国际旅游流大于远程国际旅游流。在相同目标的前提下,许多国家都把近距离的市场作为自己的争夺目标。例如:墨西哥一直以美国为目标市场进行旅游促销;亚洲国家也多吸引日本、韩国等较富裕国家的旅游者。欧洲国际旅游接待人数一直占全世界国际旅游总人数的70%左右,而欧洲各国之间的国际旅游人数则占欧洲接待国际旅游总人数的80%以上。

2. 旅游者的旅游动机与地理环境的关系

旅游者外出旅游除了经济、政治、文化、历史等原因外,更主要的是旅游目的地的地理环境构成的吸引力所诱发的旅游动机,如气候、海滩、阳光、风景、地貌等都会对旅游者产生诱惑。旅游者兴趣不同,各自的动机也不尽相同,旅游企业可对此进行研究,制定适应客源市场变化规律的营销策略。

三、经济环境

经济环境是指旅游市场所处的经济形势和条件,包括国家或地区的宏观经济环境、旅游业的发展和表现、消费者的经济状况等因素。这些因素会直接或间接地影响旅游市场的需求和供给,对旅游市场营销活动产生一定的影响。

经济环境反映的是一定时期内国家或者地区的国民经济发展状况,主要包括国民生产总值、经济发展阶段、收入分配政策、个人消费模式等有关购买力的变量。经济环境对旅游市场的发展变化起直接作用,是影响旅游市场营销环境最基本、最重要的因素。

(一)国民生产总值

国民生产总值(GNP)是指一个国家在一定时间内,按照国民属性统计计算出来的所有居民生产活动所创造的全部最终价值的总和。人均国民生产总值能反映出一个国家人民的富裕程度。有研究表明,当人均GNP超过300美元时,将会产生国内旅游动机,形成近地旅游;人均GNP在1000美元以上时,将会产生国际旅游需求,形成邻国旅游;人均GNP在3000美元以上时,会形成远国旅游。随着人均GNP的不断提高,旅游消费市场、消费结构、产业结构都将发生显著的变化,旅游消费需求将大幅度提升。

(二)个人收入

个人收入是指一年内个人从各种途径所获得的收入的总和,包括工资、租金收入、股利股息及社会福利等所收取得来的收入。

宏观环境中的个人收入对旅游市场需求有着重要的影响。个人收入水平越高,越有可能参加旅游活动。相反,个人收入水平越低,则可能减少旅游支出,甚至放弃旅游计划。当个人收入水平较高时,他们可能有更多的资金来支付旅游费用,也更有可能选择高档次的旅游产品,此时旅游市场需求可能会增加,从而带动旅游产业的发展;但是当个人收入水平较低时,则反之,这将会导致旅游市场需求下降,旅游企业的销售额和利润也会受到影响。因此,在制定旅游市场营销策略时,需要考虑宏观环境中的个人收入因素。旅游企业可以通过提供多样化的旅游产品,以及制定合理的价格策略来满足不同收入水平旅游者的需求,从而更好地适应市场需求的变化。

(三)消费结构模式

消费结构模式是指一个地区、一个国家或一个特定群体,在一定时间内所消费的商品和服务的类型、数量的总体组成及分布。国际上通常用恩格尔系数来描述消费结构的变化。恩格尔系数是指家庭在消费总支出中用于食品支出的比重,通常用百分数表示。其计算公式为:

$$恩格尔系数 = 食品支出总额 \div 总消费支出总额 \times 100\%$$

恩格尔系数是衡量一个国家或地区消费水平和收入水平之间关系的重要指标。一般来说,随着人均收入的增加,恩格尔系数会逐渐降低。这是因为随着收入增加,人们的消费结构也会发生变化,逐渐向生活质量、文化娱乐等非基本消费方向转移,食品支出在总消费支出中的比重也会逐渐降低。

恩格尔系数的高低不仅反映了一个家庭的生活水平和消费结构,也反映了一个国家或地区的经济发展水平。通常,恩格尔系数较低的国家或地区,消费结构更加多样化和高级化,经济发展水平也相对较高。

(四)外贸收支状况

国际贸易是各国主要获取外汇收入的途径。而这些外汇收入又会对一个国家的国际收支状况产生影响,进而对国际旅游需求的变化产生重要的作用。

对于旅游目的地国来说,本国货币的升值可能会减少境外旅游者的入境旅游意愿,因为旅游者来到该国旅游将会产生更多的花费,而货币贬值则可能会促进境外旅游者的入境旅游。而对旅游客源国来说,本国货币的升值可能会促进本国居民到国外旅游,因为本国居民在旅游目的地国的购买力会随着本国货币的升值而提升,而货币贬值则可能会降低国民外出旅游的意愿。

四、文化环境

我们这里所讨论的文化环境是指在旅游市场营销环境中起影响作用的各种文化因素。它包括旅游目的地的历史文化背景、传统文化、文化景观、文化遗产、民俗习惯、宗教信仰、艺术文化、语言等多个方面。文化环境是旅游市场中不可或缺的一部分,它不仅决定着旅游市场的供给能力,而且影响着旅游市场的需求水平。在旅游市场营销中,要充分考虑文化因素,制定相应的营销策略,以适应不同文化环境下旅游市场的需求和变化。

(一)历史文化背景

历史文化背景包括旅游目的地所经历的历史时期、历史事件,以及历史人物、历史建筑等方面。这些历史文化背景不仅可以让旅游者了解目的地的历史沿革和文化演变,还可以让旅游者深入了解当地的文化传承和文化发展。例如,中国的故宫、长城、颐和园等历史文化遗产就是中国文化传承的重要组成部分,它们不仅是旅游者旅游的目的地,也是旅游者了解中国文化的重要途径。

(二)传统文化

一般来说,传统文化是指在长期历史发展中形成并保留在现实生活中的、具有相对稳定性的文化。旅游地文化则是在一定地理空间上的旅游资源与传统文化相结合的一种复合文化形态。它包括当地的习俗、风俗等民间文化,以及与旅游资源相关的历史、艺术、文学等方面的传统文化。这些传统文化是旅游业发展的重要组成部分,通过了解和体验当地民俗文化,游客可以更好地融入当地社会,与当地人建立更亲密的联系。传统文化是旅游目的地的重要文化旅游资源,也是旅游者感受和体验当地文化的重要途径。例如中国的春节、中秋节等传统节日,以及中国的茶文化、传统服饰、民间艺术等都是中国传统文化的重要组成部分,可以使旅游者深入了解中国的文化底蕴。

(三)文化景观

旅游目的地的文化景观是指旅游景区通过建筑、园林、雕塑、水景等多种元素的有机结合所创造出的具有观赏性、艺术性和文化内涵的景观环境。这种景观能够使游客欣赏美景、感受文化魅力、放松身心。同时,旅游目的地的文化景观也是当地传统文化的体现,反映了当地的历史、习俗和人文特色,例如宗教建筑、文化遗产、历史建筑、风景名胜区等。法国的埃菲尔铁塔、美国的自由女神像、印度的泰姬陵等文化景观都是世界著名的旅游景点,它们不仅是当地的文化遗产,也是旅游者了解当地文化的重要途径。

(四)宗教信仰

宗教信仰属于一种特殊的社会意识形态和文化现象。旅游目的地所处地域的宗教信仰是当地旅游文化的重要组成部分。例如,西藏地区的佛教文化和寺庙建筑、以色列的犹太教文化和犹太教堂、沙特阿拉伯的伊斯兰教文化和清真寺等都是吸引游客前往游览的重要文化景观。旅游市场营销活动也必须尊重当地宗教信仰,否则会引起当地人的反感和不满,对旅游企业的市场营销产生不利影响。

(五)语言

旅游目的地所使用的语言也是文化环境的重要组成部分。旅游者在旅游目的地的旅游活动中可以学习和体验不同的语言文化,增进文化交流和了解。例如,学习一些日常用语,以及点菜、购物、问路等常用语可以帮助旅游者更好地融入当地文化。

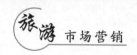

五、科学技术环境

科学技术环境是指旅游业发展所需要的科学技术资源和创新能力。新兴的科学技术会给旅游企业经营以及旅游者购买行为带来一定的影响。

(一)科学技术水平

科学技术水平是旅游业发展的基础。随着科技的不断进步,旅游业也得到了迅速的发展。在线预订系统、人脸识别技术、虚拟现实技术等应用的出现,使得旅游行业变得更加便捷、高效、个性化。

(二)创新能力

创新能力是推动旅游业持续发展的重要因素之一。旅游企业需要不断地推陈出新,提供新的旅游产品、服务和体验,以满足旅游者不断变化的需求。例如,通过推出主题旅游线路、个性化定制旅游计划等新的旅游产品,吸引更多的旅游者。

(三)交通运输技术

交通运输技术是旅游业的重要基础保障。随着交通运输技术的不断发展和改善,旅游业也得以更好地发展。高速公路、高铁、航空等交通运输设施的建设和改善,提高了旅游目的地的可达性和便捷性,促进了旅游业的发展。

(四)环境保护技术

环境保护技术在旅游业的发展中也起到了重要作用。随着旅游业的快速发展,旅游目的地面临的环境问题也日益严重,如水土流失、生态破坏、垃圾污染等。通过环境保护技术的应用,可以减轻旅游业对环境的负面影响,保护旅游目的地的生态环境,提高旅游者的体验和旅游业的可持续发展性。例如,利用环保材料建设旅游设施、推广低碳旅游、提高旅游垃圾处理能力等,都是环境保护技术在旅游业中的具体应用实践,也是绿色旅游理念的现实体现。

六、自然环境

旅游市场营销宏观环境中的自然环境是指旅游活动所处的自然环境条件以及对自然资源的利用。该环境包括自然景观、自然资源、自然灾害、气候和季节变化等多个方面。其中,自然景观是旅游吸引力的核心因素,自然资源是旅游产品的基础,气候和季节变化则影响着旅游业的发展和旅游需求的变化。同时,自然灾害也是旅游活动中需要考虑的重要因素之一,对旅游产业的影响不可忽视。

(一)气候

气候是旅游业发展的重要自然条件之一。气候对旅游业的影响体现在旅游者出行时间和旅游目的地选择以及旅游活动的安排等方面。不同的气候条件适合不同类型的旅游,例如温

暖的气候适合海滨旅游,寒冷的气候适合冰雪旅游。

(二)地理环境

地理环境是指地形、地貌、海拔高度等自然条件。这些条件会影响旅游活动的种类和难度。例如,高海拔地区适合登山旅游和观赏高山风光,平原地区适合自驾和骑行等活动。

(三)自然资源

自然资源是旅游业发展的重要基础要素之一。沿海地区和湖泊区域通常拥有丰富的水资源,可以开展各种水上运动和水上旅游活动。同时,各种动植物也属于旅游资源,也是旅游业吸引游客的重要因素,例如野生动物观赏旅游和自然保护区游览等。

在旅游市场营销中,了解自然环境对旅游市场的影响是非常重要的。旅游企业需要根据自然环境的特点,合理规划旅游产品和旅游路线,提供相应的服务保障,以满足游客的需求。同时,旅游企业也需要加强对自然环境的保护和管理,推动可持续发展,保障旅游资源的可持续利用。

第三节 旅游市场营销的微观环境

旅游市场营销的微观环境是指存在于旅游企业周围并密切影响其营销活动的各种因素和条件,包括旅游产品供应商、旅游购买者、旅游中间商、旅游竞争者、公众以及企业自身等。旅游企业应定期对面临的微观环境进行分析,根据微观环境的变化,灵活调整企业的营销策略,使企业的市场营销活动得以顺利地开展。

一、旅游企业内部环境

旅游企业内部环境是指旅游企业内部的各种因素和力量,这些因素和力量可以影响旅游企业的运营和市场营销决策。企业内部各部门的协作可以提高企业的综合竞争力和市场营销效果。通过各部门的密切协作和沟通,企业可以更好地理解市场需求,提高产品质量和服务水平,从而在竞争激烈的旅游市场中取得更大的成功。

(一)营销部门和产品部门协作

营销部门和产品部门的协作可以确保产品的市场营销策略与产品开发方向的一致性。产品部门可以根据市场的需求和营销部门的反馈,不断改进产品的设计和特点,以便更好地满足客户需求。

(二)营销部门和客户服务部门协作

营销部门和客户服务部门的协作可以提高客户满意度。当客户有疑问或投诉时,客户服务部门可以提供及时的回应和解决方案,营销部门则可以通过客户服务部门的反馈来改进市场营销策略。

(三)财务部门和营销部门协作

财务部门和营销部门的协作可以确保市场营销策略的可行性和有效性。营销部门需要制定相应的市场营销策略,而财务部门可以根据预算和成本控制等方面的限制,对市场营销策略提出合理的建议和规划。

(四)品牌管理部门和营销部门协作

品牌管理部门和营销部门的协作可以提高品牌形象和市场营销的协同效应。品牌管理部门可以根据品牌的特点和市场的需求,不断完善品牌策略和形象,而营销部门则可以在市场营销活动中更好地展示和推广品牌价值。

(五)研发部门和营销部门协作

研发部门和营销部门的协作可以提高产品的市场竞争力。研发部门可以根据市场的需求和营销部门的反馈,不断改进和创新产品,以提高产品的市场占有率和竞争力。

二、旅游供应商

有效把握旅游资源供应环境,不仅可确保资源的持续性,而且能有效降低成本。为达到综合报价中利润的最大化,必须熟谙商品价格的变化规律并采取尽可能多的控制措施。当前,许多旅游市场采用"定点制"模式,以实现餐饮、住宿、交通、游览、购物、娱乐等一揽子服务,与旅游供应商建立了相对稳定的长期合作关系,从而实现共赢。而旅游供应商也在对旅游企业和旅游市场产生着多种影响。

(一)产品质量影响

旅游供应商提供的产品质量对旅游企业的市场竞争力有着重要的影响。如果旅游供应商提供的产品质量高,旅游企业就可以提供更好的产品和服务,从而提高客户满意度和市场占有率。

(二)成本控制影响

旅游供应商的成本控制影响是指旅游供应商在生产和提供旅游产品和服务时,通过有效的成本控制手段,降低成本支出,提高利润水平,增强市场竞争力。旅游供应商在成本控制方面采取的措施包括优化采购渠道、降低库存成本、提高生产效率、减少浪费等。通过有效的成本控制,旅游供应商可以提高产品的性价比,吸引更多的旅游者,实现更好的营销效果。如果旅游供应商的价格和成本过高,旅游企业就需要在营销活动中加入更多的成本控制策略,以保持产品的竞争力和盈利。

(三)品牌形象影响

旅游供应商的品牌形象影响是指旅游供应商的品牌形象对旅游购买者选择行为的影响。一个良好的品牌形象能够传递给消费者一种可靠和高质量的印象,使得消费者对该品牌产生信任感,从而更容易选择该品牌的产品和服务。如果旅游供应商的品牌形象较好,旅游企业就可以利用供应商的品牌形象来提高自身的品牌形象和市场认知度。因此,旅游供应商需要注重品牌形象的塑造和维护,通过提供优质的产品和服务、积极参与公益活动、加强与旅游购买者的互动等方式,提高品牌知名度和美誉度,增强市场竞争力。

(四)稳定供应影响

旅游供应商的稳定供应影响是指旅游供应商能否稳定地提供旅游产品和服务对旅游营销活动的影响。如果旅游供应商不能稳定地提供产品和服务,就会影响到旅游企业的正常运营和旅游购买者的满意度,同时旅游企业需要花费更多的时间和精力寻找新的供应商,从而影响营销策略的执行和市场占有率。因此,旅游企业在选择旅游供应商时要特别慎重对待,要选择那些信誉好、效率高、物美价廉、交货及时、稳定性好的供应商并建立长期的合作关系,以保证供货的连续性和稳定性。同时,为了规避市场变化,避免企业与供应商关系发生变化时而陷入困境,旅游企业还需要使供货来源多样化。

(五)产品创新影响

旅游供应商的产品创新影响是指旅游供应商在产品开发和创新方面采取的措施对旅游营销活动的影响。旅游供应商通过产品创新可以满足旅游者的多样化需求,提高市场竞争力,同时也可以为旅游企业提供新的产品和服务,丰富旅游营销的内容和形式。因此,旅游供应商需要注重产品创新,不断开发出具有新意和特色的旅游产品和服务,以满足旅游市场的需求。

三、旅游购买者

旅游购买者是旅游企业营销活动的主要对象,他们的需求、行为和反馈都会对旅游企业营销活动产生重要的影响。旅游购买者是旅游企业营销活动的重要参与者和决策者,企业需要关注旅游购买者的需求和反馈,不断优化自己的产品和服务,提高市场竞争力和满意度,从而实现企业的长期发展和盈利目标。

(一)影响营销策略的制定

旅游企业需要通过市场调研和分析来了解旅游购买者的需求、喜好、态度和行为,根据这些信息来制定适合的营销策略,如产品定位、价格策略、促销活动和广告宣传等。如果企业没有对消费者进行深入分析,就无法精准把握市场动向和竞争优势,营销策略的效果也会大打折扣。

(二)影响产品开发和升级

旅游购买者的需求和期望是旅游产品开发和升级的主要驱动力,旅游企业需要时刻关注市场需求的变化,及时开发新产品、改进现有产品,以满足旅游购买者的需求和期望。同时,旅游购买者对产品的反馈和评价也是企业进行产品优化和升级的重要依据。

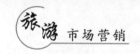

(三)影响渠道选择和建设

旅游购买者的购买行为和偏好也会影响旅游企业的渠道选择和建设。例如,随着互联网的普及,人们越来越倾向于通过在线渠道预订旅游产品,旅游企业需要建立并优化自己的电子商务渠道,提高在线预订和支付的便利性和安全性,以满足旅游购买者的购买需求。

(四)影响品牌形象和口碑

旅游购买者对旅游企业的产品和服务质量、价格、体验等方面的评价和反馈会对企业的品牌形象和口碑产生重要影响。如果消费者对企业的产品和服务不满意,就会给企业造成负面影响,降低企业的市场声誉和竞争力。因此,企业需要不断提升产品和服务质量,加强客户关系管理,增强消费者对企业的信任感和忠诚度。

四、旅游中间商

旅游中间商通过建立销售渠道、提高销售效率、加强产品组合和创新、影响产品定价和营销策略、建立客户关系和促进口碑传播等方面的优势,对旅游市场的发展和营销产生重要的影响。

(一)增加市场覆盖面和销售渠道

旅游中间商通过建立和拓展自己的销售渠道,可以让旅游产品更广泛地接触到潜在客户,从而增加市场覆盖面。例如,旅行社通过建立自己的线上平台和线下门店,可以吸引更多的客户,提高产品曝光度和知名度,帮助旅游企业实现更多的销售量和市场份额。

(二)提高销售效率和销售额

旅游中间商在销售过程中发挥着自身独特的优势,如对市场的敏感性、对消费者需求的了解程度、销售技巧和客户服务。这些优势有助于提高销售效率和销售额。例如,旅行社可以根据客户的需求和偏好,为客户提供专业的旅游咨询和建议,提高客户的购买意愿和购买率。

(三)加强产品组合和创新

旅游中间商可以根据市场需求和客户反馈,对旅游产品进行组合和创新,提供更多元化、更个性化的旅游产品,以满足不同客户的需求和期望。例如,旅行社可以组织不同主题和类型的旅游产品,如文化旅游、探险旅游、美食旅游等,以满足不同客户的需求和兴趣。

(四)影响产品定价和营销策略

旅游中间商在旅游产品销售和分销中具有一定的议价能力和定价权,他们的定价策略和营销策略会对旅游企业的定价和营销策略产生影响,有时甚至决定着产品的最终售价和市场地位。旅游企业可以通过与旅游供应商的谈判和合作,获得更好的价格优惠和资源配置,从而在市场上实现更有竞争力的价格策略。

(五)建立客户关系和促进口碑传播

旅游中间商通过与客户建立良好的关系,提供优质的客户服务,有助于促进口碑传播和客户忠诚度的提升,对旅游企业的品牌形象和市场影响力具有积极的影响。例如,旅行社可以通过为客户提供优质的旅游服务和个性化的产品体验来提升旅游企业的品牌形象。

五、旅游竞争者

对旅游竞争者进行分析,是旅游企业市场营销中的重要环节,它可以帮助企业全面了解市场竞争格局、竞争对手的优势和劣势、市场趋势和变化等信息,为企业营销策略的制定和实施提供重要参考。

(一)竞争对手分析

竞争对手分析是指对旅游企业直接或间接的竞争对手进行深入的研究和分析。这些竞争对手可能是同行业的旅游企业,也可能是提供类似旅游产品和服务的其他企业。通过对竞争对手的分析,旅游企业可以了解竞争对手的优势和劣势,以及它们的市场策略和产品定位等,从而有针对性地调整自身的市场策略,提高市场竞争力。在竞争对手分析中,企业需要通过收集市场信息和数据来了解市场上的竞争对手,包括其企业规模、产品特点、市场份额、品牌形象、价格策略、销售渠道等。企业需要对这些信息进行整理、比较、分析,从而确定自己的竞争优势和劣势,为制定相应的营销策略和反击措施提供参考。

(二)客户需求分析

客户需求分析是指对旅游市场的消费者需求进行深入的研究和分析。企业需要通过对目标客户的需求和偏好进行分析,了解市场上的消费趋势和变化,为企业的产品设计、营销推广和服务提供方向和指导。在客户需求分析中,企业可以通过多种方式获取客户的反馈和意见,例如市场观察、问卷调查、客户投诉和建议等,从而了解客户的需求和偏好,以及他们的消费行为和决策过程,进而有针对性地设计和提供符合客户需求的产品和服务,提高客户满意度和忠诚度。

(三)产品差异化分析

产品差异化分析是企业竞争环境分析的另一个重要方面。在产品差异化分析中,企业需要通过对市场上同类产品的品质、特色、功能、服务、价格等方面进行全面的分析对比,找出自己产品的差异化优势,为企业的产品定位和差异化营销提供依据。

(四)市场趋势和变化分析

市场趋势和变化分析是企业竞争环境分析的另一个重要方面。在市场趋势和变化分析中,企业需要通过深入的市场调研,了解市场上的新需求、新技术、新产品和新营销手段,为企业的战略调整和创新提供思路和参考。在市场趋势和变化分析中,企业还需要考虑市场的经济环境、政策法规、科技发展等客观环境因素。

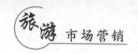

(五)渠道和合作伙伴分析

渠道和合作伙伴分析是企业竞争环境分析的重要内容之一。旅游企业通过对市场上的渠道和合作伙伴进行分析,了解不同渠道和合作伙伴的优势与劣势,找到合适的渠道和合作伙伴,为其产品分销和市场扩展提供支持和保障。

六、社会公众

社会公众在旅游市场营销中也起着一定的作用。旅游企业需要通过积极倾听和响应社会公众的声音,优化产品策略、营销模式和服务质量,提升市场竞争力和企业形象,实现可持续发展。

(一)形成旅游市场需求

社会公众的旅游兴趣、需求和消费行为直接影响着旅游市场的规模和结构。旅游企业需要通过对社会公众旅游需求的调查和研究,了解旅游者的购买喜好、行为特点和消费心理,从而确定旅游产品的种类、特点、价格和宣传策略,满足社会公众的旅游需求,创造市场竞争优势。

(二)影响旅游产品形象和口碑

社会公众对旅游产品的评价和反馈直接影响着旅游企业的形象和声誉。旅游企业需要通过加强品牌建设、提高产品质量、加强客户服务和沟通,树立良好的企业形象和产品口碑,赢得社会公众的信任和支持,提升市场竞争力和口碑效应。

(三)引导旅游市场发展方向

社会公众对旅游市场的态度、价值观和行为准则,影响着旅游市场的发展方向。旅游企业需要关注社会公众的旅游意愿和需求变化,及时调整产品策略和市场定位,适应市场变化和趋势,提升市场竞争力。

(四)推动旅游市场的发展和改革

社会公众的旅游消费行为和需求变化,推动着旅游市场的发展和改革。旅游企业需要关注社会公众的诉求和期望,积极参与旅游市场的规划、开发和改革,推动旅游市场的健康和可持续发展。

第四节 旅游市场营销环境的SWOT分析

一、SWOT分析模型

SWOT分析是一种常用的商业战略分析工具,它的全称是"strengths,weaknesses,opportunities,threats",中文意思是"优势、劣势、机会、威胁"分析。SWOT分析旨在通过对公司、产品、品牌等进行内部和外部分析,识别其优势、劣势、机会和威胁,为制定战略和做出决策提供指导。其中,优势和劣势主要是内部因素,机会和威胁则是外部因素。

SWOT分析通常以矩阵形式展示,将内部因素分为优势和劣势两个方面,外部因素分为机会和威胁两个方面。通过对四个方面的综合分析,可以为企业或组织制定战略和决策提供重要参考。SWOT分析对于旅游企业的战略制定、资源优化、服务提升、风险应对等方面都有很大的作用。

(一)制定战略

SWOT分析是制定战略的重要工具,旅游企业可以通过分析自身的优势和劣势,以及外部环境中的机会和威胁,制定相应的战略。例如:企业可以根据自身的优势来选择发展的方向,如推出高端旅游产品,进军特色旅游市场;根据自身的劣势来制定提升策略,如加强服务培训,优化资源配置等。

(二)了解市场

通过SWOT分析,旅游企业可以了解市场环境,包括竞争对手、消费者需求、市场规模等。企业可以通过对外部环境的分析,制定相应的营销策略和产品定价策略,更好地满足消费者需求,提高市场占有率。

(三)优化资源

通过SWOT分析,旅游企业可以识别其内部资源的优势和劣势,进而优化资源配置。例如:企业可以分析员工的技能和特长,将其分配到适合的职位上,提高员工工作效率;分析旅游产品的利润率,调整产品线路和定价,提高利润水平。

(四)提高服务质量

SWOT分析可以帮助旅游企业发现自身存在的劣势和不足,进而制定相应的改进计划,提高服务质量。例如,通过对客户评价和反馈的分析,企业可以找到客户对服务的不满意之处,针对性地进行改进。

(五)应对风险

SWOT分析可以帮助旅游企业了解外部环境中的潜在威胁,提前准备应对措施,降低风险。例如:分析天气情况和交通状况,提前调整行程计划,以应对恶劣天气的影响;分析政策法规的变化,调整旅游产品线路,以适应市场的变化。

二、旅游市场营销环境优势-劣势分析

优势-劣势分析是指对旅游企业的内部因素进行分析,以确定旅游企业在市场竞争中的优劣势。进行优势-劣势分析需要先收集和整理相关的信息和数据,包括企业的内部情况、市场环境、竞争对手等,同时需要综合考虑旅游企业的内部因素和外部因素,以全面客观地评估企业的实际情况,并在此基础上制定相应的营销策略。

(一)确定分析的范围和目的

旅游企业应该明确分析的范围,例如分析某一具体产品、服务、市场、竞争对手等,以便更有针对性地收集信息和分析数据。同时,旅游企业还需要明确分析的目的,例如评估市场需求、优化产品结构、提高品牌影响力等。

(二)收集信息和数据

旅游企业可以通过市场调研、竞争对手分析、文献资料查阅等方式收集相关的信息和数据。例如:通过市场调研了解目标客户的需求、喜好、消费习惯等;通过竞争对手分析了解竞争对手的产品、服务、市场策略等;通过文献资料了解市场趋势、政策法规等。

(三)列出优势和劣势

根据收集到的信息和数据,旅游企业可以采用SWOT分析法,将优势和劣势分别归为企业的内部因素和外部因素。例如:企业的内部优势可能包括丰富的旅游资源、优质的产品和服务、专业的管理团队等;外部优势可能包括市场需求旺盛、政策支持等;内部劣势可能包括管理不善、人才流失等;外部劣势可能包括市场竞争激烈、政策变化等。

(四)归纳总结

根据优劣势分析的结果,旅游企业可以归纳总结其实际情况,并找出其中的规律和趋势,例如企业的优势和劣势对市场竞争力的影响、市场趋势对企业发展的影响等。通过这些分析和总结,旅游企业可以更好地了解自身的实际情况和市场环境,为下一步营销策略的制定提供依据。

(五)制定营销策略

根据优劣势分析的结果,旅游企业可以制定相应的营销策略。例如:针对企业的优势,可以加强宣传推广,提高品牌影响力;针对企业的劣势,可以加强内部管理,提高服务品质;根据市场趋势,可以调整产品结构,适应市场需求等。通过制定营销策略,旅游企业可以优化产品、服务、品牌。

三、旅游市场营销环境机会-风险分析

机会-风险分析是指对旅游市场营销环境中的机会和风险进行分析和评估。其中,机会是指旅游企业在市场环境中可以利用和开发的有利因素,是有望带来业务增长和盈利提高的外部条件;风险则是指旅游企业在市场环境中面临的不确定性和不利因素,可能对企业的业务发展和营利能力造成负面影响。

(一)市场机会分析

旅游企业需要通过市场调研和分析,了解当前市场规模、市场需求、旅游趋势、消费者需求、旅游产品和服务的特点、市场竞争局面等情况,从而确定市场机会。这些市场机会可能涉及新市场、新产品、新服务、新销售渠道、新技术等方面。

(二)竞争对手分析

旅游企业需要了解竞争对手的产品、服务、市场策略、品牌影响力等情况。同时,关注竞争对手的优势和不足,从而确定自身的优势和劣势。这样可以更好地把握市场竞争态势,了解自身在市场竞争中的位置,发掘新的竞争优势。

(三)政策环境分析

政策对于旅游企业发展至关重要,因此旅游企业需要关注国家旅游政策、地方旅游政策、税收政策等,了解政策对旅游业可能造成的影响,从而确定该政策环境下企业所面临的机会和风险。政策环境的变化可能会带来市场机会,如政府对旅游业的扶持政策;也可能带来市场风险,如政策限制或调整对旅游行业的抑制。

(四)经济环境分析

经济环境对旅游业的发展也有着至关重要的影响。旅游企业需要关注宏观经济形势、居民消费水平、通货膨胀率等,了解经济环境对旅游业可能形成的影响和趋势,从而预测经济环境变化给自身带来的机会和风险。经济环境的变化可能会给旅游业带来市场机会,如经济的发展导致的消费水平提高;也可能带来市场风险,如经济下行导致的旅游消费减少。

(五)自然环境分析

旅游企业还需要关注天气变化、自然灾害等,了解自然环境对旅游业可能形成的影响,从而预测自然环境变化给自身带来的机会和风险。自然环境的变化可能会带来市场机会,也可能会带来风险,如自然灾害可能影响旅游项目的正常开展,造成损失。旅游企业需要制定应对措施,做好应急预案,保障游客的人身安全和旅游项目的正常开展。此外,旅游企业也需要关注可持续发展的问题,推广环保、低碳、文化保护等理念,积极担负社会责任,赢得社会认可。

四、SWOT 分析与战略选择

SWOT 分析是一种基于四个核心要素的分析方法。SWOT 分析的方法通常包括以下步骤:①收集相关信息,包括企业内部的资源、能力和优劣势,以及外部环境中的机会和威胁。可以通过内部调查、市场研究、竞争分析等方式来收集信息。②在收集了足够的信息后,需要将其分类整理,分别列出企业的优势、劣势、机会和威胁。可以使用表格、矩阵等方式进行可视化呈现。③对于列出的 SWOT 要素,需要进行详细的分析,包括对每个要素的原因、影响、优先级等方面进行评估。这一步的目的是确定每个要素的重要性和影响程度。④在对 SWOT 要素进行了分析和评估之后,可以根据结果制定相应的战略。例如,利用优势来开发新产品或进军新市场,通过优化劣势来提高产品品质和服务质量,利用机会来扩大市场份额和提高营利能力,应对威胁来降低风险和保护企业利益。⑤制定战略后,需要实施并监控其效果,随时调整战略,以适应市场变化和企业内部发展。同时,需要不断更新 SWOT 分析,以保持其对企业战略制定的价值。

SWOT战略选择图(SWOT matrix)是一种将SWOT分析结果可视化的工具,旨在帮助企业确定战略选择方向。SWOT矩阵通常是一个四象限的矩阵,其中横轴表示企业内部的优势和劣势,纵轴表示外部环境中的机会和威胁。在矩阵中,企业的优势和机会位于右上角的第一象限,这些要素可以被用来制定增长策略。企业的劣势和机会位于左上角的第二象限,需要考虑弥补劣势和把握机会的策略。企业的优势和威胁位于右下角的第四象限,需要考虑利用优势应对威胁。最后,企业的劣势和威胁位于左下角的第三象限,需要考虑应对劣势和威胁的策略。SWOT矩阵的优点在于能够快速、清晰地呈现SWOT分析的结果,并帮助企业选择潜在的战略方向。

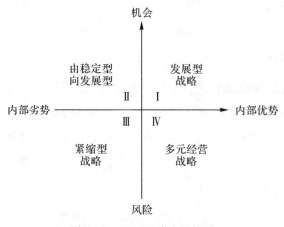

图2-1 SWOT战略选择图

第五节 旅游市场STP营销战略

STP战略是市场营销中的一种基本战略,它的名称来源于三个关键步骤:市场细分(segmentation)、目标市场(targeting)和市场定位(positioning)。市场细分是将市场分成若干个具有相似需求和特征的小群体;目标市场是选择其中一个或几个最有潜力的市场群体作为目标客户;市场定位是在目标市场中,通过强调产品或服务的独特性或特点,以及与竞争对手的差异来建立品牌形象和知名度。

STP战略能够帮助企业更好地理解和满足消费者的需求,提高销售额和市场份额。同时,它也能够帮助企业精准定位目标市场和客户,并制定出更有效的营销策略,从而实现更好的市场表现,获得商业成功。

一、旅游市场细分

(一)旅游市场细分的概念

旅游市场细分是指将整个旅游市场划分成若干个小的市场群体,这些小的市场群体具有相似的需求和特征。旅游企业可以通过细分来更好地了解消费者需求和行为,并根据不同市场群体的需求和特点,制定出更加精准和有效的营销策略和产品策略。

旅游市场细分可以根据多种因素进行,例如地理位置、旅游目的、旅游方式、旅游时间、旅游预算、年龄和性别等。旅游市场细分可以帮助企业发现市场的细小而有利可图的领域,提高企业的竞争力。

(二)旅游市场细分的作用

旅游市场细分对于旅游企业的发展非常重要,它可以帮助企业更好地了解旅游者的需求和行为,提高营销效果和效率,增加市场占有率和利润率,提高客户忠诚度和口碑效应,从而使企业在激烈的市场竞争中获得更好的发展。

1.了解消费者需求和行为

了解消费者需求和行为是指通过市场细分,旅游企业可以更精确地了解不同类型旅游者的需求和行为。在市场细分过程中,需要深入分析消费者的特点,包括他们的年龄、性别、收入水平、教育程度、职业以及旅游偏好等。这些信息可以帮助企业更准确地把握消费者的需求和行为特征,从而更好地制定营销策略。例如,一些旅游者可能更偏爱文化旅游,他们会更加关注旅游目的地的历史文化背景和人文氛围,而对于其他景点可能没有多大的兴趣,对于这些旅游者,旅游企业可以根据以上特点,设计针对性的旅游线路,提供文化解说服务,开设文化类主题活动等。

2.更精准地定位目标市场和客户

旅游市场细分可以帮助旅游企业更加精准地定位目标市场和客户,明确产品的销售对象,从而更精准地制定出符合目标市场和客户需求的营销策略和产品策略,提高销售额和市场占有率。因此,旅游企业可以针对性地开发更具有创新性和个性化的旅游产品,提供更加刺激和有趣的旅游体验,从而吸引更多的年轻客户,以抢占更多市场份额。

3.提高营销效果和效率

旅游市场细分可以帮助旅游企业制定出更加精准和有效的营销策略和产品策略,从而提高营销效果和效率,降低营销成本,提高利润率。例如,如果一家旅游企业将目光集中在市场的一个小的细分市场群体上,它可以更好地了解这个市场群体的需求和行为,制定出更加精准的营销策略。通过精准的营销策略,旅游企业可以更好地满足这个市场群体的需求,提高销售量和市场占有率。相反,如果企业没有进行市场细分,将资源分散在各个市场群体上,那么企业可能会把资源浪费在无效的营销上,导致营销效果不佳。

4.提高客户忠诚度和口碑效应

旅游市场细分可以帮助旅游企业更好地了解不同市场群体的需求和行为,制定出更加符合对方需求的旅游产品和服务,从而提高客户的满意度和忠诚度,使客户更加愿意推荐旅游企业的产品和服务给其他人,形成良好的口碑效应。例如,一些年轻人可能更加注重旅游体验的

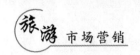

个性化和创新性,如果企业能够提供符合这些需求的旅游产品和服务,他们可能会更加愿意选择这家企业,甚至会推荐给他们的朋友和家人。这样的话,企业的口碑效应就会得到提升,吸引更多的客户,进一步提高市场占有率和销售额。

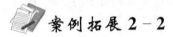

避暑游走俏,体验游重融入——暑期旅游新动向观察

暑期以来,随着我国进入一年中温度最高的三伏天,各地旅游市场复苏明显。记者在全国多地调研发现,避暑游、研学游、亲子游等个性化旅游市场的供给更加丰富,游客们的出行观念也从参观打卡演变为更注重体验的沉浸式出游。

避暑游热度空前

刚刚入伏,位于城市中心的江漫滩湿地——黑龙江哈尔滨太阳岛风景区,来自全国各地的游客络绎不绝,人们一边品尝特色冷饮,一边拍照打卡,享受着夏日的惬意。

"哈尔滨夏季温度很舒服。今年全家来体验一下冰城之夏。"来自山东的游客王林说,像哈尔滨这样的避暑名城是他们暑期游的首选。太阳岛资产公司副总经理蒋菲介绍,2023年暑期以来,景区接待旅客数不仅远高于去年同期,比2019年同期也高出10%以上。

随着全国多地陆续进入"炙烤"模式,因高温催生的避暑游成为今年暑期旅游市场的关键词。在各大在线旅游平台上,有关避暑、漂流、夜游等项目的线路比比皆是。文化和旅游部数据中心不久前对传统高温城市避暑旅游市场调查数据显示,第三季度传统高温城市的整体出游意愿达到94.6%。

不少地方把暑期当作提升避暑品牌形象、树立良好口碑目的地的绝佳时期,纷纷推出特色旅游活动:湖北恩施依托当地特色文化,将哂酒歌、竹编非遗文化从博物馆、文化馆中引入日常生活场景,形成常态化的演出和体验项目;哈尔滨则聚焦登山、露营、自驾等特色活动,持续推出避暑生态旅游产品。

从"到此一游"到深度体验

在山西省晋中市介休市的张壁古堡景区中,来自内蒙古的黄浩磊正在认真倾听研学导师关于古堡历史的讲解。他和同行的二十几位小学生被分为两组,根据导师提供的线索,在光线昏暗的千年地道中比赛完成拼图任务。"研学游既能增长历史知识,还能提高分析、解决问题的能力,这是我在书本上学不到的。"黄浩磊说。

张壁古堡在2018年被晋中市评为首批研学教育基地,依托丰富的历史文化和独特的军事地道资源,景区开发出以古代屯兵场所和传统文化为主题的研学课程,涉及无线电、拓碑、布老虎缝制等内容,吸引了来自全国各地的研学游旅客。"项目开设以来,感受最明显的就是游客们的需求已经从过去的'以游为主'转变为'以学带游'。"景区研学经理张蕾蕾说。

研学游的变化是今夏我国旅游市场转型发展的一个缩影。不少旅游产品设计者已意识到,亲子游、城市游、文化游等产品已经不能单单依靠概念吸引游客,而需要通过独特的文化场景、真实的体验环节来提升对游客的吸引力。(资料来源:廖浩宇.新华社,2023-07-14.)

二、旅游目标市场

(一)旅游目标市场的概念

在STP战略中,T代表的是目标市场(target market),指的是旅游企业选择的一个或多个市场群体,将营销活动的重点放在这些市场群体上,为他们提供有针对性的旅游产品和服务以满足其需求。

具体来说,选择旅游目标市场,就是在市场细分的基础上,通过分析每个市场群体的需求、特点和潜在价值,确定旅游企业需要重点关注的市场群体,从而制定出符合这些市场群体需求的旅游产品和服务,实现市场营销的有效性和高效性。选择适合的目标市场非常重要,因为企业的市场竞争力取决于其在目标市场中的表现。如果企业没有选择正确的目标市场,将会浪费资源,营销效果不佳,从而无法实现市场份额的增加和利润的增长。因此,选择正确的目标市场是实现STP战略中的关键步骤之一。

(二)选择旅游目标市场的过程

在选择旅游目标市场时,旅游企业需要根据自身的实际情况和目标市场的需求,制定出合适的选择策略。只有选择了合适的目标市场,才能够更好地满足目标市场的需求,实现企业的发展目标。旅游企业选择目标市场一般主要考虑以下几个方面。

1. 市场规模和增长潜力

选择市场规模和增长潜力较大的目标市场,可以保证企业有足够的市场份额和发展空间。因此旅游企业需要进行市场研究,了解不同市场的规模和增长潜力,分析市场的增长趋势和前景,以便选择合适的目标市场。

2. 市场竞争情况

了解目标市场的竞争情况对于旅游企业选择目标市场非常重要。如果市场竞争激烈,就可能面临市场份额减少、利润下降等问题。因此企业需要分析目标市场的竞争情况,选择较为稳定的市场,并考虑如何通过不同的差异化战略来区别于竞争对手。

3. 消费者需求和消费能力

旅游企业需要了解目标市场消费者的需求和消费能力,以便提供符合市场需求和消费能力的旅游产品和服务。消费者需求和消费能力的不同,会影响旅游产品的定价、营销策略等。例如,如果目标市场的消费者需要且有能力购买高端的旅游产品和服务,那么旅游企业就应该开发更高品质的产品组合和服务内容,并制定相应的价格策略。

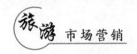

4.目标市场的文化和社会背景

选择合适的目标市场还需要考虑目标市场的文化和社会背景,以便为当地消费者提供符合当地文化和社会习惯的旅游产品和服务。如果旅游企业没有了解当地文化和社会背景,就可能因为文化差异而产生沟通障碍,导致消费者不满意甚至造成严重的文化冲突。

5.其他因素

除了上述几个因素之外,选择目标市场还需要考虑一些其他因素,例如政策环境、技术发展水平、人口结构等,这些因素都可能影响旅游企业的发展。旅游企业需要通过对这些因素的研究,了解目标市场的整体环境,从而制定出更加合适的目标市场选择策略。

三、旅游市场定位

(一)市场定位的概念

在STP战略中,市场定位是为了满足目标市场的需求,确定自己在目标市场中的竞争位置和差异化优势,以便提高产品或服务的吸引力和竞争力的一个关键步骤。市场定位包括确定目标市场、分析目标市场、确定旅游产品的独特卖点、制定差异化战略和定义市场定位这五个方面。旅游企业需要根据目标市场的特点和需求,制定相应的差异化战略和品牌形象,并通过市场调研和反馈来验证和调整。市场定位的成功可以提高企业在目标市场中的竞争力和市场占有率,进而实现企业的市场目标和经济目标。

(二)旅游市场定位的方式

1.目标市场的选择

企业在选择目标市场时,需要考虑多个因素,例如年龄、性别、收入、教育背景、文化背景、地理位置、旅游偏好等。通过了解这些因素,企业可以确定自己的目标客户群体,制定相应的旅游产品或服务,并针对目标市场进行营销推广。

2.目标市场的分析

企业一旦确定了目标市场,接下来需要进行深入分析,了解目标市场的市场规模、市场增长率、消费行为和需求、消费者特点等信息,以便更好地了解市场需求,调整自己的产品或服务。企业可以通过市场研究、数据分析、调查问卷等方式来了解目标市场的信息,以便更好地制定市场策略和定位方案。

3.确定旅游产品的独特卖点

企业需要根据目标市场的需求和差异化特点,寻找自己旅游产品或服务的独特卖点,以便吸引和留住目标市场的客户。例如,通过提供更优质的服务、更有特色的旅游路线和更具创意的旅游活动等,使自己在目标市场中更具有竞争力和吸引力。

4.制定差异化战略

在市场定位过程中,企业需要通过制定差异化战略,突显自己的特点和优势,使自己在目标市场中更具有吸引力和竞争力。差异化战略可以是产品、服务、品牌、价格等方面的差异化,让企业在目标市场中与竞争对手区别开来。

5.定义市场定位

企业需要定义自己在目标市场中的市场定位,即通过品牌形象、企业文化和广告宣传等手段,将自己在目标市场中的特点和差异化优势传达给目标客户,提高品牌知名度和美誉度。企业可以通过市场营销策略、品牌宣传、广告投放等方式来定义市场定位,让目标客户对企业的产品或服务有更深入的了解和认知。

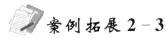

案例拓展 2-3

"读李白,游神州"三条文化主题旅游线路发布

据文化和旅游部消息,文化和旅游部资源开发司、国家文物局文物古迹司联合北京师范大学以及17个相关省(区、市)文化和旅游部门,以诗仙李白游踪地为线索,串联200多个李白主题景区景点,推出"长江青春之旅""壮年逐梦之旅""北国漫游之旅"三条文化主题旅游线路。

线路1:李白的长江青春之旅

李白在蜀中成长、读书,成就一身侠气。24岁他仗剑出蜀,辞亲远游,沿着水路,顺长江而下,追求人生理想,饱览山川形胜。他在巫山之巅纵目远眺,黄鹤楼上为友辞行,岳阳楼上观洞庭盛景,匡庐山中泼墨挥毫,天门山前乘舟观日,桃花潭边乘舟远行,凤凰台上凭吊古人,梦中为天姥山吟咏。他快意壮游、潇洒赋诗,青春做伴、结交友朋,写下了一篇篇脍炙人口的名作,留下了一段段家喻户晓的传说。这条路线包括9个省、直辖市,38个地级市、县,115个遗址、景区。

线路2:李白的壮年逐梦之旅

足至陕西,感受"落花踏尽游何处,笑入胡姬酒肆中"的长安夜幕,体会"举手可近月"的太白巍峨,更能追访四皓遗迹,一感"青史旧名传"的气韵高古;北入古城太原,聆听太原早秋的秘语,移步雁门,感受关中要塞的逶迤;最后西上甘肃,探求祖居之地。从陕西到山西,从山西到甘肃,追随李白的足迹,开启李白秦晋大地的壮年之旅。这条路线包括3个省,11个地级市、县,27个遗址、景区。

线路3:李白的北国漫游之旅

李白在漫游齐鲁中原之际遍历山水;30岁的李白,在中州胜迹的赏游间指点诗意、寻求仕进;寓居东鲁时,他高歌"仰天大笑出门去,我辈岂是蓬蒿人";登临幽州亲睹安禄山秣马厉兵后,李白则慨叹于家国天下的忧患。在中州齐鲁大地上,李白写尽景致之美与胸中之情,他恣情地书写着诗酒人生的快意,描摹着大好河山的壮魄之美,勾勒着历史古迹的静谧深邃。这条路线包括5个省、直辖市,22个地级市、区、县级市,40个遗址、景区。(资料来源:央广网,2023-10-09.)

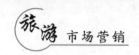

本章小结

1. 旅游市场营销的宏观环境是指对旅游企业营销活动产生重要影响的各种外部因素,这些因素包括但不限于政治、经济、社会、技术、法律和环境等方面。这些宏观环境因素会对旅游市场营销策略的制定和实施产生深远的影响,因此了解和适应宏观环境的变化是旅游企业成功营销的关键之一。旅游从业人员必须根据宏观环境中的各种因素及其变化趋势来制定和调整自己的营销策略,以达到市场营销的目的。宏观环境主要包括政治法律环境、人口环境、经济环境、文化环境、科学技术环境、自然环境。

2. 旅游市场营销微观环境是指存在于旅游企业周围并密切影响其营销活动的各种因素和条件,包括供应者、购买者、中间商、竞争者、公众以及企业自身等。旅游企业应定期对面临的微观环境及其因素进行分析,以便认清形势,不断适应环境的变化,从而根据微观环境及其因素的变化,灵活地调整企业的营销策略,使企业的市场营销活动得以顺利地开展。

3. SWOT分析是一种基于四个核心要素的分析方法,其中"SWOT"分别代表着strengths(优势)、weaknesses(劣势)、opportunities(机会)和threats(威胁)。SWOT分析的方法通常包括以下步骤:①收集相关信息,包括企业内部的资源、能力和优劣势,以及外部环境中的机会和威胁。可以通过内部调查、市场研究、竞争分析等方式来收集信息。②在收集了足够的信息后,需要将其分类整理,分别列出企业的优势、劣势、机会和威胁。可以使用表格、矩阵等方式进行可视化呈现。③对于列出的SWOT要素,需要进行详细的分析,包括对每个要素的原因、影响、优先级等方面进行评估。这一步的目的是确定每个要素的重要性和影响程度。④在对SWOT要素进行了分析和评估之后,可以根据结果制定相应的战略。⑤制定战略后,需要实施并监控其效果,随时调整战略,以适应市场变化和企业内部发展。同时,需要不断更新SWOT分析,以保持其对企业战略制定的价值。

4. STP战略是市场营销中的一种基本战略,它的名称来源于三个关键步骤:市场细分(segmentation)、目标市场(targeting)和市场定位(positioning)。市场细分是将市场分成若干个具有相似需求和特征的小群体;目标市场是选择其中一个或几个最有潜力的市场群体作为目标客户;市场定位是在目标市场中,通过强调产品或服务的独特性或特点,以及与竞争对手的差异来建立品牌形象和知名度。STP战略能够帮助企业更好地理解和满足消费者的需求,提高销售额和市场份额。同时,它也能够帮助企业精准定位目标市场和客户,并制定出更有效的营销策略,从而实现更好的市场表现和商业成功。

核心概念

市场营销环境　宏观环境　微观环境　SWOT分析　STP战略

课后思考题

1. 旅游市场营销的宏观环境和微观环境包含哪些因素?
2. 请阐述经济环境对旅游者的消费选择产生的作用。
3. 选择本地区一家旅游企业,对其进行SWOT分析。
4. STP战略包含哪些部分?

第三章
旅游消费行为分析

第一节 旅游消费行为概述

一、旅游消费行为的含义

(一)旅游消费行为的概念

旅游消费行为是指旅游者在旅游过程中做出的与购买、使用、评价旅游产品和服务相关的决策和行为。这些决策和行为包括选择旅游目的地、预订旅游产品和服务、参与旅游活动、体验旅游文化等。旅游消费行为通常受到旅游者的个人特点、旅游产品和服务的特点、旅游目的地的特点以及市场环境等因素的影响。了解旅游消费行为的特点和规律对于旅游企业制定市场营销策略、提高旅游产品和服务质量具有重要意义。

旅游消费行为可以用以下公式来表示：

$$T = f(P, I, E, A, C)$$

式中：T 表示旅游消费行为；P 表示旅游产品和服务的特性和价格；I 表示旅游者的个人特征和态度；E 表示旅游目的地的环境和特点；A 表示旅游目的地的旅游资源和吸引力；C 表示市场环境和竞争状况。

该公式反映了旅游消费行为受到多个因素的综合影响。旅游者在旅游过程中的决策和行为不仅取决于旅游产品和服务的特性和价格，还受到旅游者自身的特点和态度、旅游目的地的环境和特点以及市场环境和竞争状况的影响。

(二)旅游消费行为的类型

了解旅游消费行为的类型和特点，对于旅游市场营销策略的制定和实施具有重要意义，可以帮助旅游企业更好地满足旅游者的需求，提高旅游产品和服务的质量和竞争力。

1. 根据旅游者的动机分类

旅游者的动机是指其进行旅游活动的内在驱动力，不同类型的旅游消费行为受到不同的旅游动机和目的的驱动，对旅游产品和服务的需求也有所不同。根据旅游者的动机可以将旅游消费行为分为以下几种类型。

(1)休闲型。休闲型旅游消费者主要是为了放松身心、缓解压力、享受自然环境和文化氛围而进行旅游活动,对旅游产品和服务的要求比较宽松。

(2)文化型。文化型旅游者主要是为了增长见闻、了解历史、体验文化、品尝美食等而进行旅游活动,对旅游产品和服务的文化内涵和体验要求较高。

(3)探险型。探险型旅游者主要是为了挑战自我、探索未知、体验刺激而进行旅游活动,对旅游产品和服务的创新性和挑战性要求较高。

(4)商务型。商务型旅游者主要是以商务会议、商务拓展等为目的而进行旅游活动,对旅游产品和服务的商务支持和专业性要求较高。

(5)健康养生型。健康养生型旅游者主要是为了改善身体健康、增强免疫力、享受养生服务而进行旅游活动,对旅游产品和服务的健康、养生和服务质量要求较高。

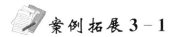

案例拓展 3-1

"长寿之乡"广西巴马康养旅游开启乡村振兴新动能

金秋十月,丹桂飘香。在广西壮族自治区河池市巴马瑶族自治县甲篆乡坡月村百魔洞景区前,记者看到,来自全国各地的"候鸟"旅居者在此欢快起舞,在洞内的磁疗区,老人们早早就带着垫子来占领"一席之地",并一待就是一整天,间或去往树木葱郁的吸氧区静静地安坐片刻,做做深呼吸……

巴马瑶族自治县是著名的"世界长寿之乡"和"中国长寿之乡",独特的资源优势和生态环境,造就了稀世而神奇的长寿景象,每年引得10多万"候鸟人"纷至沓来,探索长寿的秘诀。

近年来,巴马积极推动由单一景区景点的观光旅游向融合大健康产业的全域康养旅游转变,把巴马打造为世界级健康旅游目的地,开启乡村振兴新动能,为巴马群众找到增收致富的"金钥匙"。

长寿探秘游引"候鸟人"纷至沓来

对于发展康养旅游,巴马瑶族自治县党委宣传部副部长韦秋天介绍说,巴马拥有独特的自然资源禀赋,有"六个不一样":不一样的地磁、不一样的土壤、不一样的水、不一样的空气、不一样的阳光和不一样的长寿文化。

据悉,经过国际自然医学会、中国老年学学会等国内外权威机构50多年的研究测量,证明巴马有高强度地磁,对人体神经和血液能起到调节作用,消除血液中的血脂;巴马的水是小分子团水,呈弱碱性,富含微量元素;巴马的阳光远红外线辐射多;巴马的空气中负氧离子高达2万~5万个,比一般内陆城市高数十倍,能调节人体新陈代谢;巴马的土壤硒含量高于国际卫生组织标准的10倍……是一个天然的养生基地。

巴马于1991年被国际自然医学会认定为世界第五个长寿之乡(第五个被发现),至2015年底,每10万人口中有33位百岁老人,将近世界标准的5倍(国际上"世界长寿之乡"的标准为10万人中至少应该有7位健康的百岁老人)。截至2021年,全县仍健在的100岁以上老人有112位。

科研为巴马发展康养旅游奠定了坚实基础,老龄化社会的到来和大众对健康生活的更高追求,为乡村康养旅游带来了巨大的市场需求。

邓永康是巴马那桃乡平林村人,他的高祖、126岁的邓诚才老人曾获由清光绪皇帝钦命题赠的"唯仁者寿"牌匾。2010年,在外地经商小有成就后他回到村里,当时巴马因被评为"世界长寿之乡"而小有名气,外地游客不断涌入。于是,他萌发了建设一个以仁寿文化为主题的休闲山庄(现改名为"仁寿文化源景区")的想法。

如今,仁寿文化源景区年接待游客量达40万人次,并带动附近甘烟屯50多户农家建起了"仁寿乡舍",开办农家旅馆,每户年可增收3万余元。

目前,巴马已形成以盘阳河两岸为主线的旅游康养区,除了分布着百鸟岩、百魔洞、水晶宫等主要景点,还沿河打造了康养旅游精品民宿带。

据统计,仅2021年1—6月,巴马县接待国内外游客421.61万人次,带动3.6万名农民吃上"康养旅游饭"。

康养游带动长寿养生产品开发

百魔洞的"百魔"瑶族语意为泉水之源,来自重庆的徐大妈告诉记者,每年到了秋冬她会来巴马小住,她还特意办理了百魔洞700元的泉水月票,每天来此打水,为的就是喝上这里的优质矿泉水。

巴马是绿色长寿食品生产基地,是世界五大长寿乡中唯一位处地球北纬20度以上的亚热带长寿区。在巴马连绵的群山上出产的油茶、龙骨花和火麻,以及生长于田地之上的珍珠黄玉米、香猪作为巴马系列生态农产品的代表,被国际自然医学会推荐为"绿色长寿食品",闻名遐迩。

巴马火麻籽含有大量不饱和脂肪酸、维生素E、硒、锌、锰、锗等人体必需的微量元素和被誉为"植物脑黄金"的α-亚麻酸。火麻油、火麻汤、火麻粥也是巴马人餐桌上最常见的食材。作为重要的食药同源农产品,随着大量外地人来到巴马,火麻籽的市场需求量越来越大。

据初步探测,目前巴马县优质纯包装饮用水资源主要分布在巴马镇、燕洞镇、甲篆镇、那桃乡、百林乡和那社乡等6个乡镇,年取水量可达3000万吨。"巴马丽琅"已荣获中国驰名商标、国家地理标志保护产品,并多次成为中国-东盟博览会、广西民歌节等大型活动特定的饮用水品牌。

据悉,经过多年的研究和开发,巴马的绿色长寿食品已形成火麻系列、山茶油系列、五谷杂粮系列、香猪系列等,培育出巴马印象、福禄寿、巴马百岁等一批从事山茶油精炼、香猪深加工、火麻深加工的农产品加工企业。

打造"国际长寿养生旅游胜地"

广西是传统医药的资源宝库,拥有7506种中药资源,位居全国前列,药材种植面积约占全国的1/5,是名副其实的"天然药库""生物资源基因库"和"中药材之乡"。广西还是东盟国家中药材进口的重要通道,每年从广西中药材口岸进口的中药材占全国总量的60%~70%。丰富的传统医药资源为巴马充分利用传统医药资源发展健康旅游产业奠定了坚实基础。

日前,由文化和旅游部、国家中医药管理局、广西壮族自治区人民政府主办的2021中国-东盟传统医药健康旅游国际论坛在巴马举行,论坛旨在探讨中国与东盟各国深化传统医药与健康旅游的合作,促进传统医药与旅游业融合发展。论坛再次打响了巴马在世界康养旅游领域的知名度。

据悉,为了给康养旅游者提供更高水平的医疗服务,巴马正与深圳合作,设立"深巴试验区"。目前深圳在医药、健康、生命科学发展与创新能力方面处于全球前列,通过将深圳先进的生命健康科研资源与巴马独特的天然养生空间有机结合,力争将巴马打造成辐射"一带一路"、服务"粤港澳大湾区"和东盟乃至全球的大健康产业首善基地。(资料来源:周涵维.农民日报,2021-11-01.)

2. 根据旅游者的行为特征分类

(1)计划型。这种类型的旅游者在旅行前会认真规划行程,选择目的地、交通方式、住宿、餐饮等服务项目,并在预算范围内进行消费。计划型旅游者通常具有较高的受教育程度和收入水平,注重旅行的品质和安全。

(2)冲动型。这种类型的旅游者通常没有充分的计划和准备,随性决定旅行的时间、目的地和行程安排,消费也较为随意。冲动型旅游者通常受教育程度和收入水平较低,注重旅行的乐趣和刺激。

(3)忠诚型。这种类型的旅游者通常会选择固定的旅游品牌或服务商,对其品牌和服务有较高的认可度和忠诚度,往往不轻易变换品牌。忠诚型旅游者通常具有较高的收入水平和文化水平,注重旅游的品质和服务。

(4)技术型。这种类型的旅游者通常会利用现代科技手段进行旅行规划和预订,例如通过互联网、手机应用等途径获取信息和预订服务。技术型旅游者通常年龄较小,具有较高的科技素养和消费能力。

(5)个性化。这种类型的旅游者通常会根据自身需求和喜好进行旅行规划和消费,例如选择特定的旅游产品和服务,如特色美食、冒险体验等。个性化旅游者通常具有较高的文化水平和消费能力,注重旅游的独特性和个性化体验。

3. 根据旅游者的决策过程分类

(1)认知型。认知型旅游者会对旅游产品和服务进行充分的了解和调研,通过收集信息、比较不同产品和服务的优缺点来做出决策,对旅游产品和服务的品质和价值性要求比较高。

(2)感性型。感性型旅游者会更多地考虑自身的喜好和感受,对旅游产品和服务的体验性和情感性要求比较高,做决策更加倾向于个人的直觉和感性认知。

(3)行动型。行动型旅游者更加注重行动和实践,对旅游产品和服务的可用性和实用性要求比较高,做决策更加倾向于实践和行动,通过体验来感知和判断产品和服务的价值。

4.根据旅游者的社会经济属性分类

(1)消费水平型。消费水平型旅游者主要是以其消费能力为基础,对旅游产品和服务的质量和服务要求比较高,主要考虑的是旅游消费的花费和回报的平衡。

(2)教育水平型。教育水平型旅游者主要是以其文化素养和知识水平为基础,对旅游产品和服务的文化内涵和知识性要求比较高,主要考虑的是旅游活动对自身知识和文化素养的提升。

(3)地域型。地域型旅游者主要是以其所在地域为基础,对旅游产品和服务的文化和地域特色要求比较高,主要考虑的是旅游活动对自身所在地域的推广和宣传作用。

(4)人群型。人群型旅游者主要是以其身份、职业、年龄、性别、兴趣等特征为基础,对旅游产品和服务的特色和个性化要求比较高,主要考虑的是旅游活动对自身身份和特点的展示以及对该方面需求的满足。

(三)旅游消费行为的特点

了解旅游消费行为的特点可以帮助企业更好地制定市场营销策略以及开发旅游产品和服务,满足旅游者的需求和期望,促进旅游市场的持续发展。

1.多元化

旅游消费具有多样性和多元性,不同的旅游产品和服务能够满足不同旅游者的需求和喜好。例如,旅游者可以选择自由行、跟团游、度假村等多种不同类型的旅游产品和服务,也可以选择不同的旅游目的地和旅游路线,满足自己不同的旅游需求和喜好。旅游产品和服务的多样性,促进了旅游消费行为的发展和变革。

2.时空特性

旅游消费行为的发生通常具有明显的时空特性。旅游者通常在闲暇时间和节假日进行旅行,旅游消费的空间范围也常常受到交通、地理和政策等因素的影响。例如,周末和假期时旅游目的地的旅游消费会明显增加,而在淡季和非热门目的地的旅游消费则会降低。

3.可逆性

旅游消费是可逆性的,即旅游者可以选择不同的旅游产品和服务。这种可逆性使得旅游者有更多的选择和自主权,同时也促进了旅游市场的竞争和创新。企业可以通过不断改进和创新旅游产品和服务,以吸引更多的旅游者,提高自身的市场竞争力。

4.非必需性

旅游消费是一种非必需性消费,因此旅游者的旅游行为往往受到个人收入、文化水平和生活方式等因素的影响。旅游者在决定是否进行旅游消费时,通常会考虑自己的经济状况、个人兴趣爱好、假期安排等因素,因此旅游消费的需求具有较强的灵活性和选择性。

5.消费体验

旅游者注重旅游的消费体验,旅游消费行为往往伴随着对旅游目的地、景点、文化和历史等方面的探索和体验。因此,旅游消费行为与旅游目的地和景区的质量及特色密切相关。旅游企业可以通过提供更加丰富和独特的旅游产品和服务,为旅游者创造更好的旅游消费体验,提高旅游者对旅游产品和服务的满意度和忠诚度。

旅游者对旅游体验的追求,也促进了旅游产品和服务的创新和升级。例如,目前一些旅游企业开始推出"深度游""主题游"等新型旅游产品和服务,以满足旅游者对不同旅游体验的需求。此外,一些旅游企业还通过数字化和互联网技术,为旅游者提供更加个性化和便捷的旅游服务,提高旅游消费的效率和舒适度。

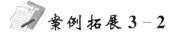

案例拓展 3-2

各地多举措提升旅游体验

今年中秋国庆假期,旅游业复苏势头强劲。文旅部数据显示,假期国内出游人数达到 8.26 亿人次,按可比口径同比增长 71.3%;实现国内旅游收入 7534.3 亿元,按可比口径同比增长 129.5%。面对集中释放的旅游消费需求,热门旅游城市纷纷结合本地特色,推出一系列举措提升出游体验,让游客乘兴而来、满意而归。

推出多元产品

这个假期,海南省发挥"旅游+"效应,推出滨海游乐、休闲康养、美丽乡村、红色传承、体育运动、黎苗风情等旅游路线超 30 条,举办各类旅游文体活动 204 场,为不同偏好的游客群体推荐各具特色的文旅线路。

在旅途中享受一场音乐节,正成为更多年轻游客的选择。来自乌鲁木齐市的游客张雨带着家人参加了新疆库木塔格沙漠音乐节,"在沙漠参加音乐节还是第一次,现场氛围很好,家人们一起看烟花、听音乐简直太棒了",张雨说。

新疆各地州文旅部门在"双节"期间还相继推出了一系列精彩纷呈、亮点突出的文旅活动,可可托海国际滑雪场 10 月 1 日正式开板、首届露营节"伴着星空,亲近自然"在伊犁昭苏县举办……一系列沉浸感、体验感、互动性强的文旅活动为广大游客和当地群众奉上一场有声有色的文旅大餐。

优化公共服务

"双节"假期,河北省秦皇岛市共接待游客 433.9 万人次,同比增长 1245.01%;实现旅游收入 49.77 亿元,同比增长 2492.52%,创历史新高。

面对庞大的客流人群,北戴河机场完善大客流保障预案,通过增开安检通道、缩短航班截载时间、提供行李免费寄存等方式,确保假日期间机场运行平稳有序。秦皇岛铁路部门成立服务队,加强在进出站口、站台、扶梯等重点处所的广播提示及旅客引导,共发送旅客 47.96 万人。

为更好满足旅客旺盛的出行需求,节日期间,海口美兰、三亚凤凰机场积极与各航空公司统筹部署运力投放,在海口往返北京、上海、深圳、郑州、乌鲁木齐、澳门等热门城市的航线上投放宽体客机,提供更多座位,保障旅客顺畅出行。

规范经营秩序

海南省持续开展旅游市场整治,用好旅游消费投诉先行赔付机制,确保广大游客在海南游得安心、玩得舒心。

新疆文化和旅游厅市场管理处处长曹志辉介绍,当地指导星级旅游饭店、等级旅游民宿、自驾车旅居车营地等旅游住宿企业提高服务质量,引导旅行社企业规范经营,优化旅游消费环境。同时,开展旅游市场秩序整治,重点打击不合理低价游、未经许可经营旅行社业务等行为,优化市场环境。(资料来源:潘世鹏,耿丹丹,王胜强.经济日报,2023-10-15.)

二、旅游消费行为的模式

在理论上,旅游者行为是由旅游者的心理过程和心理特征所共同决定的,从而分析和把握旅游者的心理过程和心理特征,便可以较为容易地预测和掌握旅游者的行为。

从 20 世纪 60 年代至今,很多研究人员提出了各种各样的消费者行为模式。其中由罗森伯格和霍夫兰德的社会态度行为模式改变而来的"刺激-反应"模式,是最基本的消费者行为模式。在分析旅游者消费行为时,可以用此模式来帮助理解、观察其全过程,如图 3-1 所示。为了能够更具体地反映旅游者消费行为的特点,美国著名的营销学家维克多·密德尔敦在一般消费者的消费行为基础上建立了能够表现旅游者消费行为的"刺激-反应"模式。

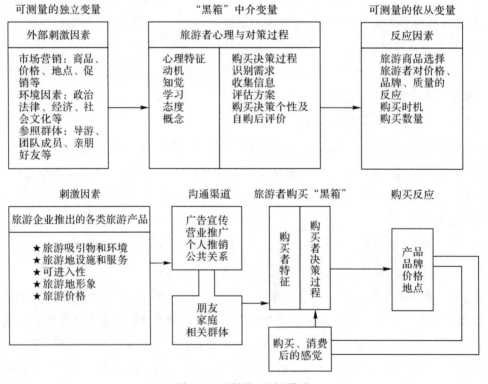

图 3-1 "刺激-反应"模式

(一)刺激因素

旅游者消费行为通常是在一系列旅游产品的刺激下引起的。这里的旅游产品一般具有广义上的内涵,其包括五个基本因素,分别是旅游地吸引物与环境、旅游地设施与服务、可进入性、旅游地形象以及旅游价格。这些要素之间并不是孤立的个体,它们一方面会受到营销以外的市场"大气候"的影响,另一方面外部环境因素的变化也可能会影响旅游产品的供给。

(二)沟通渠道

旅游产品的信息需要经过一定的正式和非正式的沟通渠道才能够对旅游者产生作用。正式的沟通渠道主要是指通过广告宣传、营业推广、个人推销和公共关系等营销工具对目标市场进行诱导,非正式的沟通渠道是指产品的相关信息通过家庭、朋友以及相关群体让旅游者获悉的传播方式。通常来说,通过非正式沟通渠道发布的信息会比通过正式渠道传递的信息对旅游者来说更有影响力。

(三)购买者特征和决策过程

外界刺激因素首先要进到购买者这一"黑箱",购买者才能相对应地做出各种购买反应。购买者如何消化各种刺激因素是不能够被观测到的,而购买者的购买决策过程则会受到购买者特征的强烈影响。

(四)购买者反应

购买决策的结果是指旅游者对购买何种产品做出反应,这其中包括对产品类型、产品品牌、产品价格、购买时间以及购买地点的选择。

(五)消费后体验

旅游产品的消费过程对旅游者来说不光是一种经历,更是一种心理感觉。旅游者的内在满足程度形成了对产品的最终评价,并且对下一次购买行为产生直接的影响,因此旅游产品的服务质量被旅游企业视为生存和发展的源泉。

案例拓展 3-3

小众游、休闲游、即兴游、深度游,旅行消费呈现新趋势

如今,中国游客旅行不再是简单的观光游览,而是希望有更丰富的体验和情感满足。近日,同程研究院与腾讯营销洞察联合发布的《中国旅行消费趋势洞察白皮书(2023年版)》(简称《白皮书》)指出,89%的中国消费者旅游出行意愿强烈,2023年旅行消费呈现四种新趋势:小众独特、自在松弛、未知惊喜、深度在地。

从"热门主流"到"小众独特"

"说到福建旅游,大家都会想到厦门、武夷山,其实,福州有惊艳的平潭海景、浪漫的闽江日落和底蕴深厚的三坊七巷,令人向往。"游客吴欣说。

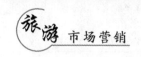

《白皮书》指出,随着旅游经历的不断丰富,75%的游客在规划今年旅行线路时,更倾向考虑以小众景点为主的路线,希望获得新体验。热门景点人潮汹涌,有的还存在同质化,而小众景点则较好地保持着原汁原味的风情。不少游客认为,旅游是结合自己的喜好,主动挖掘尚未熟知的目的地,获得更独特的体验。来自同程旅行的数据显示,"五一"假期小众目的地相关搜索热度环比上涨172%。

从"刻意周全"到"自在松弛"

"我在一线城市,生活节奏特别快,压力也比较大。所以不喜欢去节奏很快的地方旅行,我会选择三四线城市或城镇乡村,那里的节奏缓慢,我的心情也能得到放松。"北京上班族轩宇说。

旅游的目的是什么?以往的旅游,观赏风景、品尝美食是驱动人们出游的最初想法。而现在,旅游更是一种情绪消费,远离居住地的旅游愈发成为人们舒缓心境、重获力量的重要目的。旅游赋予身心新能力、新视角、新体会。为了在旅途中获得松弛感,大家偏爱的旅游主题也不同,有人喜欢在舒适的酒店度假,有人则用美食和拍照来放松心情。

从"周密翔实"到"未知惊喜"

随着放松情绪成为重要的旅游关注因素,行程安排也表现得更为随性,不再一味追求面面俱到、不留遗憾。相较于追求去过多少景点,人们现在更在乎享受旅程本身,不对旅程设定预期。

"我不想游览规划好的路线,比如跟着攻略去那些大众网红地。我更喜欢随意去逛一逛。有次旅行,我们在乡间漫步,来到一间茶室,和老板聊天品茶,度过难忘的休闲时光。"游客程女士说。

很多游客期望行程更有弹性,每天留些空白。即兴出游、边玩边临时决策的旅行方式更受欢迎。同程旅行平台上提前7天预订机票的人群占比从2019年的68%降低到2023年的13%,同时,52%的游客更愿意到达目的地后再预订住宿。

从"到此一游"到"深度在地"

对比以往"到此一游"的旅游方式,现今一些游客更希望在旅游目的地抛开游客身份,沉浸体验当地生活。他们想体验当地特色交通,比如租摩托车穿过大街小巷,搭乘长江索道俯视滚滚长江;想品尝当地美食,因此烟火气十足的菜市场成为不少人的新选择;想参与当地的特色活动,制作民俗手工,参加体育运动……深度感受一方水土的魅力,留下独家记忆。

"我一直都喜欢跑马拉松,在旅游时也会留意能不能参与当地的马拉松比赛。记得有一次去厦门旅游,我就跑了一次白金级的马拉松。"游客刘先生说。越来越多的游客希望参与当地的活动,不论是在城市还是在郊野,能够有机会参与就是不虚此行。只要自己有兴趣,从体育运动到民俗体验,都能吸引人们参与,大家玩得不亦乐乎。(资料来源:赵珊.人民日报海外版,2023-06-09.)

三、旅游消费行为的过程

通常来说,旅游者对旅游产品的购买过程大体上可划分为以下 6 个阶段。

(一)察觉到需要

旅游者在计划外出旅游之前,首先须唤起自己对于出游的潜在动机。但是即便察觉到了外出旅游的需要和意愿,可能还是会存在某些抑制性因素,例如缺少可用于外出旅游的闲暇时间和金钱,或者有其他类型的度假方式可供选择等。这些抑制性因素的存在可能会在一定程度上拖延出游计划,所以这一阶段旅游者的出游计划一般比较模糊,难以进行确定,对自己感兴趣的旅游目的地或旅游产品的了解较为有限。

在这一阶段,旅游营销人员的主要工作应是借助有利信息,激发和强化潜在旅游者的需要。比如强调旅游产品对于缓解工作压力、调整生活节奏来说是非常重要的,帮助消费者充分认识到通过旅游活动调节身心的必要性。

(二)收集有关信息

进行到这个阶段时,旅游者会尽可能地收集较充足的信息,评价相关旅游目的地有可能提供的利益。由于可以满足自己需要的旅游目的地数量较多,因此在收集信息的过程中,可能会涉及多个同类旅游目的地。

关于这一阶段,旅游营销人员应掌握旅游目标市场获取旅游产品信息的渠道、信息媒介使用偏好和习惯等情况,进而实现旅游宣传信息的精准投放,以便旅游目标市场更快速地获取旅游产品信息,提高旅游产品在市场上的可见度,提升旅游产品被选中的概率。

(三)形成态度

旅游者对自己计划购买的旅游产品或计划前往的旅游目的地所持的态度,一方面取决于二阶段中获得的信息,另一方面取决于该项购买属于高风险性还是低风险性,通过咨询他人、核对收集的信息、参考先前出游的经验,旅游者要么强化自己对该项购买的原有态度,要么改变对该项购买的态度。

在这个阶段,旅游营销人员须注重与目标市场的持续信息沟通,对旅游者的咨询给予耐心、详细的回复,以及在必要时提供有关旅游产品的介绍,改变旅游者对旅游产品的态度,降低购买风险的感知。

(四)评价和比较

在此阶段,旅游者会对可供选择的若干同类目的地或同类旅游产品进行综合比较和评价,在全方位考虑下,做出自己的倾向性选择。在这个过程中,他们会确定一些选择标准来作为相关参照,比如价格、便利程度、他人的意见或建议等。只有进展到这一阶段,旅游者才会认真考虑旅游目的地或旅游产品所提供的利益是否和自己的真实需要相匹配。如果两者匹配程度较高,旅游者就会考虑进行购买。

在这个阶段,旅游营销人员应明确与竞争者相比,自身旅游产品或目的地的优势所在,这样就可以在宣传信息中进行着重强调,凸显自身旅游产品或目的地的独特性和不可替代性。

(五)进行购买

在这一阶段,旅游者会进行购买所选的旅游产品。以购买某包价旅游产品为例,旅游者会与旅行社沟通,进行线上或线下预订,支付所需缴纳的款项。之后,旅游者根据旅行社的要求,在发团之前的规定期限内对预定产品进行确认。

旅游营销人员应该根据旅游者的支付习惯和偏好,开通合适的支付渠道,维护好支付渠道的安全性和可靠性,可在必要时针对不同支付方式给予适当的优惠激励,促成实现最终的购买行为。

(六)消费后的感受和体验

通常对于旅游者来说,如果某次旅游或度假的经历较为令人满意,可能会愿意再次购买或推荐他人购买该旅游产品;若某次旅游或度假的实际体验与预期不符,或是实际体验与预期相符,但旅游者认为其他同类产品对其更有吸引力,那么旅游者会考虑不再购买该产品。

由于消费后的感受和体验事关满意度和忠诚度,旅游营销人员不可忽视旅游者购买或消费之后的行为,应重视并完善售后服务,如面对旅游者的不满应给予积极回应和解决,同时也要注意收集和分析旅游者的建议或意见,以便更好地改进旅游服务质量。

第二节 影响旅游消费行为的内、外部因素

一、内部因素

(一)个体特征

个体特征是影响旅游消费行为的重要内部因素之一,它包括个体的性格、价值观、态度、动机、人口统计学特征等方面。

1. 个体的性格

旅游者旅游消费行为的性格因素是指个人在旅游消费过程中所表现出的相对稳定、独特的心理特征。例如:有些人天生爱冒险、乐于尝试新鲜事物,他们更愿意选择冒险、刺激的旅游方式,而有些人则偏向于安全、稳定的旅游方式;一些人注重旅游中的社交和互动,而另一些人则更喜欢独自旅行。因此,旅游企业可以根据旅游者的性格特点,提供更为个性化和优质的服务,提高旅游者满意度和忠诚度。

2. 价值观

价值观是影响旅游消费行为的重要内部因素之一。旅游者的价值观决定了他们的旅游消费行为。例如,一些人更加注重环保、文化、休闲等方面,他们更愿意选择相应主题的旅游产品。

3. 态度

态度因素直接影响着旅游者的购买决策和消费体验。例如,如果旅游者对某个目的地的文化、景点、美食等方面持有积极的态度,他们就有可能选择前往该目的地旅游。

4. 动机

旅游的动机决定了他们为什么选择旅游消费,并对旅游消费行为的特点产生影响。例如,一些人选择旅游消费是为了放松身心,而另一些人则是为了增长知识和见识。这些动机因素因人而异,且可能受到不同文化、社会和个人因素的影响。

5. 人口统计学特征

旅游者的年龄、性别、受教育程度、收入等因素会影响他们的旅游消费行为。例如,年轻人更喜欢冒险、刺激的旅游方式,而年长者更倾向于文化、休闲类的旅游产品。同时,收入水平也会影响旅游者的选择和消费能力。

(二)心理因素

1. 感知和态度

感知是指个体对旅游目的地周围环境的观察和理解,态度则是指个体对于旅游产品或服务的认可度和看法。在旅游消费中,旅游者的感知和态度可能会影响他们对于旅游产品的选择和购买行为。例如,如果一个人对某个目的地的印象是负面的,他们可能不会选择去那里旅游。

2. 个体需求

个体需求是指个体在旅游中追求的目标。旅游者的需求各不相同,比如寻求冒险、寻求放松或者寻求文化体验。旅游产品的设计和营销需要考虑到个体需求的多样性。

3. 个体动机

个体动机是指促使个体进行旅游消费行为的内在或外在因素。个体动机可能包括追求休闲、学习或者社交等目的。了解个体动机可以帮助旅游企业更好地满足旅游者需求,提供更优质的旅游产品和服务。

4. 个体价值观

个体价值观是指个体在生活中所重视的原则和信念。旅游者的价值观可能会影响他们的旅游行为,比如有些人可能更愿意为环保的旅游产品买单。对于旅游企业而言,了解和尊重消费者的价值观可以提高企业形象和声誉。

二、外部因素

(一)旅游目的地环境

旅游目的地环境是影响旅游消费行为的外部因素之一。旅游目的地环境包括目的地的自然环境、文化环境、社会环境和经济环境等。

1. 自然环境

旅游目的地的自然环境包括地形、气候、水文等条件,以及自然景观的丰富程度、自然环境的舒适度等。这些因素影响着旅游者对旅游目的地的选择和旅游体验的质量。例如,美丽的海滩和山脉、宜人的气候等自然环境条件会吸引更多的旅游者。

2. 文化环境

旅游目的地的文化环境包括历史、民俗、艺术等,以及文化活动的丰富程度和特色。这些因素影响着旅游者对旅游产品的选择和旅游体验。例如,具有独特历史文化和民俗风情的旅游目的地会吸引更多的文化爱好者前来旅游。

3. 社会环境

旅游目的地的社会环境包括政治、经济、社会治安等方面,以及社会服务的完善程度和便利程度。这些因素影响着旅游者对旅游目的地的安全感和旅游体验的质量。例如,社会治安良好的旅游目的地会让旅游者感到更加安全和放心,社会服务完善的旅游目的地会让旅游者更加便利地获得旅游服务和支持。

4. 经济环境

旅游目的地的经济环境包括价格水平、消费习惯等方面,以及旅游产业的发展程度和竞争状况。这些因素影响着旅游者对旅游预算的安排和旅游产品的选择。例如,价格相对较低的旅游目的地可能更能符合一些旅游者的财务承受能力,而旅游产业发达的目的地可能会提供更多元化的旅游产品和服务。

总之,旅游目的地环境对旅游消费行为产生着重要影响,它不仅影响旅游者的旅游需求和购买决策,还直接影响着旅游体验的质量和满意度。因此,旅游企业和商家需要深入了解不同目的地环境的特色和优势,为旅游者提供更加精准和个性化的产品和服务。

案例拓展 3-4

气候康养旅游大有可为——德瑞意调研札记

优良的气候环境是稀缺性资源,经济社会越发达,气候的作用和地位就越凸显。在以游山玩水为主要特征的观光游时代,气象气候条件是"背景",是支撑旅游活动的必要条件,部分气象景观增添了景致。随着人均可支配收入的不断提高和旅游消费升级,度假成为更多游客的选择。此时,气候的重要作用充分显现,走向了"前台",甚至成为主要吸引物。

早在16、17世纪,英国和瑞士的医学家就开始重视自然气候因素对疾病的影响机制。18世纪末,一些国家出现了用海滨、山地和沙漠气候治疗疾病的尝试。德国在这方面起步很早,19世纪就成立了健康气候相关组织和机构。为此,中国气象局公共气象服务中心、中国旅游研究院、中国气象服务协会共同组织气象和旅游专家,对德国、瑞士、意大利等国的气候康养旅游进行了专题调研。

气候康养旅游的大潜力

据有关国际组织预测,全球医疗康养旅游行业价值约合4000亿欧元,未来10年内市场可能继续以每年25%的幅度增长,到2025年全球人口中可能有3‰~4‰会出于医疗康养目的去旅游。这其中有不少是利用气候、森林、温泉等进行疗养的自然疗法。

德国多种多样的自然疗法使之成为国际著名的医疗康养旅游目的地。德国慢性病发病率目前增长迅速,为做好预防工作,当地旅游、气候相关行业协会根据研究,在全国自然环境和气候条件良好的地区遴选、认证了51个气候疗养旅游目的地,推动"气候康养+旅游产业"融合发展。以德国西南边陲的弗莱堡市为例,该市被称为"阳光之城",年日照时长达到1800小时。当地充分认识到气候资源重要的战略作用,以优质气候资源为基础,以先进医疗资源为保障,将弗莱堡打造成为集诊疗、康复和养生为一体的全息气候疗养场,世界著名的气候健康旅游目的地。仅弗莱堡医学院医疗中心一年就接待140多万人到此开展健康养生旅游。

瑞士是国际著名医疗康养旅游目的地,除了先进的医疗保健技术之外,瑞士洁净的空气也是非常重要的因素。以羊胎素而被世人所熟知的蒙特勒,正是借助了四季宜人的地中海气候以及温泉等优美的自然生态环境,以细胞活化免疫、羊胎素抗衰老等世界先进技术为核心,以多样化医疗保健服务为特色,同时配套完善的休闲度假设施,成为服务于国际高端人群的世界著名医疗康养旅游胜地。

雄厚的科研和理论支撑

气候康养旅游产业发达,离不开雄厚的科研和理论支撑。大量研究表明,良好的气候疗养因子,对疗养客在调节心理平衡、消除疲劳、矫治疾病、增强体质等方面起到重要作用,对患有神经、血液、呼吸系统等疾病的患者有较好的治疗和康复作用。

德国、瑞士、意大利十分重视各种不同气候在疗养中的应用,掌握气候调节的现象和规律。

在德国,根据对身体产生的潜在影响,气候因素被区分为三大类,消极压力因素、积极刺激因素、积极保护因素。根据疾病和个体体质,德国将积极刺激因素和保护因素应用于健康气候疗养中,提升人体的免疫力。基于这一研究,德国认证了51个气候疗养旅游目的地,而且对气候质量每5年进行一次重新评估。

德国还将气候康养纳入健康保险之中,拥有德国医疗保险的人可以每3年申请一次为期3周的疗养,费用完全由医疗保险负担。此外,德国、瑞士等对温泉康养深入研究,温泉对人体健康十分有益。

在意大利,米兰大学专门成立了生物医学系,研究方向包括室内环境、热浪流行病学、寒流流行病学、人口在寒冷和温暖环境中的风险等,从气候角度为公众和政府提供健康服务。(资料来源:孙健,吴普.中国气象报,2020-05-08.)

(二)市场因素

旅游消费行为的外部因素之一是市场因素,它是指旅游市场的供求关系和市场竞争情况对旅游消费行为产生的影响。市场因素包括旅游产品的质量、价格、品牌形象、销售渠道、营销策略等方面。

首先,旅游产品的质量会对旅游者购买决策产生重要影响。如果旅游产品的质量得到保障,旅游者会更愿意购买,并且可能会再次选择同一品牌。另外,旅游产品的价格也是市场因素的重要方面。如果价格合理且符合消费预期,那么旅游者可能会更愿意购买。但是如果价格过高或者过低,旅游者可能会对产品产生怀疑,降低购买意愿。

其次,旅游产品的品牌形象也会影响旅游者的消费行为。品牌形象是指旅游产品在旅游者心目中形成的品牌声誉和品牌认知。如果品牌形象好,那么旅游者可能会对旅游产品产生信任感,从而更愿意购买。

另外,旅游产品的销售渠道也会影响旅游消费行为。随着互联网的快速发展,越来越多的旅游者选择在网上购买旅游产品,这也促使旅游企业通过线上销售渠道提供更多的信息和优惠政策来吸引旅游者。如果销售渠道方便且可靠,旅游者可能会更倾向于在该渠道购买旅游产品。

最后,旅游企业的营销策略也是影响旅游消费行为的一个重要因素。营销策略包括广告、促销、公关活动等。如果企业的营销策略能够吸引旅游者的注意力,让旅游者感受到产品的价值,那么旅游者可能会更愿意购买该旅游产品。营销策略还可以通过塑造旅游产品的品牌形象和口碑,提高旅游者对产品的信任度,从而增加购买意愿。

第三节　旅游需求

一、旅游需求的含义

从不同学科的角度出发,可以给旅游需求下不同定义。从市场学的角度看,旅游需求是指在一定的时间和区域内,特定的旅游者群体愿意并能购买的旅游产品的总量。

旅游需求不仅仅是一种旅游方面的需求,它还包含了许多其他方面的需求,如个人心理需求、社会文化需求、环境需求等。旅游需求是旅游者进行旅游活动的基础,是旅游市场的基础性概念,对于旅游企业和旅游目的地的发展都具有重要意义。

二、旅游需求的特点

(一)旅游需求的多样性

首先,旅游者因其年龄、性别、个人偏好等因素的差异导致了旅游需求市场的多样性,同时为旅游企业或经营者创造了更加多样、丰富的市场空间。其次,人类的生存依赖于自然和社会两大外部环境,旅游者的需求也会受到政治、经济、文化、法律和自然等因素的影响,体现出很大的差异性。所以,旅游者的需求具有多样性的特点,自身的个人因素和外部环境都会对旅游需求带来一定程度的影响。旅游企业或经营者需在市场营销中结合目标市场旅游者需求的特点和发展趋势,更好地满足不同旅游者的多样性需求。

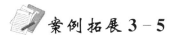

案例拓展 3-5

科莫多岛:旅游多样性的典范

近年来,随着旅游业的不断发展,人们的旅游需求也越来越多样化。在印度尼西亚,有一个名为 Komodo 的小岛,因拥有世界上最大的蜥蜴——科莫多巨蜥而闻名于世。这里的旅游多样性在于,除了观赏科莫多巨蜥,游客还可以进行海底潜水、划独木舟、徒步穿越小岛等多种旅游活动。

在岛上,游客可以通过与当地的导游进行接触,了解科莫多巨蜥的生活环境,学习一些有趣的知识。同时,游客还可以前往当地渔村,品尝特色美食,感受当地文化和生活习俗。此外,科莫多岛周边还有许多珊瑚礁,游客可以进行深潜,近距离观赏五颜六色的珊瑚和各种海洋生物。

在这里,旅游者可以根据自己的兴趣和需求,选择适合自己的旅游项目和活动,让旅游变得更加多元化和有趣。这种旅游多样性不仅可以满足不同游客的需求,也能够促进当地经济的发展和文化的传承。

总之,旅游多样性可以让游客有更多的选择和体验,同时也能够推动旅游业的可持续发展,带来更多的经济和社会效益。(资料来源:搜狐网,2023-05-23.)

(二)旅游需求的层次性

伴随着旅游者消费心理的日渐成熟和个性化的不断发展,多样化、多层次的旅游产品需求日益凸显。一方面,因旅游者收入水平和生活环境的不同,旅游者的需求从客观上呈现出了一定的层次性。另一方面,即便是收入水平较高的旅游者,也通常会因自己的某种心理和行为方式而需要不同档次的旅游服务。所以,旅游企业在旅游层次上应涉及多种需求,让更多旅游者获得最大程度的满足,以便有效增加其停留时间,扩大消费量,这是旅游企业面对市场的必然选择。

(三)旅游需求的关联性

众所周知,旅游业是一个综合性的产业,旅游者的一次旅游经历会涉及食、住、行、游、购、娱等多个方面。旅游需求在客观上是一种整体性的需求,是对各个不同的旅游产品和服务的组合需求,并且这种需求的实现要依靠多个部门的共同通力协作才能得到满足。

(四)旅游需求的替代性

首先,旅游者的购买需求日趋多样化、个性化并且购买流动性大;其次,旅游市场竞争

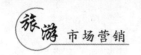

日趋激烈,旅游企业的类型和数量也在随着社会经济的发展和需求的增加日益增多。因此,旅游需求的替代性相较之前表现得越来越突出。从市场供求关系的角度看,替代性产品有一定的反向性,此消彼长,这也就要求旅游经营者需要想方设法通过各种营销手段和方式开发出最有吸引力的产品来满足旅游者的需求,让更多的潜在旅游者变成现实的旅游者。

案例拓展 3-6

赛事"流量"转向文旅"留量","体育+旅游"激发假日新活力

"十一"假期一直是旅游、消费市场的"黄金周",面对今年的"超长黄金周",人们的出游意愿、消费热情高涨。"跟着赛事""跟着演出""跟着特色"去旅行成为新时尚,不仅带动了新的旅游消费风潮,从不同侧面展现假日消费市场的新场景、新消费、新风向,而且"亚运经济"呈现溢出效应,亚运创新红利持续显现。

如火如荼的杭州亚运会跨越整个"黄金周",掀起一股饱含体育元素的旅游热潮。"跟着赛事去旅行"成为这个假期最激情的新时尚,旅游、探亲、观赛等与"亚运游"相关的需求,"恰如其时"地得到集中释放,赛事"流量"转化为文旅消费"留量"正当时。

"亚运会热"让本就是旅游热门目的地的杭州赶"潮"出圈,独具优美自然风光和丰厚历史文化底蕴的杭州,跻身全国旅游热门城市前三名。面对火爆的市场需求,相关部门不断加大特色文旅产品供给力度。浙江发布"诗画江南,活力浙江"12条主题漫游长廊、"看亚运,游浙里"十大亚运文旅精品线路,杭州发放百万份"亚运文旅大礼包",长三角各地市发布亚运优惠政策及文旅消费券,不少平台也推出亚运旅游产品。

给老路线赋能新玩法,为旧景区打造新主题。由点带面的旅游闪光点搭配亚运观赛热潮,杭州以及周边城市的旅游消费热度攀升。据相关大数据显示,亚运会期间,宁波、温州、湖州、绍兴、金华5座杭州亚运会协办城市的酒店预订量比2019年同期增长5倍以上,其中绍兴增长最高,达7.2倍。

文旅部门表示,将乘势而上激发文体旅融合发展活力,以重大特色赛事为契机,构建文体旅融合新场景,多维度发展新产品新业态,深度挖掘优质文化资源,全面提升旅游体验深度和厚度。分析指出,"双节"假期涌现的特色新现象,验证了文旅由复苏转向快速增长的态势,体现了旅游消费大众化、多元化加特色化的新趋势。文化、体育和旅游产业都是现代服务业的主力军,都具有"一业兴、百业旺"的特点,对带动相关产业推进融合具有积极作用。(资料来源:张毅.央视网,2023-10-03.)

(五)旅游需求的季节性

旅游需求的季节性一般表现在以下两个方面:一是旅游目的地与气候有关的旅游资源在不同季节的使用价值不同;二是旅游目的地的气候本身也会影响旅游者的休闲观光活动。

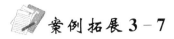

案例拓展 3-7

冷资源搅热冬游市场，南方人更爱冰雪盛宴

随着我国北方地区陆续迎来大范围降雪降温，三年多来首个完整的冰雪旅游季从本月起正式启幕。综合多家在线旅游平台统计显示，2023—2024冰雪季居民的出游热情更胜以往，预计冰雪出游人次及旅游消费将迎来爆发式增长，各类"冰雪+"花式玩法，正在引领新的文旅消费风潮。

极光、温泉、旅拍……小众冰雪体验吸睛

据报道，11月5日夜至11月6日凌晨发生的天文现象"磁暴"，使得我国黑龙江大兴安岭、新疆多地出现绚丽的极光，其中在黑龙江漠河拍摄到的极光格外令人震撼——画面中，红色与绿色的极光交相舞动，姿态万千，堪称奇景。

对于本身就对冰雪游有着极度热爱的广东游客来说，亲眼看见"冰雪+罕见红绿极光"的玩法更是难以抗拒。在本地旅行社刚刚举办的春节旅游热卖会上，广州市民钟先生夫妇就对记者说，他们刚刚报名了到漠河赏极光的线路，想要在这个冬季不出国门圆一次"冰雪极光梦"。

根据途牛发布的《2023—2024冰雪季旅游消费趋势预测》，国庆假期后至10月31日，冰雪游产品搜索量较9月同期增长124%。值得关注的是冰雪游的玩法更加多元——雪山、冰川、温泉、极光、滑雪、雪景、雾凇、冰雕、冰雪乐园、冰灯成为热搜的十大关键词。

同程旅行发布的《2023年滑雪旅行趋势报告》则显示，11月第一周，"滑雪"搜索热度环比上升120%，滑雪场门票和滑雪度假产品预订量环比涨幅均超100%。报告指出，搜索滑雪的游客同时还会关注温泉、极光、自驾等旅游关键词，其中温泉+滑雪成为冬季旅游的"顶配"，兼有滑雪和温泉资源的吉林长白山、浙江安吉等地成为备受欢迎的热门滑雪目的地。

"北雪南移"趋势尽显，南方人最期待冰雪游

在途牛发布的冰雪消费预测中，记者发现，今年冰雪季十大冰雪游热门客源地中，广深分列第四、第五位，仅次于上海、北京、南京。加上同样上榜的南方城市杭州、厦门、成都，南方订单占比接近70%，"南方用户主导冰雪游消费"成为显著趋势。

据悉，去年飞猪"双11"冰雪旅游订单中，近九成被南方人买走。在同程旅行相关负责人看来，我国北方一度是滑雪场的"第一故乡"，"南方居民想体验滑雪，需要在寒冷的冬季跨越半个中国"。但近年来，随着滑雪产业的发展，华东、华南、西南地区都出现了众多大规模的高质量滑雪场，带动南方省市的滑雪热度快速增长，在同程旅行2023年冬季最关注滑雪的游客中，来自江苏、上海、广东、湖北、浙江等省市的游客占多数。

"南方省份在冰雪游市场中的权重正在逐步上升，有望成为冰雪游消费新增长点。"途牛相关负责人分析指出，今年，西南方向的滑雪、赏雪，华东、华南方向的室内滑雪、冰雪乐园、温泉康养等冰雪游产品均呈现出更高热度。（资料来源：文星彤.羊城晚报，2023-11-09.）

需要注意的是，旅游需求季节性的存在不仅是旅游者需求的变化，也是旅游市场和企业运营的一个重要因素，因此旅游企业需要根据季节性变化调整产品和服务，以满足旅游者的需求。比如：在旅游淡季，旅游企业可以通过推出特色产品、打折促销等方式吸引旅游者前来旅游，提高旅游市场的活跃度；在旅游旺季，旅游企业则需要更多关注旅游者的出行体验和服务质量，提高服务水平，为旅游者提供更好的旅游体验。

总之，旅游需求季节性是旅游市场中的一个重要现象，它体现了旅游市场供求关系的季节性变化，是旅游企业制定运营策略需要考虑的一个重要因素。做好满足旅游者的季节性需求对于旅游行业的可持续发展具有重要意义。

(六)旅游市场的波动性

旅游市场是在波动中持续向前发展的，会受到多种因素的影响和制约。一方面，旅游需求的季节性是引起旅游市场波动的原因之一。如果旅游企业或经营者没有采取有效措施缩短旅游淡旺季的差距，极有可能会使淡旺季市场产生较大的波动。另一方面，旅游企业与相关部门之间的关系是否协调也会引起旅游市场的波动。

三、旅游需求指标

旅游需求指标包括旅游出游率和旅游频率两种。最实用的测量特定人口中有效旅游需求的指标是旅游出游率。这一指标可以直接考察旅游在人口中的实现程度。

(一)旅游出游率

一般情况下，旅游出游率分为净出游率和总出游率两种。

1.净出游率

净出游率是指在一定时间内至少参加一次旅游的人数占人口总数的比例。也就是说，净出游率是测量旅游对总人口中个人的渗透力。这一指标能反映该市场旅游产品的需求特点，同时也可作为旅游目的地选择目标客源市场的重要依据。

2.总出游率

总出游率是指参加旅游的总人次数占人口总数的比例。这一指标是用来测量旅游人口在人口中所占的比重，而不是测量个体旅游者。

(二)旅游频率

旅游频率是指在一定时间内人们旅游的平均次数。总出游率除以净出游率可以得出旅游频率。

不仅如此，"旅游产生指数"也可以评价一个国家产生旅游的能力。这通常会涉及以下步骤：首先，用一国产生的旅游人数除以世界旅游人数，能够得出该国产生旅游者的能力指数；其次，用一国的人口数除以世界人口数，能够得出该国人口在世界人口中所占的比重；

最后,用第一步得出的结果除以第二步得出的结果,便可以得出这一国家"国家旅游产生指数"。

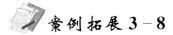

案例拓展 3-8

文旅消费强劲复苏！上半年,国内旅游总人次同比增长超六成

暑期旺季,行走国内旅游市场,一派热闹景象。

在北京,怀柔区慕田峪长城景区开启"夜游"模式。随着天色渐暗,长城栈道上的洗墙灯、箭孔灯和灯带纷纷亮起,为古长城增添了别样魅力,古筝演奏、舞蹈表演等吸引了许多游客观看。景区还推出星空研学小课堂,孩子们可以体验长城观星的奇妙经历,也能在专业老师指导下学习知识。

在广州,长隆野生动物世界"超级大熊猫节"开幕,游客来到景区的熊猫村参加大熊猫科普活动、观看大熊猫巨型科普书、学习大熊猫相关知识。"景区的水上乐园、欢乐世界、国际大马戏等景点已进入'暑期时刻',共同为游客带来更加丰富的新体验。"长隆集团相关负责人说。

在成都,"2023成都音乐啤酒季暨都江堰消夏夜啤美食季"启动,作为成都"新十二月市"系列促消费活动之一,映照出成都文旅消费新业态的活力。炫酷的舞蹈、动感的音乐、耀眼的霓虹……"这里氛围太好啦,是理想中夏夜消费的样子。"陕西游客李欣兴奋地说。

2023年以来,随着一系列利好政策和举措落地生效,文旅消费需求加速释放,部分旅游业态达到2019年同期或更高水平。文化和旅游部发布的《2023年上半年国内旅游数据情况》显示,根据国内旅游抽样调查统计结果,上半年,国内旅游总人次23.84亿,比上年同期增加9.29亿,同比增长63.9%;国内旅游收入(旅游总花费)2.30万亿元,比上年增加1.12万亿元,增长95.9%。分季度看,一季度国内旅游总人次12.16亿,同比增长46.5%;二季度国内旅游总人次11.68亿,同比增长86.9%。

需求的"旺",得益于供给的"新"。

文旅融合,持续创新。"带孩子一起走近非遗、了解非遗,觉得特别有意义。"正在参观福建省非物质文化遗产博览苑的上海游客李萍说。寿山石雕、莆田木雕、唐卡漆画……这里展出的非遗精品,吸引了一批批游客专程前来参观。各地将传统民俗、民间艺术有机融入博物馆、美术馆、图书馆、戏剧场、电影院等文化空间,打造文旅融合新场景。文化和旅游部的专项调查显示,端午假期访问文博场馆、历史文化街区,体验各类非遗项目,参加音乐节、演唱会等文化活动的游客占比高达87.9%。

政策助力,护航创新。仅在端午假期,北京就统筹全市文旅资源,各区各单位举办活动1700余场;内蒙古推出文旅节庆、美食体验、乌兰牧骑演艺等8类活动300余项;重庆在端午节前后推出超过200项特色活动、70余条旅游线路和80余项惠民措施;福建文旅系统以线上线下结合方式,推出230余场主题活动。各地有针对性地采取措施,创新旅游场景、提升服务

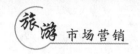

品质,激发消费新活力。

主题引领,推动创新。上半年,文化和旅游部以"旅游中国,美好生活"为主题,开展了冰雪旅游、茶文化旅游、城市休闲旅游等主题旅游推广活动和"二十四节气"旅游创意宣传活动,实施"畅游一夏"国内旅游市场促进行动,支持东、中、西部跨区域游客互送,营造浓厚旅游氛围,联合在线旅游平台加大旅游产品线路供给。

"文旅市场持续恢复得益于供需两端发力。"美团研究院副院长厉基巍认为,今年以来,各地各部门从供给侧和需求侧两端发力,积极采取举措推动国内旅游市场复苏,激发了人们的出游意愿,有效拉升旅游消费预期,提振旅游行业信心。不断创新的文旅供给,让更多人愿意走出家门拥抱诗和远方。(资料来源:王珂,宋新豪.人民日报,2023-07-28.)

第四节 旅游消费动机

一、旅游消费动机的含义

旅游消费动机是指推动人们进行旅游消费的各种因素和动机,包括个人的内在需求、外部刺激或社会环境等。旅游消费动机是人们进行旅游消费行为的基础,是多方面因素综合作用的结果,了解和分析这些因素有助于旅游企业制定市场策略和满足旅游者需求,同时也能够促进旅游市场的可持续发展。旅游消费动机通常包括以下几个方面。

(一)内在需求

内在需求是旅游消费动机的最主要来源,也是最基础的因素。这些需求往往源于个体的心理和生理需求,如放松身心、寻求刺激、追求新鲜感、增加知识和文化体验、满足好奇心等。这些需求可以通过旅游活动得到满足,因此它们也是促使人们选择旅游的主要原因。

(二)社会环境

社会环境包括家庭、朋友、同事等人际关系的影响,社会风气、文化氛围和经济条件等社会因素的影响,以及政策和法律等外部环境的影响。这些因素可以促进或阻碍人们进行旅游消费行为。例如,家庭或朋友的旅游经历可以促使个体进行旅游,而政策和法律的限制可能会影响个体的旅游计划。

(三)旅游服务和设施

旅游服务和设施包括旅游景区的设施和服务质量、旅游产品的价格、品质、种类等。旅游者往往会根据自己的需求和经济条件选择不同的旅游产品和服务。例如,旅游者可以选择跟团游或者自由行等不同的旅游方式。

(四)个人因素

个人因素包括年龄、性别、职业、文化水平、健康状况、兴趣爱好等。这些因素会影响旅游者选择旅游方式、旅游地点和旅游产品。例如,年轻人可能更喜欢冒险和刺激的旅游方式,而中老年人可能更喜欢文化和休闲的旅游方式。此外,个体的经济状况也是影响旅游行为的重要因素,因为经济状况不同的人往往有不同的旅游消费水平和偏好。

二、旅游消费动机的特点

(一)多元性

旅游消费动机来源较为复杂,包括了个人、社会、文化等多个方面,因此旅游消费动机具有多元性。旅游消费动机包括旅游者个人对旅游活动的需求、兴趣和目的,同时受旅游产业的发展、社会文化背景、经济发展状况等因素的影响。因此,不同的人、不同的地区、不同的社会文化背景等都会对旅游消费动机产生影响,使其具有多元性。

(二)个体性

每个人对旅游的需求、目的和动机都不同,即使是对同一个目的地,不同的旅游者也会产生不同的旅游消费动机。旅游消费动机受旅游者个人需求、价值观、经历和兴趣等因素影响,因此其具有个体性。例如:有的人喜欢文化旅游,而有的人则更喜欢探险旅游;有的人喜欢放松身心,而有的人则更喜欢运动旅游;等等。这些都是因为旅游者个人需求、价值观和兴趣等因素不同所导致的。

(三)变化性

旅游消费动机受外部环境和个人因素影响,随着时间和环境的变化而产生变化。例如,某个旅游目的地因为天气、政治、社会等因素的变化,可能会导致旅游者对其兴趣和需求发生变化。此外,随着年龄、职业和家庭状况等因素的变化,旅游者的需求和动机也会发生变化。

(四)组合性

旅游消费动机是多种因素的组合,旅游者往往会根据个人需求和目的进行选择和组合,形成旅游消费动机。例如:有的人喜欢到海边放松身心,但同时也想了解当地的文化和历史;有的人既想要享受美食,又想要感受当地的自然风光;等等。这些都是旅游者根据自身需求和目的进行选择和组合的结果。

三、旅游者购买动机

(一)动机概述

动机是引起和维持个体活动并使之朝一定目标和方向前进的内在动力,是人产生某种行为的原因。购买动机是指人们产生购买行为的原因,是被激发起来的需求、动力或愿望。动机的产生必须要有内在条件和外在条件。产生动机的内在条件是达到一定强度的需求,动机是达到一定强度的需求的体现,需求越强烈,动机也就会越强烈。产生动机的外部条件是诱因，正诱因能够满足需求，引起个体趋向和接受的刺激因素；负诱因是指有害于需求满足，可以引起个体逃离和躲避的刺激因素。诱因可以是物质层面的，也可以是精神层面的。

(二)购买动机理论

1. 需求层次理论

美国行为学家马斯洛在第一次世界大战之后，提出了被广泛接受的需求层次理论。他将人类的需求由低到高分为了五个层次，分别是生理需求、安全需求、社交需求、尊重需求和自我实现需求。可将这五个需求进一步概括为两大类：第一大类是生理层面和物质层面的需求，包括生理需求和安全需求；第二大类是心理层面和精神层面的需求，包括社交需求、尊重需求和自我实现需求。这种结构并不是刚性的，也不是一成不变的，根据个人情况不同，需求层次的顺序也可能会不同。

案例拓展 3-9

旅行的马斯洛金字塔

每个人对旅行的需求皆不相同，甚至会因时空而相异。正如心理学家马斯洛的需求理论一样，将人类需求分为5个阶段，在满足底层的需求后，人的需求阶段会不断提升。

无论你是否认同，在世界上林林总总的行走中，总有不同境界、不同水准的区分，即使同一个旅行者的口味和需求也会不断发生变化，且层层提升。只不过马斯洛的需求金字塔，在旅行者这里不能明确每个级别相差有多少，其实每一级别的旅行都会带给我们不一样的快乐和非凡的收获。

我身边有很多旅行爱好者。有每年乘坐高铁，或是打"飞的"去到一个新的旅游目的地逛小街、品美食、拍美照者；也有随时约上三五好友，拉上全套户外装备，来一次最美公路之旅者；亦不乏那些趁双休日，骑上单车，背上相机，盘山而上的自由骑士。还曾有一个更极端的，去云南丽江旅行后，选择盘下一处民宿做营生，从此落脚留下来。那天，一位朋友发的一条微信朋友圈："有没有一个地方，因为某种意想不到的原因，就成了你的梦想？有没有一个地方，因为一次短暂邂逅，却影响了你的生活！"获赞无数！如此观旅行，不一定能够解决人生所有问题，但肯定可以带来改变的力量和勇气。

为旅行者分类，其实已落了下乘。毕竟，旅行不在于多走，而在于多思想；不在于用眼睛去看，而在于用心去感受。旅行者能保持一颗热忱、善感、平实的心比什么都重要。有了它，才能行者无疆。比如，有人专爱往荒山野岭的深处去探险，喜欢倾听山林水草的声音；有人走过一座城市，绝不愿走马观花地流连于标志性建筑，而是喜欢走进一座城市的深处，尝试建立与这座城市的联系。而一个真正的行者随着旅行不断深入，其行走便开始有了一定的方向性。尽管有时候还会去探寻名胜景点，大概更愿意避开如织游人，去一些古怪小巷，偏僻村落，或者是去看看不一样的城市。因为他相信,远方始终有惊喜在等着他。

所谓众口难调,无论旅行者的需求如何,每座城市、每个风景都不可能吸引所有旅行者。但旅行者的终点,总需要一个理由,一个能吸引旅行者前往的特性所在。(资料来源:许伟涛.焦作晚报,2022-01-24.)

2. 精神分析理论

弗洛伊德提出了精神分析理论。他把人的心理比作冰山,把露在水面上的小部分视为意识领域,水下的大部分为无意识领域,认为造成人类行为的真正心理力量大部分是无意识的。无意识由冲动、热情、被压抑的愿望和情感构成。无意识动机理论建立在三个体系基础之上,也就是本我、自我和超我。

(1)本我。这是心理体系中最原始的、与生俱来的、无意识的结构部分,由遗传的本能、冲动和欲望等因素组成,是所有行为背后心理动力的来源。

(2)自我。自我是从本我中分化出来并得到发展的那一部分,处于本我和外部世界之间,是能够与外界接触的体系,其统管个人的行为。

(3)超我。超我是在人格诸多领域中最后形成的,反映了社会的各项准则,由理想、道德、良心等因素组成。它的运转是反对本我的不可接受的冲动,而不会同自我一样追求延长或保持。

3. 双因素理论

弗雷德里克·赫兹伯格在1959年提出了双因素理论,也称为动机保健理论。其要点是把动机与工作满足联系起来,指出工作满足和不满足两类因素,工作满足称为动机需要,工作不满足称为保健需要。

这一理论也可用于分析旅游者行为。旅游企业用于吸引旅游者购买产品的市场营销诸多因素可分为保健因素和动机因素两类。保健因素是旅游者购买的必要条件,动机因素是充分条件,在有选择余地的情况下,若旅游者对保健因素不满意,那就一般不会购买;但如果仅是对保健因素满意也不一定会购买,只有对动机因素满意时才会选择购买。

(三)购买动机的类型

旅游者的购买动机和旅游者的需求一样,也是复杂多样的。通常来说,旅游者的购买动机可分为两大类:生理性购买动机和心理性购买动机。

1. 生理性购买动机

生理性购买动机是指旅游者为了保持和延续生命有机体而引起的各类需求所产生的购买动机。其包括了以下几种。

(1)生存性购买动机。这是旅游者单纯为了满足其生存需求而激发的购买动机。

(2)享受性购买动机。这是基于旅游者对享受资源的需求而产生的购买动机。

(3)发展性购买动机。这是旅游者由于自我发展需求而引发的购买动机。

2. 心理性购买动机

一般来说，由旅游者心理活动而引发的购买动机称为心理性购买动机。按不同的心理活动特征，旅游者的心理购买动机可分为以下三种类型。

(1) 理智性购买动机。这是指建立在旅游者对商品进行全面、客观认识的基础上，对所获得的商品信息经过分析、比较和深思熟虑以后产生的购买动机，其具有一定的稳定性。旅游者的心理活动过程是认识、情感和意志三个过程的统一体。

(2) 情感性购买动机。这是指旅游者在购买活动中由于情感变化而引发的购买动机。由这一动机引发的购买行为有着冲动性、即景性和不稳定性。旅游者在购买活动过程中，当购买动机主要是由情感活动所引发时，就会表现为情感购买动机。

(3) 习惯性购买动机。这是指建立在以往购买经验的基础之上，兼具理智和情感动机特征的对特定企业和品牌形成特殊信任、偏爱的购买动机。这一动机的心理活动相对稳定，其行为表现就是顾客忠诚，这对企业保持稳定、长久的顾客群有着重要的作用。

案例拓展 3-10

"囤旅游"成消费新趋势

"冰雪季""新春季"临近，消费者"囤旅游"的需求迎来一轮爆发。所谓"囤旅游"，就是先购买，有出行需要时再兑换使用。这种"囤"吃、住、行的旅游消费模式，逐渐成为中青年消费者新宠。因年终促、"双11"等节庆优惠力度大、产品花样多，许多消费者都会选择在这类时间段内大力"买买买"，囤下自己心仪的旅游产品。数据显示，今年"双11"期间，消费者热衷于囤旅游产品，相关活动商品成交额与往年相比增长幅度明显，部分商家2024年的春节、五一等假期的库存已被预订一空。"囤旅游"何以风行？如何才能成为推动旅游消费的良性动能？连日来，记者对此进行了采访。

"囤旅游"受青睐，先囤后约更划算

167元起的上海迪士尼度假区单日票、南航的随心飞、白菜价一晚的热门商圈酒店、999元起的出境跟团游……在刚刚过去的"双11"，在线旅游成绩斐然，"囤旅游"成为最热门的消费关键词。

依照旅游计划"囤"旅游商品，或根据抢购的旅游商品选择目的地，热衷于"囤旅游"的消费者不在少数。在线旅游平台飞猪数据显示，"双11"活动商品成交额同比增长超80%；包括"随心飞"、公务舱卡等在内的机票次卡类商品售出超40万件；酒店套餐商品售出近250万件；大型主题乐园、度假景区商品售出近40万件；线路游套餐售出近10万件。

省社科院副研究员薛平表示，"囤旅游"之所以受青睐，一方面是消费潮流的改变，年轻消费者对更具灵活性、机动性的商品需求持续上涨，先购买、需要时再使用已经成为当下旅游消费的主流形式之一。另一方面，"先囤再用"的模式满足了消费者期待高性价比的心理，无理由退、过期退等模式又大大降低了消费风险，消费者满足灵活机动出行需求的同时，让渡一部分

确定性,以提高产品性价比、扩大自身收益,何乐而不为?

玩法有趣受欢迎,激活旅游消费市场

当前,游客更加注重旅游的体验感,各个旅游平台和旅行社纷纷抓住机会,设计玩法有趣、体验丰富的旅游产品。在机票销售方面,一些航空公司推出了"随心飞"产品,消费者可以在特定时间段内选择特定航线出行。温泉、滑雪场等冬季热门景区成为优惠活动的主力军,上线后即被抢购一空。途牛通过直播间联合抖音"双11"旅行囤货节,陆续推出冰雪游、海岛度假等主题优惠,聚焦三亚、吉林、云南等热门目的地酒旅产品;主推冬季特色产品,如北欧极光、俄罗斯贝加尔湖蓝冰,元旦至春节团期的极光游产品受关注度更高。据了解,2023年10月以来,途牛联合抖音头部达人带动东北雪乡游产品销售额已突破千万。

不少景区也积极参与,推出地方特色的旅游产品。忻州云中河芳草地房车营地推出"暖冬温泉"套餐,最低3.7折享受温泉酒店服务;长治黎城县壶山温泉景区在官方微信公众平台和抖音平台同步推出"双11"特惠活动,半价享温泉双人票,使用时间截至年底;云丘山滑雪场推出超值预售活动,包含次卡、季卡,其中,含雪具的全季卡预售价直降1000元。

不少商家和景区通过品牌联名、资源置换等合作形式开发出更有价值的限时核销权益,推动用户在购买产品后,尽快完成核销动作。旅游预售产品有助激发市场活力,提升供需双方匹配度。先囤货后核销的模式,让商家能够进行预期收益管理,平衡资源配置,通过年轻人更喜欢的商品形式来扩大销售量,拓展并锁定大量的客户。(资料来源:刘聪.山西晚报,2023-11-29.)

本章小结

1. 旅游消费行为是指旅游者在旅游过程中做出的与购买、使用和评价旅游产品和服务相关的决策和行为。这些决策和行为包括选择旅游目的地、预订旅游产品和服务、参与旅游活动、体验旅游文化等。旅游消费行为通常受到旅游者的个人特点、旅游产品和服务的特点、旅游目的地的特点以及市场环境等因素的影响。了解旅游消费行为的特点和规律对于旅游企业制定市场营销策略、提高旅游产品和服务质量具有重要意义。

2. 在理论上,旅游者行为是由旅游者的心理过程和心理特征所共同决定的,从而分析和把握旅游者的心理过程和心理特征便可以较为容易地预测和掌握旅游者的行为。从20世纪60年代至今,很多研究人员提出了各种各样的消费者行为模式。其中由罗森伯格和霍夫兰德的社会态度行为模式改变而来的"刺激-反应"模式,是最基本的消费者行为模式。

3. 旅游需求是指旅游者在旅游过程中所具有的、表现出来的满足旅游愿望的能力和愿望。旅游需求不仅仅是一种需求,它还包含了许多其他方面的需求,如个人心理需求、社会文化需求、环境需求等。旅游需求是旅游者进行旅游活动的基础,是旅游市场的基础性概念,对于旅游企业和旅游目的地的发展都具有重要意义。

4. 旅游消费动机是指推动人们进行旅游消费的各种因素和动机,可以是个人的内在需求、外部刺激或社会环境等因素。消费动机是人们进行旅游消费行为的基础,是旅游企业制定市场策略和满足消费者需求的重要依据。旅游消费动机是多方面因素综合作用的结果,了解和分析这些因素有助于旅游企业制定市场策略和满足旅游者需求,同时也能够促进旅游市场的可持续发展。

核心概念

旅游消费行为　刺激-反应模式　影响旅游消费行为的内、外部因素　旅游消费需求　旅游消费动机

课后思考题

请将你感受最深的一次旅游经历,用本章所学内容做如下分析:
1. 此次旅游都包含了哪些类型的购买行为?
2. 请分析一下你的心理特性因素是怎样影响你旅游购买行为的。
3. 阐述一下你的购买过程。
4. 通过此次旅游,你认为旅游企业应怎样更好地开展营销活动?

第四章 旅游市场营销计划

第一节 旅游市场营销计划概述

一、旅游市场营销计划的含义

旅游市场营销计划(tourism marketing plan)是指旅游企业为实现近期目标,根据营销战略的统一部署,对内外部各种营销资源使用状况的具体设计和安排。简而言之,旅游企业对下一步营销行动所设计的书面工作方案就是其营销计划。旅游企业根据市场营销计划制定以后的发展目标、营销战略和行动方案,并对内外部营销资源进行统一部署安排。通过对目前旅游市场发展态势以及自身地位和实力的分析,研究目前旅游营销状况(包括旅游市场发展态势、产品状况、竞争状况以及宏观环境状况等),分析所面临的主要机会和威胁、优势与劣势以及存在的问题,确定今后一段时间内的营销目标、营销战略以及具体行动方案。

企业在选定目标市场后,营销策略就是对企业进入各个细分市场后将要采取的营销活动进行具体安排和系统规划。营销计划可以使业务的开展有据可循,从而取得较高的工作效率。旅游行业市场需求受多种因素影响,波动性较强,因此在营销计划规定的目标范围内开展营销工作尤为重要。

二、旅游市场营销计划的类型

旅游市场营销计划在旅游企业经营活动中的作用日益凸显,它不仅为旅游企业经营指引了方向,还为其实现营销目标乃至总体目标规定了具体的内容和步骤。旅游市场营销计划要从实际出发,实事求是;计划制订得越详细,就越能保证其切实可行。

(一)时间上划分

由于计划的时期范围不同,制定目标的等级也有差异。有的目标是长远性的战略目标,有的则是为保证长远性战略目标的最终实现而制定的近期阶段性目标。围绕这些不同等级的目标,营销计划可以分为以下两大类:长期战略性营销计划和短期战术性营销计划。

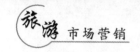

1. 长期战略性营销计划

长期战略性营销计划是一种长远性规划,是针对市场供求发展趋势所做出的一种策略性计划,具有主动和超前的特点,通常指 3~5 年或更为长久的计划。旅游企业的战略性营销计划同其总体经营或发展规划相对应,同时也是企业总体经营规划中最重要的组成部分,在很大程度上决定着企业未来的营业收入。旅游企业总体经营规划能不能使其实现长远的盈利,取决于能否争取到足够数量的顾客来购买产品。战略层面上的营销计划着眼于长远性的营销决策,它所反映的是未来的发展蓝图。

长期战略性营销计划一般围绕三个方面进行展开:一是本企业的经营现状和本地旅游业的发展状况;二是今后某一较长时期内要达到的目标或地位;三是如何实现这些目标和地位。归结起来,长期战略性营销计划主要包括以下几个方面。

(1) 战略目标。所谓战略目标实际上表现为战略期内的总任务,决定着战略重点的选择、战略阶段的划分和战略对策的制定,是指一个旅游企业在将来某一时期内在市场中所占据的位置,通常是对未来的目标市场、产品范围、销售量、计划增长率、市场份额以及创收或利润等方面做出的大体规定。

(2) 形象定位。形象定位是指规定未来某一时期内旅游企业在市场上应树立起何种形象,以及在消费者心目中达到何种地位。所谓在市场上的形象,主要指旅游企业及其产品在现有或潜在客群市场心目中的形象。

(3) 营销预算。营销预算是指旅游企业为实现营销计划所需要的资金。

(4) 方案措施。方案措施是指旅游企业为实现既定目标所需要采取的具体行动计划,如人员分工、任务排期、时间节点、掌控进度等。

2. 短期战术性营销计划

短期战术性营销计划又称营销行动计划,是一种短期的营销行动计划,通常为 1 年。这种营销计划主要针对近期的市场情况开展短期内的市场营销工作,特别是针对竞争者的行动做出对策和反应。通常而言,一个有效的战术性营销计划包含以下几个要素。

(1) 营销目标。营销目标指旅游企业对目标进行量化,明确具体的营业额和销售额及预期的营销效果。

(2) 预算。预算指旅游企业为实现营销目标所涉及的相关费用支出(人力、物力、财务)。

(3) 行动方案。行动方案指旅游企业针对所要开展的各项营销活动及其执行方案进行统筹协调。

(4) 评价与控制。评价与控制指旅游企业针对营销计划执行情况进行监测、把控、评价、复盘等,以保障发现问题后能及时采取措施。

(二)内容上划分

1.单个产品计划

单个产品计划即旅游企业针对某个旅游产品的计划。例如旅游景区关于某个项目的营销计划、旅行社关于某条旅行线路的营销计划、酒店关于某个主题客房的营销计划等。

2.新产品营销计划

新产品营销计划,指旅游企业在现有的产品线上增加新的产品项目,对其进行开发和推广活动的营销计划。例如旅游景区针对现有娱乐设施开设新增项目的推广计划等。

3.细分市场计划

细分市场计划,指旅游企业面向特定或不同的细分市场、子市场、顾客群的市场营销计划。例如旅游景区针对亲子家庭、老年游客的推广计划,旅行社针对团客、散客的营销计划等。

4.区域市场计划

区域市场计划,指旅游企业面向不同国家、地区、城市的营销计划。例如旅游景区针对东北、华北区域的推广计划,OTA(在线旅游代理)或旅行社针对东南亚、欧美市场的开发计划等。

5.业务客户计划

业务客户计划,指旅游企业面向特定客户的市场营销计划。例如旅游景区针对研学客户、疗养客户的营销计划。

6.整体营销计划

整体营销计划,是指在企业总体战略计划的指导下,对不同市场、业务、产品进行整体开发推广的营销计划。它涉及市场环境、目标设定、资源配置等因素,既要考虑计划与执行问题,又要考虑它们之间的协调配合。这些不同层面的市场营销计划之间需要相互协调、有机整合。

三、旅游市场营销计划的作用

旅游市场营销计划是整个营销工作准备阶段的"产品",概要地描述了旅游营销活动的目的、内容、要求与工具运用,集中体现所制定营销战略的精华,并在整体营销活动中发挥着重要作用。

(1)旅游市场营销计划具有重要的战略作用,可为管理部门决策提供参考依据。旅游企业市场营销部门的重点工作是推销旅游产品。在制订旅游市场营销计划时,营销部门往往更多地从营销角度规定其他部门的行为,无法充分考虑其整体情况,因而容易导致部门矛盾;在部门间沟通不足的情况下,这种矛盾就更激化。因此,旅游市场营销计划以书面形式呈现给管理部门,由上级管理层综合、全面地考虑企业各部门的具体情况,协调各部门业务及利益关系,从总体上制定旅游企业经营的整体战略,就可以使旅游企业的营销活动协调统一,有利于旅游企业实施发展战略。

(2)旅游市场营销计划是市场营销部门实施营销活动的备忘录。一旦营销战略决策得以确认,就要在具体行动中保证其贯彻与落实。在此情况下,市场营销计划书就成为营销人员在工作中必须遵守的行动指南。各级营销工作人员要充分领会、认真把握,同时又要根据实际情况及时反馈各种有价值的信息,并灵活地加以运用。

(3)旅游市场营销计划书是旅游企业其他部门的业务指南。在旅游企业各部门中,营销部门的地位较为特殊,因为它不但要制订自身的行动计划,还要指导其他部门在工作中如何配合与协作,领导其他部门共同实现本企业的市场营销目标。这是由市场营销的本质所决定的。在市场营销活动中,营销部门的权威必须得以保护,其他部门要根据营销战略计划书的指导与要求,全力配合。当然这并不意味着其他部门要对营销战略计划书言听计从,其他部门在营销活动中也要充分发挥主动性,积极向营销部门提出意见与建议,对市场营销战略加以完善。

由于市场的发展变化,旅游市场营销计划工作的必要性往往会被掩盖或削弱,一些企业往往因此而失败。为了在随时都有可能出现市场萎缩和行业萧条的情况下能够有目标地开展工作,旅游企业应着重关注市场营销计划工作。

第二节 旅游市场营销计划的制订

对旅游企业而言,制订切实可行的营销计划,一方面明确了自身经营的方向,另一方面也为其实现营销目标及总体战略目标提供了具体的行动方案。

一、制订旅游市场营销计划

旅游市场营销计划的制订并没有固定模式,营销计划的内容、结构与制订程序也不尽相同。不同类型旅游组织的营销计划各不相同,即便是同一旅游企业不同业务部门、不同时期的营销计划也存在差异。当然尽管存在差异,并不是说没有规律可循,而是都会涉及一些带有共性的内容。具体而言,旅游市场营销计划一般包括以下七个方面的内容。

(一)旅游营销现状分析

对当前旅游营销状况进行分析是制订旅游市场营销计划的第一阶段和第一个实质性步骤。企业除了对自身的经营或发展现状进行分析外,还需要对与企业经营相关的外部因素进行分析和评价,具体包括对市场发展状况、旅游产品状况、市场竞争状况、分销渠道状况和宏观环境状况等进行分析。

1. 市场发展状况

旅游企业应当分析当地整个旅游市场近年来的发展状况以及自身所处的地位。了解本企业为其服务的市场数据,包括市场规模、市场占有率以及成长状况,旅游者需求状况及其他有关的营销环境因素等。

2.旅游产品状况

旅游企业应分析自身现有产品以及近年来的市场需求变化情况,明确自身产品的销量变化、价格水平,以及自身综合实力、利润贡献率等。

3.市场竞争状况

旅游企业分析现有消费群体的人员构成以及近年来的变化情况。明确市场中主要的竞争对手及其产品,综合分析竞争对手的规模、目标、产品、市场份额、营销战略和其他特征等。

4.分销渠道状况

旅游企业明确本企业产品到达旅游者手中的销售渠道和每个分销渠道的发展情况,注意分销商的变化以及激发其分销积极性的价格和交易条件。

5.宏观环境状况

旅游企业对整体宏观环境进行分析,包括政治、经济、法律、社会文化和科技发展等方面。

(二)旅游市场预测

旅游企业通过市场预测来判断和评估市场需求的未来发展变化趋势,了解和评估这些因素在计划执行期内的变化方向和发展速度,根据情况的变化适时调整旅游市场营销计划,进而采取对应措施。

(三)SWOT 分析

基于对旅游市场的分析和预测,旅游企业可以采用战略管理理论中的 SWOT 分析法来分析企业所面临的优势(superiority)与劣势(weakness)、机会(opportunity)与威胁(threat)。对于旅游企业而言,不论是优势还是劣势都不是绝对的,会存在主观看法的影响,也并非真正意义上的客观事实,二者有相互转化的可能。机会与威胁常常共生共存、相互转化,关键是要及时发现各种有利或不利因素,扬长避短、趋利避害。

因此,旅游企业采用 SWOT 分析法贵在开展综合分析,将获得的各种因素根据影响程度或轻重缓急等方式排序,构建矩阵。将对于战略目标重要的、直接的、迫切的、大量的影响因素优先排列出来,从而清晰直接地反映旅游企业的战略环境及情况。

(四)制定营销目标

营销目标是指旅游企业在营销计划执行期内预计实现的经营业绩。在完成前面几个阶段的分析预测工作后,营销目标的确立对执行期内的工作开展和重大管理决策起着指导或引导作用,同时也是衡量工作业绩的标准。

1.营销目标的类别

在旅游企业中,营销目标包括两类。一类是财务目标,即以利润为核心的营销目标,具体表现为营销计划执行期内实现的旅游产品销售量、销售额、利润额、市场占有率等业绩目标。

另一类是软目标,即以顾客满意度和品牌形象为主要内容的营销目标,具体表现为营销计划执行期内旅游企业整体形象的塑造、游客接待量等业绩目标。

2.营销目标的作用

营销目标的作用主要可以从以下两方面理解。一方面,营销目标对计划执行期内的重大管理决策和具体工作起着指导或引导作用,使该时期内的各项工作围绕营销目标去开展。另一方面,营销目标也起着衡量和评价工作绩效或成果的作用。管理者通过对业绩成果与营销目标进行比较,可判断营销计划的落实情况,有助于发现并分析出现差距的原因,从而采取管理措施,对问题进行有效解决。

3.营销目标的原则

营销目标主要有以下五项原则:一是可衡量性。营销目标中的旅游产品销售量、销售额、利润额、市场份额等业绩指标,必须要以量化形式表达,以便进行有效测量。对于那些难以量化的软目标,也应做到能够通过间接方式进行评估和测量,即对于营销目标的执行及落实情况,应能够直接或间接地进行测量和评估。二是可细化性。对于量化的硬目标或指标,应在各细分市场和具体产品间作出详细分解。三是时限性。必须明确规定实现营销目标的期限,具体到年、月、日。四是可接受性。制定营销目标应征求各相关部门的意见,所制定的营销目标应当能被接受。五是可达成性。通过对市场环境和营销预算等多方面的考虑,所制定的营销目标必须具有现实意义,能够通过努力得到实现。

如果不遵守以上原则,那么即使制定了营销目标,也很难有效地开展计划期内的业务工作,并难以衡量工作绩效,甚至在执行过程中可能会出现员工消极抵制的现象。

(五)编制营销预算

营销预算是指企业或组织为了实现营销目标,确保营销活动的有效开展而需要拨付的经费。在制订营销计划的过程中,编制营销预算是一项非常重要的工作。在实际工作中,对于营销预算中具体应包括哪些方面的支出,不同的企业或组织可能会有不同的安排。旅游企业编制营销预算有四种常见的方法:量入为出法、营业额百分比法、竞争对等法和目标任务法。

1.量入为出法

量入为出法,是指旅游企业或组织根据自身的财政状况(资金能力),以支付能力为依据,来编制营销预算的一种方法。应用这一方法,企业或组织无须花费过多的时间和精力,比较容易实施,但此方法的依据不是以实现营销目标所需而开展的,显得过于简单。

2.营业额百分比法

营业额百分比法,是指旅游企业或组织按照目标营业额的百分比来确定营销预算的一种方法。这一方法简单易行,但容易出现偏差。

3.竞争对等法

竞争对等法,是指旅游企业或组织参照主要竞争对手的营销预算来确定自身的营销预算。这一方法只需了解主要竞争者的营销预算即可,但会因不同的旅游企业在各自目标市场、营销目标等方面存在差异而出现偏差。

4.目标任务法

目标任务法,是指旅游企业或组织对为实现营销目标而开展的各项营销活动进行费用预估,最后得出预算总额。

目标任务法理论上是一种比较理想的营销预算方法,需要在明确营销目标的基础上,分析为实现目标需要开展哪些营销活动,然后分别估算相对应的营销费用。但这一方法存在局限性,首先编制营销预算往往需要耗费大量的时间,而且在很大程度上要依赖对未来营销活动的判断,难度相对较大。

编制营销预算的目的在于旅游企业通过投资营销活动促成营销目标的实现,并确保营销预算应足以支撑营销目标的实现。在编制营销计划的过程中,如果发现营销预算不足以支撑营销目标的实现,可采取以下两种措施:一种是追加或完善最初计划的营销预算,另一种是编制人员重新修订营销目标。

(六)制定营销组合方案

营销组合方案是指为实现营销目标而采取的各种营销技术手段所组成的行动方案,即营销者在实现营销目标的过程中采取的一系列营销手段。

营销组合(marketing mix)是现代市场营销理论中的重要概念。1953年,美国学者鲍顿率先提出了"市场营销组合"的概念。他认为市场需求在某种程度上会受到营销要素的影响,为了实现既定的营销目标,企业需要对这些要素进行有效组合。1988年,美国学者菲利普·科特勒认为,营销组合是企业为了争取在目标市场中实现其营销目标而采用的一套营销工具。

经典的营销组合由"4P"组成。1960年,美国学者麦卡锡对美国学者鲍顿提出的理论进行了汇总和提炼,进而提出了包括产品(product)、价格(price)、渠道(place)、促销(promotion)在内的"4P"营销组合。20世纪80年代以后,随着人们对营销的研究日益重视,美国学者菲利普·科特勒在此基础上进行了扩展,提出了大市场营销"6P"概念,将权力(power)与公共关系(public relations)纳入其中。美国学者菲利普·科特勒其后又引入了探查(probing)、分割(partitioning)、优先(prioritizing)和定位(positioning),形成了市场营销战略分析下的"10P"要素。

为了实现既定的营销目标,编制人员需要考虑和筹划营销计划执行期内所需实行的产品策略、价格策略、促销策略、渠道策略。在制定营销组合策略时,要明确核心依据即明确目标市场,目标市场在影响营销手段的运用方式方面起着决定性作用,是至关重要的前提和出发点,否则所制定的营销组合将难以得到目标消费者的积极回应,更难以使旅游企业或组织在竞争中胜出。

(七)评价与控制

完成上述步骤之后,还需要对营销计划的执行情况进行评价。开展评价工作是为了对营销工作加以控制。通过控制及时发现问题,并分析问题产生的原因,然后采取相应的措施进行修正。

评价工作是在整个营销计划执行期结束之后的总体评价,即总结哪些产品或市场的营销工作和举措是成功的,哪些是不理想和失败的,还包括对计划期内各项计划执行情况的评价和每一个阶段工作成效的定期评价。评价工作的最终依据是营销目标,因此营销目标制定得越详细、越精确,评价工作的开展就越容易、越有效。

评价工作的有效开展一般需要具备以下三个条件:一是评价工作时间排期表,即对评价工作做出明确的时间安排;二是测量指标,即需明确测量营销工作完成度的指标;三是绩效标准,即各项营销工作在规定时期内应实现的业绩目标。

二、旅游市场营销计划书

旅游市场营销计划编制工作的最终产物是营销计划书。旅游市场营销计划书是旅游企业或组织对下一步营销行动所设计的书面文件,要以准确、明晰的文字或图表明确营销活动的指导方针,保障企业或组织在计划周期内的各项营销活动能够稳定、连续、有效地开展,并最终达到计划的目标。

旅游市场营销计划书的内容无统一的标准,旅游企业或组织可根据自身情况来制定,其一般涵盖以下三个方面。

(一)行政概要

此部分内容的目的在于使旅游企业或组织的领导或高层管理人员一方面可以快速浏览,另一方面可以把握营销计划书中主要的营销目标、营销举措,以及执行该项营销计划的费用。

(二)内容依据

此部分内容的目的在于阐释营销计划制订的基础、分析和假设,以及据此选定的目标市场、营销目标、营销战略、营销组合、产品定位等。

(三)行动方针

此部分内容的目的在于详细地列出计划开展的各项营销活动、经费预算、责任人、时间安排等,以及对这些计划进行测量、评价和控制的方法。

第三节 旅游市场营销计划的实施

旅游市场营销计划的实施是一个系统工程,是将营销计划变为具体行动的过程。营销计划的提出和制订解决了旅游企业或组织在市场营销活动中"为什么做"和"应该做什么"的问题。制订市场营销计划仅是营销管理过程的开始,要想合理有效调动旅游企业或组织的全部资源,并将其投入到日常业务活动中,就必须将旅游市场营销计划变为具体的市场营销行动方案,解决企业市场营销"何时做""谁来做""怎么做"的问题。

一、旅游市场营销计划实施的条件

旅游市场营销计划实施的成功与否并不完全取决于计划本身,计划仅是众多因素之一。要想使旅游市场营销计划发挥作用,所有职能部门必须相互配合,共同发挥作用。

随着旅游市场营销计划中营销战略作用的日益凸显,越来越多的人把市场营销战略看作影响旅游市场营销计划和旅游企业经营管理成败的重要因素,认为成功的企业必须先制定适当的市场营销战略,然后建立适当的组织结构和信息、控制奖惩系统,以贯彻和实施市场营销计划。

二、旅游市场营销计划实施的步骤

从影响旅游市场营销计划的诸多因素出发,旅游市场营销计划和战略的实施一般包括以下五个步骤。

(一)制定详细的行动方案

在旅游市场营销计划实施过程中,要制定详细的行动方案即具体执行计划。行动方案中要明确计划实施的关键性任务和要求,同时还要将这些活动的责任具体落实到作业单位和个人,并严格规定时间,明确具体的时间表。

(二)建立营销组织机构

旅游市场营销组织机构是贯彻执行旅游市场营销计划和营销战略的主要力量,对旅游市场营销活动的开展起着决定性作用。组织结构的建立应与企业的营销计划、营销战略相一致,与企业自身的特点、要求和环境相一致,并有助于提高企业员工对营销计划和营销战略的共同认识和理解,以确保计划的顺利执行和预期目标的顺利实现。另外,企业的战略不同,相应的组织结构也不同,旅游企业或组织应根据自身实际情况来建立合适的组织结构。

(三)设计科学合理的决策和薪酬制度

实行多角(元)化经营或产品市场覆盖面较广的旅游企业,不可能再实行高度集中的管理制度,而要适应市场变化,实行分权管理。相应地,还必须设计有利于市场营销计划和营销战

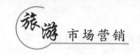

略贯彻执行的薪酬制度,调动企业员工实现短期和长期营销目标的积极性,促使旅游企业员工行为的合理化。

(四)建设旅游企业文化

企业文化已经成为企业的重要战略资源,是重要的市场竞争手段,它对企业经营思想、领导风格、员工的工作态度和作风等方面起着决定性的作用。旅游企业应该加强文化建设,并在企业内逐渐形成共同的价值标准和基本信念,保证旅游市场营销计划在相应的企业文化和管理风格的氛围中得到强有力的支持,以便顺利执行。

(五)开发旅游人力资源

旅游市场营销计划的实施离不开企业员工的推动和努力,只有充分调动员工的积极性,实现人尽其才,才能保障营销计划的顺利实施。人力资源开发涉及员工的考核、选拔、安置、培训、激励等一系列问题,各方面必须协调一致,相互配合,才能有效实施旅游市场营销计划。

第四节 旅游市场营销计划的控制

旅游市场的变化日益频繁,影响旅游市场的因素也日益复杂。旅游市场营销计划在针对未来不确定的市场环境时,难免与实际实施的情况会有一些出入和偏差。为保证旅游市场营销计划的科学性和严谨性,在旅游市场营销计划实施过程中应有相应的调控程序,对计划本身或计划的实施进行必要的调整,以保证旅游企业营销目标的实现。通常来说,对旅游市场营销计划的基本控制方式包括以下几种。

一、年度计划控制

旅游市场营销年度计划控制的目的在于,确保旅游企业实现年度计划所规定的销量、利润等营销目标。通常,旅游企业会将年度计划控制与目标管理方法结合起来共同使用,其控制过程分为四个步骤。

首先,旅游企业管理者把年度计划按市场变化趋势分解为季度目标和月度目标;其次,把季度和月度计划进一步分解到企业各业务部门的成本和利润中,并落实到相应的责任人;再次,对季度、月度计划中各部门以及个人落实的市场营销责任和目标,提出相应的保障措施;最后,在计划实施过程中对营销业绩与计划的偏差做出分析,并改进实施方法或修正目标,尽可能弥补营销目标与计划实际执行结果之间的差距。

在年度计划控制中,企业管理者控制整个计划的总体执行、实施及进度,而企业内的有关职能部门和个人则控制各个局部计划的执行情况。因此,企业年度营销计划能够把企业内各相关部门和个人的责、权、利有机结合起来,充分调动广大员工的积极性,共同保证年度营销目标的实现。

二、获利性控制

旅游企业市场营销的中心工作紧紧围绕着经济效益展开,企业的盈利来源于给社会和旅游者提供的产品和服务。因而对企业的市场营销计划控制要落实在那些与营销目标紧密相关的产品和服务上,保证营销计划及其目标的最终实现。由于不同的产品可能在不同的地区、细分市场、营销渠道进行销售,因而应分别对产品进行获利性分析,以便在控制、执行营销计划中,方便企业对产品的生产规模、市场的选取等进行决策。

三、战略控制

战略控制是旅游市场营销计划中高层次的计划执行和控制方式,主要针对企业的市场营销环境、营销战略、营销目标、营销组织、营销方法和人员、程序等方面进行系统、全面的客观评价,通过检查、分析发现企业市场营销中存在的问题,从而为改进和完善旅游市场营销活动提供战略性决策依据。由于旅游市场环境变化迅速,因此旅游市场营销战略控制也是一项常规化的工作。其主要包括以下几个方面。

(1)旅游市场营销环境控制,即对市场、顾客、竞争者和其他直接影响企业营销活动的因素进行检查,同时对经济、技术、政治和社会等宏观间接影响因素进行分析。

(2)旅游市场营销策略控制,即对旅游企业营销目标、战略以及当前和预期的营销环境相近程度进行检查、分析。

(3)旅游市场营销组织控制,即对营销组织在预期环境中实施组织战略的能力进行检查、分析,包括营销部门、财务部门、采购和供应部门以及企业上下信息沟通的情况等方面。

(4)旅游市场营销系统控制,即对旅游企业收集信息、拟订计划、控制营销活动等过程进行检查、分析。

(5)旅游市场营销效率控制,即对旅游市场营销中有关单位、产品的获利能力和各项营销活动的成本收益进行检查、评价。

(6)旅游市场营销职能控制,即对旅游市场营销中营销组织的每一环节及其策略运用情况进行检查、分析。

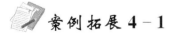

案例拓展4-1
"72小时自驾内蒙古"是怎样成IP的?

一、旅游营销计划制订

内蒙古兼备发展自驾游的天然和后天优势,即丰富的旅游资源和成熟的道路条件,提升目标客群自驾游频率是促进全域旅游更好更快发展的关键。2019年内蒙古自治区文化和旅游厅推出"72小时自驾内蒙古"自驾游IP品牌,面向周边游客及全国落地自驾游客推出20条短途自驾游主题产品,通过系列化整合营销面向周边游客及全国落地自驾游客精准推广，打造以"周末＋1"或小长假为主的"72小时"内蒙古创意自驾旅游季，传达"旅行即相聚"的生活方式，提供"72小时"短途自驾游解决方案，引领消费升级新趋势，推动内蒙古全域旅游高质量发展。

二、旅游营销计划实施

产品精细化＋路书精品化＋推广精准化，是"72小时自驾内蒙古"的营销"三精"组合打法。

（一）产品精准化，应需而变

面向内蒙古周边的京津冀城市群、黑吉辽城市群和陕甘晋宁城市群，以及全国落地自驾游城市群推出20条"72小时自驾内蒙古"主题线路，这些线路从草原、沙漠自然资源和蒙元游牧文化资源着手，各有侧重地推出满足不同自驾游爱好者需求的线路。

（二）路书精品化，应运而生

邀请自驾游垂直平台"爱自驾App"、自驾游杂志《汽车自驾游》和旅游类垂直平台"乐途旅游"，针对每一条线路产出一本详细路书，让每一位自驾游爱好者可以根据自身喜好和需求选择合适的路书进行行前和行中指导。路书有电子版和纸质版两个版本，游客可通过多渠道免费获取，方便且便携，真正满足轻自驾的需求。

（三）营销精准化，应景而来

为了扩大内蒙古短途自驾游的营销力，在目标客源城市选择地铁扶梯广告、楼宇电梯广告和朋友圈排期及竞价广告等线下、线上多渠道进行投放，最终实现传播覆盖量超过1亿人次。线上通过创意街头采访和10城招募计划在互联网平台引发关注，线下通过10城楼宇广告和重点城市地铁广告投放持续炒热，全媒体多平台配合发布路书和攻略等内容，掀起内蒙古自驾游热潮。

三、旅游营销实施效果

此次自驾主题营销推广活动受到了广泛关注，市场反响良好，共获得媒体报道411频次，互联网传播量覆盖5091万人次，总体传播覆盖量超过1.9亿人次。

2019年5月22日，内蒙古自治区文化和旅游厅于北京召开"72小时"内蒙古创意自驾旅游发布会暨内蒙古夏季旅游推介会，央级媒体、全国重点门户网站、区内媒体、区外重点媒体纷纷给予关注，共计产出报道163篇，媒体传播总计覆盖量累计2934万人次。

2019年6—8月，"72小时自驾内蒙古"面向核心客源市场开展整合营销，在河北、黑龙江、吉林、辽宁、陕西、甘肃、山西和宁夏8省、自治区的省会城市以及直辖市北京、天津展开10城招募计划，于北京、哈尔滨、沈阳、长春、天津、石家庄、太原、西安、兰州、银川、呼和浩特11座城市投放楼宇电梯智能屏，传播累计覆盖6035.1万人次；同期10省、自治区、直辖市共15个微博大号发布招募计划，"72小时自驾内蒙古"微博话题阅读量达2103.8万人次；在北京1号线建国门站、6号线朝阳门站投放地铁广告，极富吸引力的画面配合自驾线路，传播覆盖量达359.3万人次。传统媒体和新媒体共同发力报道，使"72小时自驾内蒙古"品牌得以持续性曝光，传播覆盖总人数约1.6亿。

2019年7—9月,联合多家旅游垂直类平台或自驾游垂直媒体"乐途旅游"、"爱自驾App"、《汽车自驾游》杂志和《车友报》,全媒体联动推出"72小时自驾内蒙古"专题内容,包括自驾路书、优质游记、攻略图集,同时实现高质量内容输出和高精度渠道推广,总传播量超6206.5万人次。

通过一系列营销活动,"72小时自驾内蒙古"自驾主题产品受到全国自驾俱乐部、车友会及自驾游爱好者的广泛关注,内蒙古短途自驾主题产品持续发展,实现了由流量到销量的转化。

内蒙古自治区文化和旅游厅应把握好自驾游主题IP产品的升级和优化,不断面向周边游客及全国落地自驾游客,推出不同自驾主题的优质产品并对核心客群进行精准推广,塑造不同自驾主题IP,不断满足市场新需要、新诉求,将内蒙古打造为国内顶级自驾游目的地。(资料来源:中国旅游报,2020-09-11.)

本章小结

1. 旅游市场营销计划是对旅游目的地或旅游企业营销活动方案的具体描述,即旅游企业或组织在其整体发展战略的指导下,研究目前旅游营销状况(包括旅游市场发展态势、产品状况、竞争状况、分销状况以及宏观环境状况等),分析自身所面临的主要机会和威胁、优势与劣势以及存在问题的基础,确定今后一段时间内的营销目标、营销战略以及具体的行动方案的过程。

2. 从影响旅游市场营销计划的诸多因素出发,旅游市场营销计划和营销战略成功贯彻实施的过程一般要经过以下步骤:制定详细的行动方案;建立营销组织机构;设计科学、合理的决策和薪酬制度;建设旅游企业文化;开发旅游人力资源。

核心概念

旅游市场营销计划

课后思考题

1. 什么是旅游市场营销计划?
2. 旅游市场营销计划的类型有哪些?
3. 旅游市场营销计划的作用有哪些?
4. 一份旅游市场营销计划包含哪些内容?
5. 一份完整的旅游市场营销计划书分为哪几个部分?
6. 实施旅游市场营销计划要经过哪几个步骤?
7. 旅游市场营销计划的基本控制方式有哪几种?

第五章 旅游市场营销调研与预测

随着经济和社会的发展,旅游者的需求越来越多样化和多变化,旅游企业之间的竞争也日益激烈。如何分析市场、发现市场、锁定目标市场已成为旅游企业关注的关键问题。

第一节 旅游市场营销调研概述

一、旅游市场营销调研的概念

旅游市场营销调研是指旅游企业为达到特定的经营目标,系统地收集、记录、分析有关旅游市场的资料和信息,为旅游市场营销决策和战略决策提供可靠的依据。

旅游市场调研是一种营销管理工具。它运用科学的方法和手段,有针对性、有目的地收集、记录、整理、分析和总结与旅游营销活动有关的信息,对旅游目标市场加以分析调查,掌握旅游市场的现状和发展趋势,从而向旅游企业管理者提供有关旅游者及市场行为的精确而丰富的资料,为旅游企业经营决策提供依据,提高旅游市场营销的针对性和效果。

二、旅游市场营销调研的类型

依据调研目标的不同,可以将旅游市场营销调研划分为探索性调研、描述性调研、因果性调研、预测性调研。

(一)探索性调研

探索性调研是指旅游企业对市场情况把握不太清晰或不知从何着手时所采用的方法。这是一种为了理解被调研问题的特征,掌握被调研问题所面临的各种环境变量因素,确定调研的方向与范围,而对调研对象进行某些假定或设想的调研方法。

探索性调研比较灵活,规模小,方法比较简单,可采取任意收集信息或分析资料的方法。此时的调研样本数量少,调研结果是试验性的。该方法主要适用于以下几种情况:一是探寻潜在的问题和机会,寻找解决有关问题的新理念和新思路;二是在正式的调研之前开展探索性调研,可以帮助调研者或企业明确调研问题、确定调研行动路线、获取相关资料。

(二)描述性调研

描述性调研是一种常见的项目调研方法,是指对调研问题所面临的不同因素、不同方面现状的调研。它对市场的特征或功能、调研问题的各种变量等进行相对准确的描述;对旅游市场的情况进行如实的记录和反馈;资料数据的采集和记录着重于客观事实的静态描述。

描述性调研更为具体,需要有较为详细的调研计划和实施步骤,以保证调研结果的准确性。首先需要收集大量相关资料与数据,对调研资料进行分类、分析、整理;然后描述有关群体的特征,如"谁""具体事项""时间""地点"等问题;最后,估算出某一具体特征在总体调研人群中所占的比例,并对这一结果进行分析。

(三)因果性调研

因果性调研是指为了查明项目不同要素之间的关系以及明确有关事务的因果联系而进行的一类市场研究。这是为了进一步分析问题产生的原因而采用的调研类型。

因果性调研主要是为了掌握有关市场现象之间的因果关系,了解哪些变量是起因,哪些变量是结果,以及确定起因和结果变量之间的相互联系。进行因果性调研要防止片面性,因为同一现象或结果也可能是由多种因素的变化引起的,调研人员要加以分析和区别主要因素、次要因素、真实因素、虚假因素等。

(四)预测性调研

预测性调研是指专门为了预测未来一定时期内,某一环节因素的变动趋势及其对企业市场营销活动的影响而进行的市场调研,它用一个或几个事物的变化趋势推断另一个或几个事物的变化趋势,是对事物未来发展变化的一个预测。

三、旅游市场营销调研的内容

旅游市场营销调研的内容包括所有与本旅游企业有关的社会、政治、经济、环境及各种经济现象。旅游市场营销调研可作专题调研,也可作全面调研,就旅游企业调研范围而言,其调研又具体分为企业外部调研和企业内部调研。

(一)旅游企业外部调研

旅游企业外部调研主要指对旅游企业的外部环境予以调查研究,主要包括旅游市场环境调研、旅游市场需求调研、旅游市场供给调研和旅游市场营销调研等。

1.旅游市场环境调研

旅游企业的生存与发展是以旅游市场环境为条件的,对旅游企业而言,旅游市场环境是不可控因素,旅游企业的生产与营销活动必须与之相协调和适应。

(1)政治环境调研。了解对旅游市场起影响和制约作用的国内外政治形势以及国家旅游市场管理的有关方针政策。

(2)法律环境调研。了解本国及客源国或地区的有关法律和法规条例,包括环境保护法、旅游法、保险法、合资经营条例、出入境规定以及地区旅游管理条例等。

(3)经济环境调研。了解本国及客源国或地区的经济特征和经济发展水平、旅游资源状况、世界旅游经济发展趋势等。

(4)科技环境调研。了解本国和世界范围内新科技的发展水平与发展趋势等。

(5)社会文化环境调研。其包括旅游目的地和客源地的价值观念、受教育程度与文化水平、职业构成与民族分布、宗教信仰与风俗习惯、社会审美观念与文化禁忌等。

(6)地理环境调研。其包括区位条件、地质历史条件、自然景观条件、气候条件、季节因素以及物产等。

2. 旅游市场需求调研

旅游市场需求是在一定时期内、一定价格上,旅游者愿意并能够购买旅游产品的数量,即旅游者对某一旅游目的地所需求的数量。旅游需求是决定旅游市场购买力和市场规模大小的主要因素。针对旅游者所进行的需求调研是旅游市场调研内容中最基本的部分。

(1)旅游者规模及构成调研。其包括:经济发展水平与人口特征;收入情况与闲暇时间;旅游者数量与构成(旅游者国籍、年龄、性别、职业、入境方式以及地区分布、民族特征等),统计旅游者消费水平及构成(吃、住、行、游、购、娱六个方面);旅游者对旅游产品质量、价格、服务等方面的要求和意见。

(2)旅游动机调研。旅游动机是激励旅游者产生旅游行为、达到旅游目的的内在原因。美国学者罗伯特·麦金托什的研究表明:身体健康动机包括休息、运动、游戏、治疗等消除紧张与不安的欲望;文化动机包括了解和欣赏异地文化、艺术、风俗、语言、宗教等求知欲望;交际动机包括结识异地朋友、探亲访友、摆脱日常工作或家庭事务等逃避现实和免除压力的欲望;地位与声望的动机包括考察、交流、会议、从事个人兴趣的研究等满足自尊、取得个人成就和为人类作贡献的需要。

(3)旅游行为调研。旅游行为是旅游者旅游动机在实际旅游过程中的具体表现。旅游行为调研就是调查研究客源地旅游者何时旅游、何处旅游、由谁决策旅游以及怎么旅游。旅游行为的主要形式为:文化观光旅游行为,包括观赏自然风光、名胜古迹、社会风情、艺术博物馆、历史遗迹等;度假休闲旅游行为,包括疗养健身、娱乐购物等;专项旅游行为,包括体育运动、登山攀崖、科学考察探险等;会议旅游行为、特色旅游行为,包括奖励旅游、民俗文化活动、节庆活动等。

3. 旅游市场供给调研

旅游供给是一定时期内为旅游市场提供的旅游产品或服务的总量。旅游市场供给调研主要包括以下几个方面:

(1)旅游吸引物调研。凡是能够吸引旅游者到来并能引发游客情趣的事物、事件或现象,均属旅游吸引物范畴。其数量和质量决定着旅游者对旅游目的地的选择。

(2)旅游设施调研。旅游设施是旅游企业或旅游目的地直接或间接向旅游者提供服务所凭借的物质条件,它又分为旅游服务设施和旅游基础设施两类。

(3)可进入性调研。可进入性是指旅游者进入旅游目的地的难易程度,表现为进入游览点、服务设施和参与旅游活动所付出的时间和费用。其调研内容包括交通工具和旅游目的地的交通基础设施条件、地方政策及旅游经营因素、签证手续的繁简、出入境验关程序、服务效率、旅游线路的编排与组织等。

(4)旅游服务调研。旅游服务是旅游产品的核心,其调研内容包括:售前服务(旅游咨询、签证、办理入境手续、财政信贷、货币兑换、保险等);售中服务(旅游活动过程中向旅游者直接提供食、住、行、游、购、娱及其他服务);售后服务(机场、港口、办理出境手续、托运、委托代办服务及旅游者回家后的跟踪服务等)。

(5)旅游企业形象调研。旅游企业形象是旅游企业经营的无形资产。旅游者对旅游产品或旅游目的地的评价和态度直接导致他们的购买决策。其包括理念识别系统、视觉识别系统和行为识别系统。

(6)旅游容量调研。旅游容量作为旅游地规划管理的一种强有力工具,保护环境免遭破坏,维持旅游景点的质量,客观上保证了旅游者在旅游地的体验质量。其调研内容包括旅游基本空间标准、旅游资源容量、旅游感知容量、生态容量、经济发展容量和旅游地容量等。

4.旅游市场营销调研

现代旅游营销活动是包括商品、价格、分销渠道和促销在内的营销组合活动,因此旅游市场营销调研也应围绕这些营销组合要素展开。

(1)旅游竞争状况调研。其调研内容包括:现实的和潜在的竞争者数量;竞争者所在地区及活动范围;竞争者市场占有率及市场覆盖率;竞争者的销售组织形式、规模与竞争实力;竞争者市场竞争策略与营销组合;竞争者销售渠道、宣传手段与广告策略;竞争者产品质量、数量、品种与价格;竞争者服务的种类、档次、质量、方式及其在旅游者心目中的声誉与形象;竞争者的缺陷以及未在竞争产品中体现出来的旅游者要求等。

(2)旅游产品调研。旅游产品是旅游企业一切经营活动的主体,旅游企业在确定旅游营销组合策略时,旅游产品和服务是其组合的前提。其调研内容包括:旅游资源与旅游设施相结合的旅游服务;资源的品位、级别以及旅游产品的特色、优势、风格、声誉、组合方式;提供给旅游者的优惠条件和付款方式;旅游产品的市场生命周期;旅游产品的市场占有率和销售潜力;旅游者对旅游产品或服务的评价和接受程度;旅游者购买或接受服务的频率;旅游者对旅游产品未体现出来的要求和意见等。

(3)旅游价格调研。旅游产品价格的高低与旅游需求息息相关,应随时摸清价格变动趋势及其对旅游者的影响情况。其调研内容包括旅游产品或服务的定价是否合理、旅游者的价格心理状态如何、旅游产品价格的供给弹性和需求弹性、各种旅游产品差价及优惠价空间是否合理、开发新的旅游产品如何定价等。

（4）旅游分销渠道调研。分销渠道的选择对旅游企业能否迅速打开销路、占领市场、降低营销费用有着十分重要的作用。其调研内容包括：旅游产品或服务销售渠道的数量、分布和营销业绩；现有销售渠道是否畅通；市场上是否存在经销此类旅游产品的权威性机构；市场主要的中间商销售渠道策略实施、评估、控制和调整情况及其对旅游产品的要求和条件等。

（5）旅游促销调研。旅游促销调研着重于促销对象、促销方法、促销投入、促销效果四个方面。其调研内容具体包括：促销对象的类型，促销信息源选择、信息发送方式与发送渠道；广告、销售促进、人员推销、公共关系等促销方式是否为促销对象所接受和信赖；促销投入预算；促销宣传的内容是否符合促销范围内的需求水平、知识水平和风俗习惯；促销能引起多少旅游者的兴趣，促销带给目标旅游者什么样的产品形象，是否产生购买欲望；促销后的旅游企业销售业绩；等等。

四、旅游市场营销调研的作用

旅游市场营销调研是旅游企业不断发展的基础，更是旅游企业制定长远性或阶段性规划的参考依据。其主要具有以下三方面的作用：

（一）有助于旅游企业捕捉新的市场机会、开拓新市场

旅游企业通过旅游市场营销调研，能够更好地把握市场需求，判断出市场上还有哪些未被满足的旅游需求，哪些客户群体尚未被开发，及时发现需求变化趋势，掌握市场动向，由此分析出旅游者的潜在需求和动机，从而发现市场机遇，开拓新市场。

（二）有助于旅游企业更科学地制订或及时调整营销计划

旅游企业通过营销调研信息的收集、整理、分析，能够较为客观、全面地掌握市场的需求情况，及时发现需求变化，把控整体的市场竞争态势，这有助于旅游企业及时发现已形成的决策失误，对营销计划进行及时、科学、有效的调整。

（三）有助于旅游企业管理者提高营销决策效率

旅游企业通过营销调研可以了解当前旅游业的发展状况，从而发现自身在营销中存在的或潜在的问题，同时根据营销调研得到的信息，提出解决方案，能够让旅游企业管理者提前发现行业危机，及时做出应对策略，提高决策效率。

第二节 旅游市场营销调研的程序

一般来说，旅游市场营销调研通常分为三个阶段：调研准备阶段、调研实施阶段、调研总结阶段。

一、调研准备阶段

在调研准备阶段,首先要明确旅游企业需要调研的问题,确定调研的目标。即弄清楚为什么调研、调研哪些问题、解决什么问题,进而确定调研目标、调研对象、调研内容及调研方法。

(一)确定调研问题及目标

旅游市场调研的重要前提是要明确调研问题和调研目标。旅游市场调研目标是指旅游市场调研活动所要达到的具体目的,包括旅游企业产品和服务问题、经营中出现的困难、市场竞争问题及未来发展方向等。为使调研目标明确具体,必须要考虑调研的目的、调研的内容、调研结果的用途等,从而为下一步调查工作的顺利进行奠定基础。

(二)确定调研计划

调研计划是整个调研工作的行动纲领,是保证市场调研取得成功的关键。调研计划是根据调研问题和调研目标来制定的,使调研工作能够有秩序、有计划地进行,起到保证旅游市场调研工作顺利开展的重要作用。调研计划主要包括调研的组织领导、调研工作要求、调研对象、调研的地区范围、工作排期和费用预算等。

二、调研实施阶段

调研实施阶段是整个市场调研过程中关键的阶段,对调研工作能否顺利完成起到至关重要的作用,因此要严格筛选调研人员,把控好整个调研过程,收集和整理好调研数据。调研实施具体将从以下几个方面展开:

(一)对调研人员进行培训

对调研人员培训,让调研人员明确和理解调研计划,掌握调研目标及调研方法和技术等相关基础和专业知识。调研人员要具备良好的沟通能力和语言表达能力,才能够与受访者建立良好的关系。

(二)探索性调研

探索性调研也叫非正式调研,是正式调研之前的预先测试。这一阶段的重点是对调研计划进行初步研究。可通过小范围简单测试,来帮助调研人员判断调研内容和调研路径是否合理,为实地调研作铺垫。

(三)正式调研

正式调研是调研方案的实施过程,要以调研计划和探索性调研为基础来进行,并选择合适的调研方法和收集信息方式。对旅游企业来说,市场调研活动收集信息通常是耗时最长、花费精力最多的环节。整个调研活动的效果与准确性、误差大小均直接与此过程有关。收集资料阶段的主要任务是系统地收集各种资料,同时也是调研者与被调研者进行沟通的阶段。收集资料阶段是唯一的现场实施阶段,是取得市场第一手资料的关键阶段,因此组织者要集中精力做好内外部协调工作;要依靠被调研单位或地区的有关部门和各级组织,争取支持和帮助;要密切结合被调研者的特点,争取他们的理解与合作;要使每个调研人员按照统一要求,顺利完成资料收集任务。

三、调研总结阶段

(一)调研资料的整理与分析

调研结束后,将收集到大量分散、零星的资料进行归档,去掉不合逻辑的内容,并加以编辑、整理、列示有关数据。对整理过的资料进行相关分析,从资料中提取与调研目标计划有关的信息,为市场分析研究提供系统化的资料。可从以下方面展开具体工作:首先是资料整理,需要对收集的资料进行审核、订正、编码、分类、汇总、展示。其次是鉴别资料,旅游市场调研所获得的大量信息资料往往是分散的、零星的、片面的,必须加以整理、分析和鉴别。鉴别资料的目的是消除资料中虚假的、错误的、短缺的内容,保证原始资料的真实、准确和全面。最后,对整理后的资料做统计分析和实证研究。

(二)撰写调研报告

调研报告是旅游市场营销调研的最终成果,也是制定旅游市场营销策略的重要依据。撰写调研报告要求对信息的分析要内容客观,重点突出,结构清晰完整,以便决策者使用。

第三节 旅游市场营销调研的方法

旅游企业在进行旅游市场营销调研过程中有多种收集资料的方法,在收集资料时为了保证所收集资料的针对性、准确性、时效性,要采取一些行之有效的方法。

一、旅游市场营销调研的方法

(一)文案调研法

文案调研法属于一种间接的调查法,又称资料分析法或室内研究法,是通过对已经存在的信息资料进行分析研究,获得调研成果的一种调研方法。调研者通过查阅、检索、筛选、收集各种历史和现实资料,经过分析与归纳,最终得到与调研情况有关的各种信息。

文案调研法具有以下优点:资料收集过程相对简单,工作组织简便,资料获取比较容易,成本较低,节省人力、时间和经费。

文案调研法具有以下缺点:不一定能满足调研者研究特定市场问题的数据需求;历史性数据和相关资料时效性不强,缺乏当下的数据和情况;资料的准确性与相关性也可能存在一些问题。

统计数据的资料来源主要包括:旅游企业内部积累的各种资料,如旅游报刊以及一些内部文件;国家机关公布的国民经济发展计划、统计资料、政策、法规等以及一些内部资料;旅游行业协会和其他旅游组织提供的资料,或旅游研究机构、旅游专业情报机构和咨询机构提供的市场情报和研究结果;旅游企业之间交流的有关资料;国内外公开出版物如报纸、杂志等刊登的新闻、报道、消息、评论以及调研报告。

(二)实地调研法

实地调研法需要旅游调研人员亲临现场,通过现场收集数据资料,获得原始资料。实地调研法也分为访问调研法、观察调研法、实验调研法。

1. 访问调研法

访问调研法是调研人员与被调研者直接接触的实地调研方法,通过访谈询问的方式向被调研者了解市场情况。调研人员通过将事先拟定好的调研问题以各种形式对被调研者进行访问,主要包括面谈访问、集体座谈、电话访谈、邮寄问卷等访问形式。按访问内容不同分为标准化访问和非标准化访问。标准化访问是根据调查问卷或调查表向被调研者访问,主要用于定量研究。非标准化访问是根据粗略的提纲自由地向被调查者访问,主要用于定性研究。

访问调研法具有以下优点:能够最灵活、最直接地获得被调研者的答复,了解被调研者的态度意向;调研资料的质量高;调研对象的使用范围广;便于进行深入的访谈;拒绝率低;访谈中可收集到一些预料外的信息。

访问调研法具有以下缺点:对调研者的要求较高;调研成本较高;调研周期较长;资料的收集容易受到调研者主观因素影响。

2. 观察调研法

观察调研法是指调研人员到各种现场进行观察和记录的一种市场调研方法。调研人员有组织、有计划地对研究对象进行观察,通过观察被调研者的行为表现及对客观事物表现出的真实状态,以获取信息资料。按观察的形式不同,观察调研法可分为直接观察法和间接观察法。

观察调研法具有以下优点:被调研者往往在不知不觉中被观察调研;不会干扰被调研者的行为,使被调研者处在自然和真实的状态,因此收集到的资料较为客观、可靠;灵活性强;调研成本相对较低;可迅速获取数据和信息。

观察调研法具有以下缺点:没有提问和解释的机会;只能获取表象资料,无法了解内在的信息,观察结果不利于量化统计;调研时间成本高。

3. 实验调研法

实验调研法是指调研人员将调研对象置于特定的控制环境之中,通过实验检验差异来发

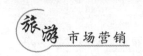

现变量之间的因果关系及其变化过程,并加以观察分析的一种调研方法。即从影响调查问题的许多可变因素中,选出一个或两个因素,让它们置于同一条件下进行小规模实验,然后对实验观察的数据进行处理和分析,确定研究结果是否值得大规模推广。

在使用实验调研法时,主要做法是固定其他变量,主动调整自变量后观察因变量的变化,从而得出自变量和因变量之间的因果关系。企业在经营活动中常常会运用这种方法,如旅游产品价格的变化对销量的影响、广告费用的增减对产品销量的影响等。

实验调研法具有以下优点:具有可控性和主动性;实验的结论具有较强的说服力;可以探索不明确的市场关系。

实验调研法具有以下缺点:时间长、费用成本高;实验难度系数大;实验的市场条件不可能与现实市场条件完全相同。

二、调研问卷设计

调研问卷的设计是统计调研中的关键环节,对调研数据的质量乃至分析结论都有重要的影响。调研问卷设计中的缺陷不仅会影响统计调研其他环节工作的顺利展开,甚至可能导致整个调查研究项目的失败。科学、严谨、周密的问卷设计是保证统计调研工作取得成功、调研分析结论具有较高价值的重要基础。而要设计出一份优秀的问卷,问卷设计者一方面需要具备广博的知识,另一方面还应注意遵循问卷设计的必要程序和原则,掌握问卷设计的一些基本技巧。

(一)调研问卷设计的步骤

1. 确定主题

弄清调研目的和调研结果的用途,并在对其全面分析的基础上,确定调研的主题,由此确定所要收集的信息资料的范围,以及调研问卷应侧重的调研方面、调研对象。

2. 明确形式

问卷一般分为封闭式问卷、开放式问卷、半开放式问卷和非结构性问卷四种类型。问卷形式要依据调研主题、调研方式、调研对象、分析方法而定。大部分问卷采用半开放式,即大多为选择题或是非题,最后可能设置一至两个开放性题目。

3. 编制问卷

在充分分析调研主题的前提下,拟定所要调研的项目,经过综合考虑,把各种与调研主题有关的内容一一罗列出来,并针对被调研对象的特征,将调研主题进一步分解成更详细的问题。问题可通过文献资料、专家讨论、小组讨论等方式获取。一份完整的问卷应包括问卷名称和编号、问卷使用说明和致谢、问句等。

4. 确定问句

根据实地调研时所采用的不同方法和通过每一个详细问题想要获取的不同信息,决定调研问卷所采用的问句类型、措辞和顺序。问句用词尽量简单、熟悉,避免含义模糊、生僻的词汇。调研的时间跨度不宜过大,且访问的内容要限于被访问者个人经验范围。问句不能带有倾向性和诱导性;确定问句类型之后,还要了解对谁提问,何处、何时提问;针对不同的调研形式和调研对象使用不同的问句措辞,力争具体、简明和重点突出。

对每一个具体问题及问句措辞,要认真编排,梳理其前后顺序,把被调研者感兴趣、容易回答并能调动其配合积极性的问句作为先导,难度大的问句宜放在问卷当中或末尾,同时要考虑整个问卷的逻辑层次性,以符合被调研者的思维方式,最后呈现出一份完整的问卷。

5. 专家审稿

问卷初稿完成后,需邀请相关专家针对问卷进行研讨,充分发表意见,起到集思广益的作用。最后,调研者依据专家们的修改意见,进一步完善问卷,提高问卷的科学性、完整性和适用性。

6. 问卷预试

预试的目的在于检查问卷的内容、结构、逻辑、用语等各方面是否需要修正,有时也用来评估问卷的信度和效度。通过在小范围内进行试验性调研,以查找问卷依然存在的问题。问卷预试一般采取面访的方式,不可只选择某一特殊群体做问卷预试,除非调研对象只有此特殊群体。进行预试时要详细记录受访者的状况,也可和受访者讨论问卷问题,看看是否有漏项或不易理解的地方。

7. 问卷定稿

通过预试问卷,针对问题做进一步修改并确认无误后,可进入定稿阶段。调研者通过对问卷进行最后修正,检视整份问卷的结构、形式、内容、空间分布和外观等,并检查是否有错别字,拟定问卷使用说明,注明注意事项等,确定后即可印制。

(二)调研问卷中问题与答案的设计

问题与答案是调研问卷的核心内容,包括调研所要了解的问题和回答问题的方式。因此这一环节设计的好坏和水平的高低,对整个问卷调研工作都会产生重要且直接的影响。

1. 问题与答案的类型

根据问题内容和调研目的的不同,问题与答案的设计可以有多种形式,其中最基本的形式有封闭式和开放式两种。

(1)封闭式问题,又称有结构的问答题,旨在提出问题的同时给出标准答案,让被调研者根据自己的实际情况在几个答案中做出选择。例如:您对此次入住的酒店是否满意?是( ) 否( )

封闭式问题的优点:能快速获取调研资料,便于统计分析数据;所提供的答案有助于理解题意,容易回答,可以避免出现被调研者在填写问卷时由于不理解题意而难以回答或拒绝回答

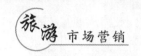

的现象;填写方便而且规范,便于汇总。

封闭式问题的缺点:由于提供选择答案限制了回答问题的范围和方式,因此得到的信息量有限,问卷难以对被调研者的态度做出详细、准确的判断,对所收集资料的质量难免会产生一定的影响。

(2)开放式问题,又称无结构问答题。开放式问题对调研者只提出问题,不提供任何可供选择的标准答案,被调研者可以自由回答。例如:您最喜欢景区的哪项游乐设施?为什么喜欢?

开放式问题的优点:被调研者可以相对自由地发表意见,形式相对灵活;内容比较丰富,甚至可以收集到意料之外的信息。

开放式问题的缺点:对被调研者的理解能力有一定的要求,可能会出现答非所问的现象;问卷的回收率较低;对资料的整理、分类容易造成困难。

2. 问卷设计中应注意的问题

问卷设计是一项十分复杂又需要耐心细致的工作,研究人员在进行此项工作时要反复推敲。设计问卷必须注意以下问题:

(1)问题的设计应紧紧围绕调查目的,并注意调研项目的可行性,可问、可不问或过于敏感的问题,一般应尽量避免。涉及被调研者的心理、习惯、个人隐私等不愿回答的问题,即使列入也难以得到真实结果。

(2)尽量避免需要大量回忆的问题。如"调查过去几年的个人信息"等此类问题。

(3)问题应明确和精确。不应提问过于宽泛的问题,被调研者的回答可能不统一,应避免会产生歧义的问题。

(4)避免逻辑错误。问题的备选答案应互相排斥并符合逻辑要求。

(5)提问的排列顺序一般是先易后难、由浅入深,敏感的问题放在后面。询问题目应按人们的思维习惯、逻辑顺序排列,或按照被调研者的兴趣、问题的难易程度排列,使被调研者易于回答、有兴趣回答。

(6)避免诱导性提问,问题中不应暗示着答案。

(7)问卷题目设计必须有针对性。对于不同层次的人群,应该在题目的选择上有的放矢,必须充分考虑受调研人群的文化水平、年龄层次和协调合作的可能性。

(8)问题数量应适宜。一份问卷中的问题不应过多或过少。过多容易让被调研者产生厌烦情绪,进而影响答案的准确性;过少则不能满足调研需求,信息得不到充分收集。中小规模的调研问卷,问题一般在20个左右,答卷时间在20分钟以内为宜。

第四节 旅游市场营销调研报告的撰写

一、旅游市场营销调研报告的概念

旅游市场营销调研报告是旅游市场营销调研活动结果的直接体现。它通过对某个问题的深入调研后,对获得的资料、数据进行分析、整理,把调研的结果利用文字、图表等方式表述出来,其目的在于展现旅游市场营销调研的成果,挖掘旅游市场信息内在规律、特点等,并将其传递给决策者和领导者,为管理决策提供依据。

二、旅游市场营销调研报告的特点

旅游市场营销调研报告具有以下特点:

(1)针对性。旅游市场营销调研报告应针对不同的调研目的和不同的使用者采用相应的格式撰写相对应的内容。

(2)时效性。旅游市场营销调研报告要及时、迅速、准确地反映、回答旅游市场中出现的新情况、新问题,突出"快""新"二字。

(3)科学性。旅游市场营销调研报告不仅仅是报告旅游市场客观情况,还要通过分析研究,寻找旅游市场发展变化特点、规律和趋势。这就需要撰写者掌握旅游市场的基本理论和分析方法,以得出科学的结论,这样调研报告才有指导意义和实用价值。

(4)创新性。旅游市场营销调研报告应总结出创新性的观点、结论,以增强调研报告的使用价值,突出前瞻性,以便更好地指导区域旅游和企业的发展。

三、旅游市场营销调研报告的作用

(一)市场调研报告是决策依据

市场调研报告是决策者和领导者进行重大决策的重要参考依据。在对信息资料分析的基础上形成决策者所需要的结论和对策建议,是市场调研主体最关心的部分,具有辅助决策的功能。决策者需要的不是通过市场调研收集到的大量信息资料,而是这些市场信息资料所蕴含的市场特征、市场规律和发展趋势等内在信息。调研报告包含了一系列意义重大的市场信息,决策者在研究问题时,往往以调研报告作为参考。

(二)市场调研报告是调研的成果总结

调研报告应对已完成的市场调研做出完整而准确的表述,这就要求调研报告将背景信息、调研方法及评价等内容以文字、表格和形象化的方式来展示,以得出调研结果、调研结论和建议等。

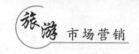

(三)市场调研报告可衡量调研活动的质量

尽管市场调研活动的质量体现在调研活动的策划、方法、技术、资料处理等整个过程之中,但调研活动的结论和论断对衡量调研质量来说无疑也是很重要的。

(四)市场调研报告具有历史价值

当一项市场营销调研活动完成之后,市场营销调研报告就成为该项目的历史记录和证据。作为历史资料,它有可能被重复使用,从而使其使用效果扩大。

四、旅游市场营销调研报告的要求

(一)正确简洁的表达

调研报告作为决策依据,主要使用者是领导者和决策者,他们关心的是市场调研的结果和结论。调研报告要将调研过程中所得结论清晰明了地表现出来,要有明确的主题,内容要简明扼要、条理清晰。报告应该图文并茂,制作精美,图表应该有标题,对计量单位要清楚说明,对所有的数据资料要注明来源。

(二)灵活的图表运用

在调研报告的正文中穿插图表是一种行之有效的方法。图表是一种较文字更直观的传递和表达信息的工具,但是应该注意,图表越复杂,传递信息的效果就会越差。在调研报告中要注意一些常用图表的使用,如柱状图、条形图、饼状图、曲线图,其中柱状图和饼状图用得最多。在用图表表达数据时,要注意一些细节的处理。比如:使用柱状图和饼状图时,柱体之间的距离应小于柱体本身;在说明文字较多时,用饼状图表示更清晰,便于读者辨认;在使用饼状图时,在标明数据的同时应突出数据的标志;对于一些较长、较宽的表格,可以附录形式表现。

(三)完整的主体内容

调研报告是对旅游市场营销调研的完整总结,从调研活动的策划设计开始,包括资料和数据的收集、分析、整理,以及所得结论和提出对应的对策和建议等。调研报告是旅游市场调研的具体体现,在报告中应该陈述调研的动机、目标、结果、结论和建议,在兼顾完整的同时,要简略得当,重点突出。

(四)多样的表现方式

尽可能采用多种形式发布调研报告,常用的形式是传统的文字报告。除了文字报告之外,也可利用PowerPoint等手段,这样可以更直观、明了地展示出调研结果。

五、旅游市场营销调研报告的结构

旅游市场营销调研报告的结构如下:

(1)封面。封面主要包括报告题目、完成时间、完成部门等。

(2)目录。目录须标明标题及页码,以方便阅读者快速找到主要内容。

(3)摘要。摘要须言简意赅地概括调研内容和结果,以便阅读者快速了解报告的核心内容和重要结论。

(4)前言。前言主要说明本次旅游市场营销调研所研究的问题、调研目标、调研对象、调研方法、调研时间、调研地点以及调研人员的情况。

(5)正文。正文是调研报告的主体,包括对调研问题的研究结果及分析。

(6)结论与建议。在调查结果的基础上,得出主要结论,结合企业自身情况明确所拥有的优势和面临的困难,并提出下一步工作的建议和对策。

(7)附录。附录是在调研报告的主体部分之后,对调研报告主体部分的补充和说明,一般包括调查问卷、抽样名单、相关的统计表格、计算过程与结果等。

案例拓展 5-1

探秘红色旅游发展现状——红色旅游市场调研报告

一、调研背景

红色旅游主要是以中国共产党领导人民在革命和战争时期建树丰功伟绩过程中所形成的纪念地、标志物为载体,以其所承载的革命历史、革命事迹和革命精神为内涵,组织接待旅游者开展缅怀学习、参观游览的主题性旅游活动。习近平总书记强调:"发展红色旅游要把准方向,核心是进行红色教育、传承红色基因,让干部群众来到这里能接受红色精神洗礼。"

近年来,随着经济不断发展,人民物质生活水平不断提高,对精神层面的需求不断增长。文化和旅游部经过调研指出:2020年我国红色旅游出游人数超过1亿人次,2021年红色旅游搜索热度较2020年同期增长176%。但是在红色旅游发展的同时也伴随着许多问题,基础设施不完善,景区人流量大,超负荷运转,大多数红色旅游景点集中分布在个别省市。根据中国红色旅游消费大数据报告(2021)显示,红色旅游热度飙升省份前10名分别为:北京316%、湖南202%、吉林196%、湖北181%、上海151%、江西142%、辽宁130%、山东128%、福建110%、山西88%。面对这些问题,红色旅游发展受到很大制约和限制。面对重重问题,红色旅游是如何在众多旅游行业中脱颖而出的呢?

二、调研过程

本次调研采用匿名的问卷调研形式,共收集调研问卷152份,其中有效样本150份,样本有效率为98.68%。

1. 调研目的。提供红色旅游的竞争优势;加强人们对红色旅游的认识,使其了解革命历史、学习革命斗争精神;增加红色旅游的可行性。

2. 调研人员。刘××,主要职责是问卷制作、数据收集、整理分析。

3. 数据来源。问卷调查、中国统计局官网。

4. 调研时间及地点。3天,吉林财经大学和网络虚拟平台。

三、数据分析

1. 学历越高的人群更加青睐于红色旅游

调研结果显示,学历越高的人群更加青睐于红色旅游,即学历为大学本科的旅游群体已经成为对红色旅游偏好度最高的细分人群,占比80.49%,研究生及以上占比9.76%,而高中学历占比6.1%,小学占比1.22%。通过调查研究分析发现,其中本科学历及以上的人群占比达90.25%。学历越高的人群生理需求和生存需求大多已得到满足,所以更加专注于精神层面的需求。

2. 追求进步的人群更加注重红色旅游

调研结果显示,政治面貌越高的人群越注重红色旅游。群众参与红色旅游的人数仅占21.84%,其余分别为中共党员以及预备党员和各民主党派、共青团员。通过数据分析发现,共青团员占52.87%,中共党员及预备党员占24.14%,各民主党派占1.15%。对此数据进一步分析发现,由于在本科阶段入党的机会少,故共青团员数量较多,党员以及预备党员数量较少。各民主党派在社会阶层中本就属于少数群体,故数据合理。

3. 红色旅游的主要动机

调研数据显示,超过半数的红色旅游旅游者进行红色旅游的目的是缅怀先烈(50%),也有不少旅游者是为了勉励自己(30%)和教育后人(10%),而欣赏自然风光(6.25%)和其他原因(3.78%)的人数较少。对于缅怀先烈的旅游者更多注重的是铭记历史,坚持不忘初心,牢记使命。这类人有坚定的理想信念。深刻认识到没有任何一支政治力量能像中国共产党这样,为了民族复兴、人民幸福,不惜流血牺牲,努力奋斗,团结亿万群众不断走向胜利,同时以自我革命的精神全面推进党的建设的新的伟大工程,不断增强党的政治领导力、思想引领力、群众组织力、社会号召力,努力使党始终成为中国人民最可靠、最坚强的主心骨。

4. 红色旅游的主要阻碍因素

调研结果显示,32%的人因为时间原因及17%的人因为收入的原因没有参与红色旅游,同时近半数人因为人流量大(17%)以及当地基础设施(17%)和配套设施(11%)不完善而望而却步,还有6%的人因其他原因没有选择。由于假期是出行人流量的高峰期,且部分红色旅游区因为发展原因造成自身旅游者承载能力较弱,配套建设没跟上,基础设施不完善,从而阻碍了红色旅游的发展。

四、结论和建议

1. 红色旅游应该扩大目标市场范围,深挖红色文化内涵

红色旅游应该扩大目标市场的范围,提高红色旅游的附加值。加强对潜在消费群体的宣传,激发潜在消费群体参与红色旅游热情,增加革命情怀。目前大部分红色精神内涵的传达还处在较浅层次,红色资源价值转化形式的生动性与丰富性不足。应抓住不同人群现有的资源优势更好地宣传红色旅游,鼓励基层党组织、优秀党员甚至是普通群众加入红色旅游志愿者队伍。村镇的青年学生要担当起红色文化的弘扬者、传播者并保护红色遗迹,同时要发挥村民集体的独特优势,结合自身条件发展创新,发展关联产业,改变单一收入结构,增强红色旅游收入的多元化和稳定性。同时加强爱国主义教育,通过游览革命圣地,走进博物馆、爱国主义教育基地等方式,使旅游者最真切地感受红色文化。

2. 红色旅游应该丰富营销组合模式,强化融合发展

增加营销方式,尽管存在由于时间紧张无法进行红色旅游的人群,但是仍然存在大量因为对于红色旅游不了解从而没有开展过红色旅游的人群,对此应该开通多渠道的宣传媒介。例如可以通过在公共交通工具上进行宣传,以及在人流量较大的地方张贴宣传标语,或者通过短视频推送,加强人们对红色旅游的了解并保持深刻印象,从而激发人们在工作学习之余前往参观游览的意愿。开展"红色+乡村和城市旅游",依托现有资源与红色旅游有机结合,开发红色文化体验小镇、红色文化创意项目等。同时培育、推广红色产品独特品牌,推动红色产业综合蓬勃发展。开发"红色+研学旅行",在实现素质教育的同时,推动研学旅游,进而带动经济社会综合发展,并且以年轻人喜闻乐见的接受方式传递红色知识,将当地红色旅游拓展成为红色研学基地。

3. 红色旅游应该完善基础设施建设,共创环境友好

由于历史及性质原因,红色旅游革命遗址遗存大多分布在交通不便的偏远山区和农村地区,当地经济相对薄弱,收入来源单一,基础设施建设较弱。地方政府和红色旅游景区的管理者应充分利用各项优惠条件,深度挖掘当地红色旅游的独特资源,对外招商引资,完善景区的基础设施建设,提高服务质量,从而吸引更多游客。同时在环境保护方面坚持国家要求,做到经济环境两手抓,既要完善基础设施吸引更多的旅游者,又要做到环境保护,走可持续发展之路。这不仅能为红色旅游景区周边群众提供更好的生产生活条件,还能扩大消费群体,增加红色旅游景区和周边群众的经济收入。(资料来源:刘祥超.营销X计划微信公众号,2023-07-11.)

第五节 旅游市场预测

一、旅游市场预测概述

(一)旅游市场预测的概念

旅游市场预测是指在旅游市场营销调研的基础上,依据旅游市场过去和现在的状况、发展特点,运用科学有效的方法和经验,对未来旅游市场的发展变化趋势以及相互联系的各种因素进行分析和判断的过程,为旅游企业市场营销决策提供可靠的依据。

(二)旅游市场预测的作用

旅游市场预测是旅游企业经营的前提,以及科学制定旅游发展战略和市场营销决策的依据。

旅游市场预测有利于提高旅游企业及其产品的竞争力。随着旅游市场的进一步发展,竞争会越来越激烈,旅游企业只有通过准确的预测,掌握旅游市场需求的变化、竞争者的状况及发展趋势,才能不断增加销量,提高市场占有率。

旅游市场预测有利于减少旅游企业经营的盲目性,降低经营风险。通过市场预测,旅游企业可以了解产品供给和需求发展的趋势,推出适销的产品,避免盲目生产,降低风险。

旅游市场预测有利于促使旅游企业了解旅游者的最新需求。旅游企业任何一种产品都有生命周期,通过预测可以了解产品目前所处阶段,便于企业采取相应措施,及时进行产品更新换代,不断以新产品来满足旅游者的需求。

(三)旅游市场预测的分类

1. 按预测方法的性质划分

按预测方法的不同性质,旅游市场预测可以分为定性预测、定量预测、定性与定量相结合的预测三种方法。

定性预测即对旅游市场属性的预测,是旅游预测人员或者旅游行业专家根据自身的经验、知识和综合分析能力,通过对有关资料的收集、筛选、分析与推断,对预测对象的未来发展趋势做出性质和程度上的估计、判断和推测。

定量预测是根据市场发展的历史数据,以大量数据资料为基础,运用统计方法和数学模型,对旅游市场的未来变化趋势进行数量测算。

定性与定量相结合的预测,即在分析过程和结果上综合运用上述两种预测方法。

2. 按时间长短划分

按预测期的长短,旅游市场预测可分为近期预测、短期预测、中期预测、长期预测四种。

近期预测通常是指一周至一季度的预测,适用于产品生命周期短、市场需求变化快的旅游产品。

短期预测通常是指一年以内对有关季度或月份的情况变化进行预测,使旅游企业及时调整营销战略,迅速适应旅游市场需求的变化。该方法适用于市场需求变化较快的旅游产品。

中期预测通常是指一至五年内有关情况变化的预测,适用于生产周期较长的旅游产品。

长期预测通常是指五年甚至十年以上有关情况的发展趋势预测,是对战略性决策的预测,多半适用于市场需求较稳定的旅游产品。

3. 按预测的范围大小划分

按预测的范围大小,旅游市场预测可以划分为宏观市场预测和微观市场预测。宏观市场预测是指对整个经济环境或者旅游市场的预测;微观市场预测是指对某一部分旅游市场的预测,为旅游企业营销决策提供依据。

二、旅游市场预测的内容

根据旅游市场预测目的的不同,预测内容包括以下几个方面:

(一)旅游市场环境预测

旅游行业是一个对客观环境依赖性较强的行业,因此在做出经营决策之前,需要对地区、国内乃至国际的政治、经济、社会的形势和产业机构变化趋势做出估计和判断,借此预测地区、国内、国际的旅游业发展趋势。

(二)旅游市场需求预测

旅游市场需求预测是指在预期的营销环境和营销努力下产生的对旅游市场需求的估计。旅游市场需求预测的主要内容包括市场需求总量预测、客源构成预测、需求层次结构预测等。

1. 旅游市场需求总量预测

旅游市场需求总量预测是指在一定区域和一定时间范围内,旅游者可能的最大购买力总量及相应的购买力投向,即旅游企业在一定时期和条件下可能达到的最大销售额。

2. 旅游客源预测

旅游客源预测是指预测旅游客源在各个方面的变动情况,包括旅游者数量变化、季节变化、地区分布状况、结构构成变化和旅行游览时间变化等。

3. 旅游需求结构预测

旅游需求结构预测是指旅游者在游览过程中在各个方面开销的分配情况。旅游者在吃、住、行、游、购、娱等六方面的消费变化,直接影响着旅游市场需求潜力和旅游产品的销售。

(三)旅游市场供给预测

旅游市场供给预测也称旅游容量或旅游承载力预测,主要是对旅游资源与旅游设施发展趋势的预测,是旅游市场预测的重要组成部分。旅游容量包括旅游资源容量、旅游生态容量、旅游地社会容量等。旅游景区或旅游企业应准确测定旅游地的既有旅游容量和极限容量,从而争取最大限度地发挥旅游资源的接待能力,并将旅游景区的接待量维持在一个合理的范围内,避免影响旅游者的旅游体验。

(四)旅游价格和效益预测

1. 旅游价格预测

在不同时期,对于不同人群,各种旅游产品对价格的需求弹性各异,旅游企业必须综合预测旅游价格。旅游市场的价格大多是不断波动的,这种波动是旅游市场中各种因素互相作用的综合体现。一般而言,旅游产品价格上升,其需求量就会减小,旅游产品价格下降,其需求量就会增大。因此要及时发现旅游市场中各种因素的变化,以及这些变化对旅游市场需求带来的影响。

2. 旅游效益预测

旅游效益预测包括旅游市场占有率预测和旅游收益预测。旅游市场占有率预测,是指旅游企业对旅游产品的销售量占该产品市场总销售量比重的预测。对它的预测,一方面可以预测本企业的销售量,另一方面可以预测竞争对手的实力以及本企业在旅游行业中的竞争力和所处的地位,以便掌握市场竞争动态,从而采取相应的市场竞争策略。旅游效益预测,是指旅游企业通过对营销成本和利润的预测,了解旅游收入的数量、构成与收入水平,反映旅游经济活动的成果。旅游效益预测包括经济效益、社会效益和生态效益,有助于提高旅游企业经营管理水平,并为其进行营销决策提供依据。

三、旅游市场预测的步骤

旅游市场预测要遵循科学的程序,其包括以下步骤。

(一)确定预测目标

确定预测目标是进行预测工作的前提,即明确该项预测工作的目的、对象、范围、时间、指标及其精确度。在确定预测目标时,应注意避免制定不切实际或者空泛的目标,要明确针对何种问题或者何种产品进行何种预测,解决何种问题。

(二)收集和整理有关数据、资料

通过市场调查,系统收集和整理有关历史和现状的数据、资料以及各种内外部信息,并根据预测目标和预测计划对其进行分析。在整理和分析统计资料时,应首先分辨哪些资料可以利用,哪些资料不可利用。其次,应当分辨哪些是可控因素所导致的变化,哪些是不可控因素所导致的变化,并尽可能排除因偶然因素造成的不正常数据,以保证预测的质量。

(三)选择预测方法

选择预测方法时,要综合考虑预测目标、时间界限、准确程度及成本效益等因素,并结合已经收集到的资料来选择预测方法。同时应当注意根据所需解决的预测问题和预测精度以及预算费用来选择合适的预测方法。

(四)提出预测结果和修正误差

根据选择的方法进行预测,并提出预测结果。预测得出的结果可能会有误差,为了避免不准确的预测结果给旅游企业经营决策带来负面影响,还需要对预测结果进行误差分析,并根据情况及时修改预测模型或改用其他预测方法。同时根据旅游市场最新发展动态和信息,对原预测结果进行修正和调整。

(五)撰写预测报告

撰写预测报告即对预测结果进行文字说明,可采用图表与文字结合的表述方式,满足使用者的需求。

四、旅游市场预测的方法

旅游市场预测的方法是在旅游市场调研的基础上对预测目标进行定性和定量分析、测算和推断等方法的总称。按预测方法的不同性质,旅游企业市场预测可分为定性预测和定量预测两种。

(一)定性预测法

定性预测法也称判断预测法或主观资料预测法,指预测人员依靠实践经验、专业水平和综合分析能力,通过对挖掘的有关资料的分析与推断,对旅游企业发展前景的性质、方向和程度作出估计、判断和推测。定性预测法简单明了,其准确程度取决于预测者的经验、理论、业务水平、掌握的情况和分析判断能力。常用的定性预测法有以下几种:

1. 经验估计法

经验估计法是指与预测内容有关的经验估计人员根据自身的经验进行旅游市场预测的方法。经验估计人员一般由经营管理人员、业务人员、销售人员、消费者构成,凭借他们所拥有的知识、经验、信息与综合判断能力对旅游市场进行预测和判断。

(1)经验估计法的优点:预测结果比较准确可靠、预测成本低、对市场的变动较为敏感。

(2)经验估计法的缺点:对市场变化了解不深入,受销售人员情绪和利益的影响比较大,预测结果有一定局限性。

2. 头脑风暴法

头脑风暴法又称畅谈法、集思法，是指主要利用集体的思考，通常采用会议的方式，引导每个参加会议的人员围绕中心议题广开言路，激发灵感，在自己的头脑中掀起"风暴"，毫无顾忌，畅所欲言地发表独立见解，形成创造性思维的一种方法。采用头脑风暴法时，要集中有关专家召开专题会议，主持者以明确的方式向所有参与者阐明问题，说明会议的规则，尽力创造轻松融洽的会议气氛，由专家们"自由"提出尽可能多的方案。

(1) 头脑风暴法的优点：通过大量的信息交流，产生思维碰撞，进而激发创造性思维，能在短期内得到创造性的成果，考虑的预测因素多，获取的信息量大，提供的思路方案也较全面和广泛。

(2) 头脑风暴的缺点：对表达能力有一定的要求，易受表达能力和心理因素的影响，导致随波逐流。

3. 德尔菲法

德尔菲法也叫专家调查法，是指以匿名方式向一组专家轮番征询意见，将专家们对未来的分析判断汇总整理，经过多次反复征询意见最终取得趋于一致的结果的预测方法。采用德尔菲法预测时，调查者针对某些问题向专家们进行咨询，采用匿名问卷调查形式，专家们依据其专业知识、实践经验对事物进行评估、分析、预测、判断，从而得出意见。德尔菲法一般用于预测旅游营销环境中的重大变化，以及用于预测旅游新产品或新市场的开发方向。

使用此方法要特别注意三个方面——匿名性、反馈性、趋同性。匿名性要求对被选择的专家要保密，不让彼此沟通，避免受权威、资历等方面的影响。反馈性要求进行一轮一轮的持续反复，即一般征询调研要进行3～4轮。趋同性要求在经过数轮征询后，直至各位专家在彼此不受影响的前提下，其意见相对收敛，趋向一致；一旦有个别专家的观点与众不同，则要求其详细说明理由。

(1) 德尔菲法的优点：专家不集中开会，彼此也不知道都有哪些人参与，避免受到他人意见的干扰。

(2) 德尔菲法的缺点：整个调查过程历时较长，在选择合适的专家方面存在难度，项目主持人对每一轮调查结果所做的汇总和评论可能会出现认识偏颇。

(二)定量预测法

定量预测是指在已掌握的大量历史统计数据的基础上，将过去的旅游市场历史资料和数据按时间顺序加以排列，构成一个数字序列，运用一定的数学方法进行科学的加工整理，根据其动向揭示有关变量之间的规律性联系。该方法用于预测和推测旅游企业未来发展变化情况，其通常有以下几种：

1. 加权算术平均法

加权算术平均法是指利用过去若干个按时间顺序排列的同一变量的观测值并以时间顺序

数为权数,计算出观测值的加权算术平均数,以这一数字作为未来期间该变量预测值的一种趋势预测方法。加权算术平均数的计算公式如下:

$$Y = \frac{\sum(y_i \times w_i)}{\sum w_i}$$

式中:Y 为预测值;y_i 为各观测值;w_i 为各观测值的对应权数。

2. 移动平均法

移动平均法,是指利用过去若干期的实际数值计算其平均值,并将这一平均值作为预测期的预测值。所谓"移动",是指预测值随着时间的不断推移,计算的平均值也在不断向后顺延。移动平均法,即在掌握 n 期资料的基础上,按照事先确定的期数逐期分段计算 n 期的算术平均数,并以最后一个 n 期平均数作为未来 $n+1$ 期预测值的一种方法。

移动平均法一般适用于短期预测。由于旅游需求存在季节性波动现象,因此在同一年份中不宜采用移动平均法。为了尽量排除季节性波动对预测结果的影响,在预测某一时期或月份的营业量时,可以借助过去几年中的历史数据。

移动平均法的优点是简便易行,计算简单;缺点是未考虑其他因素发生变化对预测结果的影响。

3. 指数平滑法

指数平滑法也称指数加权移动平均法,是指以一个指数的过去变化趋势来预测未来的一种方法。即在综合考虑有关前期预测值的基础上,利用事先确定的平滑指数预测未来值。通常来说,对未来进行预测时,考虑到近期资料比早期资料的影响大,因而对不同时期的资料赋予不同的权数,越是近期的资料权数越大,反之权数越小,最后计算出的加权移动平均值作为预测数。

指数平滑法一般适用于短期和近期预测,不适用于中、长期预测。其优点是容易理解和掌握,简便易行;缺点是易忽略事物发生变化的因果关系,例如不能反映旅游需求的季节性波动问题。

指数平滑法的计算公式如下:

$$Y_t + 1 = aX_t + (1-a)Y_t$$

式中:Y_t+1 为预测值;X_t 为第 t 期的实际数据;Y_t 为第 t 期预测值;a 为平滑系数。

4. 季节分析法

季节分析法是指将季节波动从趋势波动中分离出来,对季节指数进行比较分析,以增强企业经营计划的科学性。季节波动是指一年的时间序列内市场和销售的变化。它主要由气候变化、法定假日、风俗习惯等引起,并产生一年内的需求波动,且这种波动又年复一年地重复出现。

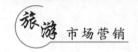

5. 回归分析预测法

回归分析预测法是指在分析市场现象自变量和因变量之间相关关系的基础上,建立变量之间的回归方程,并将回归方程作为预测模型,根据自变量在预测期的数量变化来预测因变量的变化。回归分析预测法是一种重要的市场预测方法。当对市场未来发展状况和水平进行预测时,如能找到影响市场预测对象的主要因素,并能够取得数量资料,可以采用回归分析预测法进行预测。

依据自变量和因变量之间相关关系的不同,回归分析预测法可分为线性回归预测法和非线性回归预测法。依据相关关系中自变量个数的不同,回归分析预测法可分为一元回归分析预测法和多元回归分析预测法。

回归分析预测法的步骤一般为:第一,根据预测目标,确定自变量和因变量;第二,依据自变量和因变量的历史统计资料进行计算,在此基础上建立回归分析预测模型;第三,进行回归分析,即对具有因果关系的自变量和因变量进行数理统计分析处理;第四,检验回归预测模型,计算预测误差;第五,计算并确定预测值。

本章小结

1. 旅游市场调研是一种营销管理工具,它通过运用科学的方法和手段,有针对性、有目的地收集、记录、整理、分析和总结与旅游营销活动有关的信息,对旅游目标市场的问题加以分析调查,掌握旅游市场的现状和发展趋势,从而向旅游企业管理者提供有关旅游者及市场行为的精确而丰富的资料,为旅游企业经营决策提供依据,提高旅游市场营销的针对性和效果。依据调研目标的不同,旅游市场调研分为探索性调研、描述性调研、因果性调研、预测性调研。

2. 旅游市场营销调研主要包括企业外部调研和企业内部调研。

3. 一般来说旅游市场营销调研通常分为三个阶段:调研准备阶段、调研实施阶段、调研总结阶段。

4. 旅游企业在进行旅游市场营销调研过程中有多种收集资料的方法,主要有文案调研法、实地调研法等。

5. 旅游市场营销调研报告的目的是为展现旅游市场调研的成果,挖掘旅游市场信息内在规律、特点等,并将其传递给决策者和领导者,为其进行管理决策提供依据。

6. 旅游市场预测,指根据旅游市场过去和现在的状况、发展特点,利用已有知识、预测技术和经验,对影响旅游企业市场变化的各种因素进行研究、分析、判断和估计,以掌握市场发展变化的趋势和规律。旅游企业市场预测的内容很多,每一个影响旅游企业正常经营的因素都可以成为旅游企业预测的对象。旅游市场预测包括旅游市场环境预测、旅游市场需求预测、旅游容量预测、旅游价格和效益预测。

核心概念

旅游市场营销调研　旅游市场营销调研报告　旅游市场预测

课后思考题

1. 旅游市场营销调研的类型有哪些?
2. 旅游市场营销调研的内容主要有哪些?
3. 旅游市场营销调研有哪些作用?
4. 旅游市场营销调研包括哪几个阶段?
5. 旅游市场营销调研的方法有哪些?分别有什么优缺点?
6. 旅游市场营销调研问卷的设计要经过哪几个步骤?
7. 旅游市场营销调研报告的特点有哪些?
8. 旅游市场营销调研报告有哪些作用?
9. 旅游市场营销调研报告有哪些具体要求?
10. 旅游市场营销调研报告结构有哪些具体要求?
11. 旅游市场预测有哪些作用?
12. 旅游市场预测的分类有哪些?
13. 旅游市场预测的内容包括哪些方面?
14. 旅游市场预测分为哪几个步骤?
15. 旅游市场预测的方法有哪些?

第六章 旅游市场细分与目标市场选择及定位

现代市场营销理论中,市场细分(market segmentation)、目标市场选择(market targeting)、市场定位(market positioning)是构成企业营销战略的核心三要素,被称为 STP 营销。旅游企业经营成败的关键在于能否进行市场细分,并选定经营的目标市场,进行准确的市场定位,以便制定有效的市场战略。

第一节 旅游市场细分

企业市场营销的关键是找到目标市场,对于旅游企业来说也是如此,而寻找目标市场的前提是对市场进行明确的细分。因此,市场细分是旅游企业开展市场营销的基础和前提,在旅游市场营销中占据着重要地位。

一、旅游市场细分的概念

(一)市场细分

市场细分,又称市场分割或市场划分等,是指营销者通过市场调研,依据不同消费者的人员特征、需求和购买习惯等差异,将消费者市场划分为若干不同消费群体的工作过程。每一个消费者群体就是一个细分市场,每个细分市场都是由具有类似需求倾向的消费者构成的群体。

市场细分理念最初是由美国市场学家温德尔·史密斯于 20 世纪 50 年代中期提出。市场细分在本质上并非是对整体市场的数量规模或地域范围进行划分,而是一种对不同消费者按照需求特征的相似性与差异性进行分类。整体市场进行细分后,不同细分市场之间消费者的需求欲望和对营销的反应也有明显的差异;而在同一细分市场中,消费者的需求特征相对一致。因此,市场细分以市场需求的相似性和差异性为客观基础。

(二)旅游市场细分

旅游市场细分是指旅游市场营销者把需求方按一种或几种因素加以分类,使分类后的市场在一个或几个方面具有相似的消费特征,以便旅游企业用相应的营销组合尽可能地满足不同消费群体的需求。换言之，旅游营销者根据旅游者对旅游企业产品或服务需求的差异性，将异质市场划分为若干个具有相同需求的亚市场，进而让旅游企业能有效地分配和使用有限资源。

由于旅游是一种综合性很强的高层次消费活动，因此旅游市场属于典型的异质市场。随着社会经济文化的发展，旅游活动内容也在不断丰富，旅游市场的异质程度还将进一步提高。旅游市场具有非常鲜明且仍在发展的异质性特征，同时其异质性特征又表现出明显的集群偏好，这正是旅游市场细分非常明确的客观基础。旅游市场细分和其他类型的市场细分一样，不能仅凭主观意愿来划分，而是要遵循科学、客观的标准和过程来划分。

从标准上来看，不同的旅游者的消费特征具有差异性，因而对旅游产品的种类、价格、数量、规格以及购买行为和购买动机都会有所不同。通过市场细分，旅游市场消费者的消费特征会更加鲜明，有利于旅游企业制定合理有效的营销策略。

从过程上来看，旅游市场细分是一个"先分后和"的过程，即从复杂的旅游者群体中找出相同的特征，加以归类，施以相应的营销措施，以便旅游企业面对整体市场能将有限的生产能力充分地发挥出来。

从目的上来看，旅游市场细分能使旅游企业现有的生产能力和产品特征最大程度地满足旅游者的需求，以此实现旅游企业的经营目标，进而保持和提高旅游企业的市场占有率。

二、旅游市场细分的作用

旅游市场细分是分析旅游消费需求的一种手段，更是选择目标市场的可靠依据，不仅有利于旅游企业的日常经营管理，还能帮助旅游企业发现目标旅游消费群体的需求特性。旅游市场细分还有以下作用：

(一)有利于旅游企业捕捉市场机会

由于旅游企业固有的客观局限性和旅游产品的差异性，旅游企业在市场上取得的优势都是相对的、暂时的，而非绝对的、永恒的。通过市场调研和细分，旅游企业可以有效了解不同旅游消费群体需求的满足程度，进而分析旅游市场竞争状况，发现那些尚未被满足或未被全部满足的潜在旅游需求，以此来制定营销策略，迅速占领市场，扩大市场占有率，赢得市场主动权。

(二)有利于旅游企业制定或调整旅游营销策略

旅游企业通过市场细分，可以更直观、系统、准确地了解目标市场的需求，及时掌握旅游市场的特征、变化及竞争状况，进而针对各目标市场制定不同的经营方案，以满足目标市场要求和旅游者不断变化的旅游需求。同时，旅游企业可以针对不同的细分市场制定独具特色的市场营销组合策略，并根据旅游者对各种营销因素的反应，及时调整旅游企业的产品、价格、渠道及促销手段，以便更好地满足目标市场上旅游者的需求。

(三)有利于旅游企业提高市场竞争力

旅游企业通过市场细分了解到旅游市场的消费特征之后,可以集中力量对一个或几个细分市场进行市场营销,突出旅游企业产品和服务特色,制定灵活的竞争策略,提高旅游企业的市场竞争力。同时,旅游企业根据市场需求状况,集中企业有限的人、财、物、时间、空间和信息等资源,优化营销资源配置,提高经济效益。

三、旅游市场细分的原则

旅游市场细分必须符合以下原则:

(一)可衡量性原则

可衡量性原则要求,各细分市场的需求特征、购买行为等能够被明显地区分开来,各细分市场的规模和购买力大小等能够被具体测定。其主要包括两层含义:一是所选择细分旅游市场的标准能够被定量地测定,明确划分各细分市场的界限;二是所划分出来的旅游消费群体必须具有某些清晰可辨的共同特点,所选择的细分标准要与旅游者的某种或某些旅游购买行为有必然联系,这样才能使各细分市场的购买行为特征被明显地区分开来,有效针对不同细分市场制定营销组合提供实际可能,这也是市场细分的根本意义所在。

如果旅游市场的某些特征或因素难以识别或某些细分变量难以衡量,导致细分市场无法界定,那么旅游企业也无法据此制定针对性的营销战略。因此,旅游企业应选择可识别、可量化的数据来描述细分市场中旅游者的一些购买行为特征,如年龄、收入、受教育程度等,尽量避免使用带有较强主观色彩的变量。

(二)可进入性原则

可进入性原则要求,旅游企业能够通过已有的各项资源和营销能力使旅游产品有条件进入所选定的细分市场,从而占据一定的市场份额。即旅游企业能够通过有效的媒介和促销手段,把产品信息传递给选定细分市场上的潜在旅游者,使旅游产品能被购买。其具体包括两层含义:一是可接近原则,客观上要有接近的可能。即旅游企业营销者要有与客源市场进行有效信息沟通的可能,同时还要具有畅通可达的销售渠道,这对于具有异地性特征的旅游市场尤为重要。二是可行动原则,主观上要有能开发的实力。即旅游营销者要有吸引和服务相关细分市场的实际操作能力,否则再有吸引力的细分市场也没有意义。

如果细分市场难以进入,那么旅游产品就难以对旅游者产生影响。与此同时,也要考虑旅游企业的资源、竞争力等能否获取该旅游细分市场足够的信息,以及在政治、法律方面是否存在障碍,并通过实施市场营销组合策略,使旅游产品及服务通过一定的渠道进入目标市场。

(三)可营利性原则

可营利性原则要求,细分出的市场在旅游者数量和购买力上足以达到有利可图的程度,即要求细分市场要有可开发的经济价值,能够为旅游企业带来足够大或令人满意的投资回报。其主要包括以下三个要点:一是虽然细分市场有使整体大市场小型化的趋向,但要保持一定的规模,绝不能过分细分到失去规模,导致其规模效益不能被保证;二是某些细分市场尽管在整体市场中比重很小,但其绝对规模或购买力足以达到盈利水平,能够给旅游企业带来令人满意的经济回报,具有很大的开发价值。三是充分考虑成本因素,当细分市场的旅游者数量和购买力达到一定规模时,该市场是否有利可图还与开发成本有关。当外界条件的变化或者通过主观努力而使开发成本得以降低时,就可能使一些原本无利可图的市场变为有利可图。

因此,旅游企业在进行市场细分时,要考虑细分市场上潜在旅游者的数量、消费能力以及能带来的预期利润,并为实现营销目标设计相应的营销方案。如果细分市场的规模或容量过小,成本高、获利少,就无法实现预期的利润,不能无限制地细分下去。

(四)稳定性原则

稳定性原则要求,细分后的市场应具有相对稳定的购买力和购买率,以便旅游企业稳定经营,实现企业的营销目标。严格的旅游市场细分是一项复杂而又细致的工作,因此要求细分后的市场应具有相对的稳定性。如果变化太快太大,会使制定的营销组合很快失效,进而需要重新调整,由此造成营销资源损失,并导致企业市场营销活动出现前后脱节的被动局面。

四、旅游市场细分的步骤

作为旅游市场营销的前提,市场细分并没有定式,通常是先确定细分的依据,并以此为基础分割市场,进而对分割后的市场进行分析,最后确定目标市场。因市场类型不同,市场细分的步骤也各异,参照美国著名市场营销学家麦卡锡提出的市场细分七步法,旅游市场细分可分为以下七个步骤:

(一)选定旅游产品的市场范围

旅游企业在确定总体经营方向和经营目标之后,必须确定其旅游产品的市场范围。市场范围的选定,部分依赖其自身的生产能力和特点,但更主要的还要以市场需求为基础,应更多考虑旅游者的需求而不只考虑产品本身的特性,尽可能地对现实和潜在的旅游者需求进行归类。

(二)找出潜在旅游者的基本需求

在选定产品市场范围的前提下,旅游企业通过市场调研了解旅游者对旅游产品的基本需求,进而选择具体的细分变量作为细分市场的标准。如从人口特征、地理位置、购买行为、心理因素、经济水平等方面,列举潜在旅游者的需求,以了解市场需求状况。但是,潜在旅游者的需求并非现实需求,因而旅游企业在进入行业竞争前先要熟悉行业特征。

(三)分析潜在旅游者的不同需求

在初步分析的基础上,旅游市场营销以罗列的各种需求为调研依据,对不同类型的潜在旅游者进行调研，了解各细分市场中目标顾客的需求与购买动机，然后加以归纳、整理，作为市场细分的标准。

(四)排除潜在旅游者的共同需求

旅游企业进行市场细分时，应选择具有鲜明特征的旅游者需求作为基础，并且在市场细分的具体过程中排除共同的需求，从而对剩下的需求进行分析、研究、归类和整理，从中确定和选择一个或几个要素作为市场细分的因素。旅游企业在市场细分的过程中要通过把自身的实际情况和各个细分市场的特征进行比较，找出最主要的细分要素，筛选出最能发挥优势的细分市场。

(五)划分相应的市场群体

旅游经营者通过市场细分，将市场划分为相应的市场群体，对各个细分市场的需求做进一步分析，结合细分市场的主要特征，用形象化的语言或其他方式，为各个相应的市场群体赋予名称，并采取不同的营销策略。

(六)进一步分析各细分市场的具体特点

深入考察和研究细分市场的特点，分析各市场的不同需求及购买行为，了解影响细分市场的新因素，以决定各细分市场有无必要再作细分或重新合并，以不断适应市场变化。与此同时，通过对细分市场进行深入的分析和研究，估量出该市场的规模、竞争优势和变化趋势等，这些都会为旅游企业找准方向、确定目标市场提供依据。

(七)评估各细分市场

在基本决定各细分市场的类型后，旅游经营者应测量每个细分市场潜在旅游者的数量、购买频率、单次的购买数量等，并对细分市场上产品竞争状况及发展趋势作出分析，因为它决定着旅游企业的潜在销售量和获利机会。

市场细分步骤有助于旅游经营者在市场细分中正确选择适合的目标市场，但也应根据自身的实际情况和具体经营状况，对步骤进行简化、合并或扩展、延伸。

五、旅游市场细分的标准与方法

(一)旅游市场细分的标准

旅游需求的差异性是旅游市场细分的基础，旅游市场细分以不同旅游者的不同市场需求为依据，不存在统一的标准。每个旅游企业应该选择适合自身资源的可变因素来进行市场细分。旅游市场细分有四个常用因素依据：地理因素、人口因素、心理因素、行为因素。

1. 地理因素

旅游活动以旅游者的空间位移为典型特征，因此按照地理因素细分旅游市场具有非常重要的意义。地理因素又可分解为地理区域、气候特征、空间位置等。

(1)地理区域因素。地理区域是细分旅游市场最基本的因素。其具体又可分为洲际、国家和地区等。不同地理区域的地理位置、自然条件、经济环境、文化环境等各不相同,这也深刻影响和制约着旅游者旅游需求的综合差异。一般而言,客源地与目的地在自然风光和人文风貌上差异越大,其吸引力就越强;两地之间的经济条件、生活方式和价值观念差异越大,其旅游障碍也就越大。旅游企业以地理区域因素来细分市场,有利于其有针对性地对不同客源地市场设计特色旅游产品及分销、促销策略。

从国际旅游市场看,世界旅游组织(UNWTO)把世界旅游市场划分为六大区域,即欧洲市场、美洲市场、南亚市场、中东市场、非洲市场和东亚及太平洋市场。

(2)气候特征因素。根据潜在客源地与旅游目的地之间自然环境的差异,尤其是气候环境的差异来细分旅游市场,也具有重要的意义。不同地区气候特点的不同,导致旅游者的流向也不同,因此以气候为主导因素的自然旅游资源往往是极重要的旅游吸引物。旅游企业可以根据各地区气候特点,把市场细分为各具特色的气候旅游区,如热带旅游区、亚热带旅游区、温带旅游区、寒带旅游区以及沙漠旅游区等。

从国内旅游市场来看,我国南方人冬季的旅游目的地大多为北京、延吉、哈尔滨、牡丹江、漠河等北方热门城市,而我国北方人冬季旅游的首选常常是三亚、西双版纳等地。从国际旅游市场来看,凡是气候寒冷地区的旅游者一般趋向于去气候温暖的地区旅游,而气候炎热地区的旅游者趋向于去气候寒冷的地区旅游。

(3)空间位置因素。各地旅游者的旅游需求特征不仅与其所在地和目的地之间的地理环境差异有关,而且还与所在地相对目的地的空间位置有关。两地的空间距离是旅游活动的自然障碍因素,虽然两地间的交通条件能逐步减小这种障碍,但从旅行时间和费用上都会构成旅游的阻碍。

从客源地和旅游目的地之间的距离角度,旅游市场可分为远程旅游市场和近程旅游市场。远程旅游需要的时间长、消费高,会给旅游目的地带来较高的收入。随着动车、高铁等现代交通工具的不断发展,交通日益便捷,旅游时间逐渐缩短,远程旅游得到更大的发展,旅游者也在不断增多。近程旅游市场,尤其是相邻地区,因为距离近、费用少、生活方式又接近,也逐渐成为旅游企业开拓的重点,如省内游、周边游。

2.人口统计因素

以人口统计因素细分市场是指将旅游市场按照人口统计学变量如年龄、性别、收入、受教育程度、职业、种族、宗教、家庭结构、国籍、社会阶层等,划分成不同的旅游消费群体。由于人口统计因素变量易于识别和区分,相关数据的获取也较为容易,便于衡量,因此大多数旅游企业常将其作为市场细分的重要依据。一般情况下,细分的标准主要包括以下几种。

(1)年龄。人口年龄是细分旅游市场主要的变量之一,不同年龄的旅游者有不同的需求特点。按照旅游者的年龄结构可以将旅游市场分为以下四种:①儿童旅游市场。儿童一般对户外活动更感兴趣,因此动力项目、无动力项目、萌宠项目、水上项目等具有较大潜力。②青年旅游市场。青年人大多数喜欢新奇、热门、刺激或冒险的项目,更偏爱自由行、打卡拍照、美食探索等,对住宿条件要求不是太高,整体消费水平有限。③中年旅游市场。中年群体在选择旅游目的地时,更注重食宿条件和品质。④老年旅游市场。老年群体的旅行时间比较自由,有较强的经济实力,多以度假旅游为主。随着我国人口老龄化的加剧,以老年群体为主体的康养旅游也在逐渐兴起。

(2)性别差异。由于性别上的差异,男性和女性在旅游产品上的需求与偏好也有很大的不同。一般而言,男性游客独立性较强,倾向于参加知识性、运动性、竞争性强的旅游活动,通常对经济、政治、体育等感兴趣,更喜欢冒险类的旅游项目。而女性游客更注重旅游目的地的选择,较喜欢结伴出游,喜好购物,对价格较敏感,还会格外注重人身与财产安全。

(3)收入、职业及受教育程度。旅游者的旅游需求会受其经济状况的影响,收入决定其旅行的选择,如高收入与低收入者在产品选择、出行方式、休闲时间的安排等方面都会有所不同。旅游者的职业不同,其收入和旅游需求也不同,表现出的旅游行为也不同。一般而言,收入水平越高的人,可自由支配的收入就越多,相对的需求层次也会越高,进而旅行的次数就越多,也越有可能选择远程旅游。旅游者的受教育程度越高,旅游需求层次就越高,品位也会越高。

(4)家庭生命周期。旅游者处在不同生命周期的家庭,其消费水平、特点有很大的差异。家庭结构、规模、收入等状况都会直接影响旅游需求,这些状况又随着所处家庭生命周期阶段的不同而发生变化,不同的家庭生命周期都带有明显的特征,也会影响其旅游决策行为,具体体现在出游方式、出游时间、目的地选择等方面。

3. 心理因素

旅游者的需求、购买动机和购买行为不仅与人口统计因素有关,也与心理因素相关。按照旅游者心理因素细分市场,就是根据旅游者的生活方式、性格、态度、兴趣、动机等心理特征将其划分成不同的旅游群体。旅游者实现旅游活动的主观条件在于旅游动机,而个人的心理特征在形成旅游动机上起着首要作用。

(1)生活方式。人们追求的生活方式各不相同。生活方式是指一个人生活、消费的总体方式,集中体现在其活动、兴趣和思维模式上,是人们在所处的社会环境中逐步形成的。通俗来讲,是指一个人怎样生活,如何支配其时间和金钱。以生活方式细分旅游市场主要是由人们不同的生活习惯、消费倾向以及对事物的不同看法所决定的。不同的生活方式必然带来旅游需求的差异,导致旅游者在选择旅游目的地、旅游行程及旅游方式上存在很大的不同。按生活方式细分旅游者行为,便于旅游企业深层次挖掘旅游者的消费心理,为差异化营销打好基础。

(2)旅游动机。旅游动机是细分旅游市场最为有效的变量因素,也是促使旅游者外出旅游的内在驱动力,与人口特征变量的显性特征不同,其更具有内隐性。旅游者希望通过旅游活动获得更多心理或精神上的满足。美国的罗伯特·麦金托什教授提出产生旅游动机的四种类型：一是身体放松动机。旅游者通过亲近自然，能使身心放松，调整心态，恢复精力，例如度假、疗养以及进行体育活动等。二是文化动机。旅游者主要想通过旅游了解异地风情，增长知识，游览历史文化景点，以及了解当地居民的生活习俗和宗教信仰等。三是人际交往动机。通过旅游探亲访友、结交新朋友，提升自己的社会交往。四是地位和声望方面的动机。旅游者通过旅游实现自己受人尊重、引人注意的愿望，包括公务旅游、考察研究旅游以及求学旅游等类型。

4. 行为因素

旅游者的消费行为也是市场细分依据的一个重要因素，主要包括旅游产品购买的时间和方式、购买的数量和频率及品牌忠诚度等与旅游者购买行为和习惯相关的一些因素。行为因素能更直接客观地反映旅游者的需求差异，尤其在旅游者收入水平较高的市场条件下显得更为明显。

(1) 按购买的时间和方式细分。旅游企业可根据旅游者的出游时间、购买旅游产品的渠道及旅游方式来划分旅游市场。由于旅游活动有明显的时间性，按购买时间可划分为淡季旅游市场和旺季旅游市场。旅游企业还可以把特定时机的市场需求作为服务目标，如旅行社组织八、九月份去内蒙古欣赏草原风光。旅游市场按旅游者的购买方式可以分为团体旅游市场和散客旅游市场。目前散客旅游已经逐渐发展成为世界旅游市场的主体，在这一市场中旅游形式也日益复杂多样，如独自旅游、结伴同游、家庭旅游（亲子旅游）、自驾旅游、徒步旅游等。

(2) 按购买的数量和频率细分。旅游企业可按旅游者的购买频率来细分某些旅游市场，把旅游者分为经常旅游者、多次旅游者和较少旅游者。通常经常旅游者在市场总人数中所占的比例较低，但是这类旅游者的消费支出在整个旅游消费的收入中占的比例却很大，而且这类旅游者普遍具有共同的人口和心理特征，便于旅游企业选择这类高品质的细分市场。

(3) 按品牌忠诚度细分。旅游企业通过对旅游者的忠诚度进行研究，以便发现其在市场营销过程中存在的问题，并及时采取相应的对策，提升顾客的满意度和忠诚度，扩大市场占有率。

根据对旅游产品品牌的认可程度，可以把旅游者划分为四类：坚定品牌旅游者、多品牌旅游者、转移品牌旅游者和无品牌旅游者。研究坚定品牌旅游者，旅游企业可以明确目标旅游者是哪些人群（目标客户画像），不断提升客户黏性，保证客源；分析多品牌旅游者，可以了解旅游市场上有哪些强劲的竞争对手，与之相比自身有哪些不足，并设法提升自身的竞争优势；对要转移品牌的旅游者，要了解旅游者不满意的原因，通过营销手段提高客源的稳定性；对于无品牌的旅游者，应采取有吸引力、新颖的促销手段来吸引，拓展更大的旅游市场。

(二) 旅游市场细分的方法

市场细分并没有统一的方法，一般来说，影响消费者需求的一切因素，都可以作为市场细分的依据。旅游企业应根据行业和自身情况选择适合的因素对市场进行细分。旅游市场细分的方法主要包括以下几种。

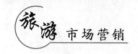

1. 单一变量法

单一变量法是根据旅游市场营销的调研结果,把影响旅游者需求的最重要因素确定为细分变量,达到细分市场的目的。这种方法以旅游企业的营销实践、行业经验和对旅游者的了解为基础,在众多宏观和微观的影响因素中找到一种能有效区分旅游者的需求特征。相对而言,单一变量法是对旅游市场进行较粗略的划分,一般适用于产品通用性较强、选择性较弱的市场。由于影响旅游者需求的因素很多,一些因素又互相交织,共同对旅游需求产生影响,因此用单一法来细分市场,只是一种概括性的分法,即"求大同,存小异"。

2. 综合因素细分法

综合因素细分法是指对影响旅游需求的两种或以上的因素进行市场细分的方法。由于影响旅游需求的因素复杂多样,因素间又彼此交错共同作用,这就需要通过综合因素细分,从而准确、深入地确定旅游市场中不同消费群体的特征,继而做出合理、准确的市场营销决策。在变量因素选择上,要注意选择与一定旅游产品消费需求有关、影响突出且取得有关信息的成本又比较低的变量来综合分析。如旅游企业为了确定自己的目标市场,可以将性别、年龄和收入结合起来细分市场,在此基础上分析每个细分市场的销售潜力、竞争程度等,以此来确定自己的目标市场,并制定相应的营销方案。但这种方法会增加旅游市场细分的时间、费用等。

3. 系列因素细分法

系列因素细分法是根据旅游企业经营的特点并按照影响旅游者需求的诸多因素,由粗到细、由大到小逐步进行市场细分。这种细分过程也是一个比较、选择细分市场的过程,可以使目标市场更加明确具体,有利于旅游企业更好地制定相应的市场营销战略。影响旅游需求的因素是多方面的,旅游企业要逐层逐级辨析,寻找适宜的目标市场。

旅游企业在选择细分标准和方法时应注意以下几点:①市场细分的标准会随着旅游市场的动态变化而不断变化,不是一成不变的。②由于旅游企业的能力、资源、产品和优势各不相同,不同的旅游企业在进行市场细分时应根据自身情况采用不同的标准。③旅游企业进行市场细分的方法不是唯一的,应根据自身情况选择适合的标准。

第二节 旅游目标市场选择

旅游企业进行市场细分,就是为了能更好地寻找市场机会,选择能体现企业优势的目标市场,能更好地实现旅游企业的经营目标。选择目标市场就是旅游企业确定要进入哪些细分市场,并确定要进入的细分市场的吸引力,以便把自身有效的资源用在最能增加经济效益的细分市场上。

一、旅游目标市场概述

(一)旅游目标市场的概念

旅游目标市场是指旅游企业在市场细分的基础上,根据企业自身资源和条件,所选定的要满足和服务的一个或几个旅游细分市场。目标市场选择是旅游企业营销前期工作中非常重要的一环,也是一个复杂的系统过程。

在对整体旅游市场进行细分后,要进行逐一评估,然后综合分析各细分市场的情况,最终决定把哪一个或哪几个细分市场作为目标市场。确立目标市场后,旅游企业的营销活动会更有针对性,能更好地实现企业的营销目标。选择合适的目标市场有利于旅游企业获得良好的市场占有率,提高市场竞争力。

(二)确立旅游目标市场的作用

1. 能真正了解竞争对手,制定有针对性的营销策略

旅游企业只有确立了目标市场,才能了解在这个目标市场上有哪些真正的竞争对手,以及竞争对手的实力如何,要采取怎样的营销策略来应对,这样就可以知己知彼、有的放矢地制定有针对性的营销策略。

2. 深入了解目标消费者的需要,开发出有特色的旅游产品

旅游企业确立了目标市场,就要深入地分析目标市场的消费结构、消费需求及开发程度,仔细分析研究目标旅游者的消费心理、购买行为及购买动机等,设计出能体现企业特色的旅游产品和服务,并通过相应的营销组合来占领目标市场。

3. 确定明晰的营销目标,实现企业资源的最优配置

旅游企业通过对目标市场的分析和评估,能确定企业在目标市场中所占有的份额及所处的位置,并从企业的成长率和市场平均成长率的对比中判断企业自身的发展状况,由此确定明晰的市场发展思路及明确的营销目标,进而优化资源配置,以实现经营目标。

二、评估细分市场

旅游企业的目标市场是旅游企业进行营销活动时所需满足的市场需求,是旅游企业经营活动的指向所在,直接关系旅游企业目标的实现,也是旅游企业确定营销方案、制定营销战略的基本出发点。因此旅游企业在选择目标市场时,必须从市场潜力、自身资源条件、竞争状况及营销能力等方面全面分析评估细分市场的营销价值。一般来说旅游企业可以从以下几方面着手对拟定的目标市场进行评估。

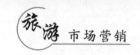

(一)评估各细分市场的规模和增长潜力

对各细分市场的规模进行评估,是判断细分市场的旅游者数量和购买能力与旅游企业规模和实力是否相适应,是旅游企业量力而行的具体表现;而增长潜力是指细分市场要有尚未满足的需求,有发展的空间和潜力,是旅游企业未来营销利润的有力保证。只有具备一定规模和潜力的细分市场才能保证旅游企业进入相关市场后获得预期利润,因此旅游企业有必要对细分市场的规模和增长潜力进行评估。

较小的市场对于实力雄厚的大型旅游企业而言,企业生产能力不能充分利用,会造成资源浪费;而较大市场对于资金实力较弱的小型旅游企业而言,则缺乏一定的能力来满足其有效需求或难以应对市场上的激烈竞争。因此,旅游企业需要收集各细分市场历年的销售情况,依据历史数据预测各细分市场的发展趋势,然后把那些有较大需求和潜力的市场确定为目标市场。

(二)评估各细分市场的结构吸引力

目标市场的结构吸引力,主要是从获利的角度来分析细分市场能为旅游企业带来的预期利润的大小,判断目标市场是否具有长期营利能力。波特的五力模型指出,一个市场的长期营利性由五种力量决定:市场中的现有竞争者、潜在进入者、替代者、购买者和供应者。影响旅游企业细分市场长期吸引力和长期获利的主要因素包括有竞争关系的旅游经营者、潜在的和新进入的同行业竞争者、替代性旅游产品、旅游者购买能力和旅游供应商的状况等,因此旅游企业应予以密切关注并进行估计,预测各细分市场的预期利润。

(三)评估企业经营目标与资源

旅游企业目标市场的选择应统筹考虑目标市场是否与企业经营发展目标一致,是否与旅游企业自身的状况相当,是否具备在该市场获利所需的优于竞争者的资源或技术。只有具备了这些条件,才适宜进入该细分市场。某些细分市场虽然容量大,具有较大的吸引力,长期获利空间可观,但前期投入成本过大,会直接影响旅游企业发展目标和经营利润的实现,甚至会分散企业精力,使之无法完成营销目标。这样的市场应考虑放弃。旅游企业应谨慎考虑自身的产品、资源和条件是否与该细分市场相适应,只有选择那些有条件进入、能充分发挥自身资源和产品优势的市场作为目标市场,才能实现营销目标。

三、旅游目标市场选择

旅游企业选择目标市场就是确定要进入某些或某个细分市场,以便把自身有限的资源最有效地用在最能增加经济效益的细分市场上。

(一)选择旅游目标市场的形式

旅游企业依据各细分市场评估结果,决定选择进入哪类细分市场或为多少个细分市场提供旅游产品和服务。一般来说，旅游企业选择目标市场主要有以下五种模式：单一市场集中化、产品专门化、市场专门化、选择专门化、全面覆盖化。旅游企业可结合所处的市场环境和自身条件进行选择。

1. 单一市场集中化

旅游企业集中力量只选择一个细分市场开展营销活动。由于营销对象单一，旅游企业可以在该细分市场中获得较高的市场占有率，建立稳固的市场地位。其优点为：旅游企业可以更清楚地了解细分市场的需求，从而在目标市场上树立良好信誉并巩固市场地位，并大幅提高经济效益。如果细分市场选择得当，也可获得较高的投资回报率。其缺点为：旅游企业将全部资源投入到单一市场，将会面临较大的经营风险。

2. 产品专门化

旅游企业向几个细分市场中的各类旅游者集中推出一种旅游产品和服务，实行专业化经营。由于市场面广，有利于旅游企业摆脱对个别细分市场的依赖，降低风险。其优点为：所提供的旅游产品和服务专门化程度高，有利于旅游企业可以在特定的产品领域发挥企业优势，树立良好声誉。其缺点为：如果一旦出现其他品牌的替代品或旅游者的购买偏好发生转移，那么该旅游企业可能会面临重大的经营风险。

3. 市场专门化

旅游企业专门为某个细分市场提供旅游产品和服务，去满足特定消费群体的需求。其优点为：这种形式能与旅游者建立良好的互动关系，有利于培育忠诚客户，降低交易成本，减少经营风险，树立良好的企业和产品形象。其缺点为：旅游企业需要密切关注旅游者需求的变化，如出现需求下降的情况，就会影响到企业利润。

4. 选择专门化

旅游企业选择若干个细分市场，并分别为其提供不同的旅游产品和服务，各细分市场之间存在很少联系或者根本没有任何联系。客观上每个细分市场都有经营价值，并且符合旅游企业的目标和资源。其优点为：能够分散旅游企业的经营风险，即使其中一个细分市场丧失了吸引力，旅游企业在其他细分市场上还可以营利，增加市场覆盖率。其缺点为：由于所选择的细分市场比较分散，相互之间关联性不够，旅游企业难以共享自身的某些资源优势，甚至可能造成资源过于分散，不但不能分散风险，反而会加大风险。

5. 全面覆盖化

旅游企业试图推出多种旅游产品满足所有细分市场的不同旅游者群体的不同需求。显而易见，这种形式对旅游企业的实力与能力要求相当高，通常只有实力雄厚的大企业或品牌效应强大的旅游企业才有实力和能力采用。

案例拓展 6-1

女性专属酒店

随着市场上酒店类型和品牌的多元化发展,一些旅游集团开始转型开辟发展空间更大的中高端市场,酒店市场细分的创新显得尤为重要。近年来,女性在商务旅客中占近半数,世界各地越来越多的酒店也开始迎合女性旅客的需求和喜好,为女性提供专享服务。

(1)西班牙 Som Dona Hotel,是西班牙第一家仅面向女性的酒店。简单又不失设计感的浅色装修和露天泳池,非常符合女性审美,并且酒店还设有酒廊和个性化护理空间。在这里,男性完全"禁止入内",他们甚至不能前来参观。同样的也是一家西班牙女性酒店——She She Retreats,是一个坐落在西班牙马略卡海岛上的静修疗愈酒店。荷兰设计师 Albertine van Iterson 在一次旅行中偶然发现了这座建于十三世纪的废弃修道院,从而将它改造成了一座专为女性设计的静修酒店。在 She She Retreats 女性将有足够的空间享受自己的时间,专注于自己的旅行。清晨在群山和海洋的亲密陪伴下开始冥想,不必说话,只管拥抱这神圣的和平时刻;下午可以阅读、游泳、瑜伽、交谈或进行一切想做的活动;晚餐可以享用酒店才华横溢的女厨师制作的美食。

(2)马尔代夫 Joali 和 Joali Being,两家酒店可以说是马尔代夫奢华度假村里最懂女性的两家酒店。2018 年开业的 Joali 属于"顶奢 7 星"岛屿,位于马尔代夫北部拉环礁 Raa Atoll 的 Muravandhoo 岛,73 座私人水上别墅不仅精致且艺术,同时建筑密度很小,私密性极佳。岛上随处可见艺术品,以及画廊、艺术商店,还有绘画、插画、陶艺等手工艺术课程,因而 Joali 还被誉为海中艺术伊甸园。2021 年开业的 Joali Being 更是因为其女性标签而一度红火。主打治愈疗养的 Joali Being 坐落在 Raa Atoll 僻静的 Bodufushi 岛上,隐藏在马尔代夫的最北部,周围环绕着晶莹剔透的泻湖、原始海滩和郁郁葱葱的椰子林。

(3)奥地利 La Pura Women's Health Resort,作为奥地利第一家女性专属酒店,周边环境十分静美,专注于服务女性的美容、健身和营养项目。SPA 中心有 2100 平方米,设有诸多让人眼花缭乱的美容和健身项目,酒店餐饮也以富含维生素和矿物质的食物为主,让女性美丽又健康。

(3)沙特 Luthan Hotel,是沙特阿拉伯第一家且唯一一家女性专属酒店。Luthan Hotel 是由一群沙特公主及商界女强人投资建造的酒店,25 间独立客房只为女性营业,并为女性客人提供 150 种不同类型的 SPA 服务和优质饮食。在中东这片特殊的土地上,Luthan Hotel 创造了一个属于志同道合的女性的自由空间。

(3)阿姆斯特丹 Hostelle Hotel,是阿姆斯特丹第一家也是唯一一家女性专属酒店。Hostelle 最初的想法是为前往阿姆斯特丹的女性提供一个安全、有趣的住宿场所。在 Hostelle,你只需要专注于观光和享受自己。

(4)日本对于"女性专用"提供的服务算是比较全面的,列车上不仅会有女性专用座位,还设有女性专用车厢,当然也少不了专为女性定制的酒店。位于北海道定山溪的日本翠蝶馆Suichokan就是一家专为成熟女性打造的温泉酒店。酒店只有20间客房,并且只允许女性入住,安静舒适的同时,私密性极佳。酒店有自己的温泉,还专门设有美容院。酒店的每个细节都设计得非常贴心,非常适合和姐妹们组团入住。除了温泉酒店,日本东京九小时女士胶囊旅馆也是一大特色,9 Hours就是颇受关注的胶囊旅馆品牌之一,因为它仅限女性入住,并且在很多地方都设有分店。旅馆设计简洁现代,你可以通过控制面板控制自己房间内的灯光和音响效果,小小的胶囊空间也充满了人情味。

(5)国内同样也有专门为女性顾客打造的酒店服务。厦门艾美酒店和杭州黄龙饭店等酒店也专门开设了女性楼层,除了在硬件上提供女性青睐的用品外,还配备女性服务员及安全员,以保证女性顾客的绝对私密和安全。(资料来源:摘选自《那些特意为女性专属打造的酒店,你想去住么?》.网易,2020-03-08.)

(二)选择旅游目标市场的策略

旅游企业目标市场策略是指旅游企业在确定目标市场后,经过环境分析,就已经选择的目标市场进行营销的策略。任何旅游企业在对旅游市场开展营销活动的过程中,都不可能有足够的规模、资金、实力来满足整个市场的所有旅游需求或追求远超出企业承受能力的目标。只有找到有利于发挥旅游企业现有资源优势的目标市场,才有助于实现其营销目标。

企业一般使用的目标市场策略主要有以下三种:无差异性目标市场策略、差异性目标市场策略和集中性目标市场策略。

1. 无差异性目标市场策略

无差异性目标市场策略是指旅游企业将整个旅游市场作为目标市场,不进行细分,认为旅游者对其产品和服务具有共同的需要,仅推出一种产品、一种营销组合策略去满足整个旅游市场上现有和潜在顾客的需求。

此种策略营销只考虑同质需求,忽略异质需求,认为旅游市场是一个同质化的市场,旅游者的需求是没有差异的。这种营销策略主要适用于需求广泛、同质性高的市场环境且旅游企业具有独一无二的自然和人文旅游资源,垄断性强,或一般在较大的旅游市场、同质市场、旅游新产品的推介会及处在卖方市场时使用广泛。随着旅游需求多元化竞争的加剧,无差异性目标市场策略已经不适应激烈竞争的旅游业,且不是最佳选择。

(1)无差异性目标市场营销策略的优点。能够降低生产经营成本,节省费用开支;产品标准统一,减少了开发成本,利于大批量生产,实现产品的经济性,规模效应显著;减少了广告宣传费用;管理程序简化,提高了服务质量和劳动效率及企业的盈利水平。

(2)无差异性目标市场营销策略的缺点。忽视了旅游者需求的差异性,产品品种单一,不能满足消费需求的多样化,难以适应旅游市场竞争的需要,经营风险较大;抗风险能力较差。

2.差异性目标市场策略

差异性目标市场策略是指旅游企业把整个旅游市场划分为若干个细分市场,并针对选择的目标市场采取不同的营销策略,即针对不同的细分市场提供不同的旅游产品,制定不同的价格,并实施不同的营销组合策略,满足目标市场不同消费者的需求。

差异性营销策略的关键是探寻市场空白点,挖掘尚未被满足的旅游者的个性化需求,开发新的旅游产品或升级改造现有旅游产品,赋予旅游产品新的功能和价值。实现旅游产品和品牌在细分市场上的目标聚焦,通过服务提供、形象塑造、促销推广等多方位、系统性的营销创新,取得战略性的领先优势。

这种营销策略主要适用于具有一定规模的旅游企业,人力、物力、财力等较为雄厚,管理水平、服务能力和营销能力能与之呼应,具有鲜明的企业形象。同时旅游企业自身有较好的产品设计、开发能力以及多样化的宣传、多渠道的分销、多种市场调研等。

(1)差异性目标市场策略的优点。多元化的经营方式,能更好地满足各类旅游者的不同需求,激发每个子市场上旅游者的潜在需求,并挖掘目标消费者的购买潜力,有利于扩大旅游企业的销售额,提高旅游企业的竞争力;有利于旅游企业树立良好的品牌形象,提高旅游者对旅游产品的信赖感和购买率,培养品牌忠诚度;同时选择几个细分市场,有利于企业抓住更多的市场机会,在几个细分市场上扩大市场占有率,降低企业的经营风险。

(2)差异性目标市场策略的缺点。旅游企业针对不同的细分市场展开独立的营销计划,会增加旅游企业在市场调研、促销、渠道管理等方面的营销成本和宣传费用;旅游企业要分散精力到不同的细分市场,增加了管理上的难度,很可能会影响企业自身的经营优势,降低企业的经营效率;会导致旅游企业的资源配置不能有效集中。

3.集中性目标市场策略

集中性目标市场策略又称为密集性目标市场策略,是指旅游企业集中力量只选择一个或极少数的几个细分市场作为经营目标市场,将企业的资源和营销方案都集中在这些目标市场上,实行专业化旅游产品和服务,集中力量争取获得较大的竞争优势。

(1)集中性目标市场策略的优点。旅游企业集中优势资源进行旅游市场开拓,能使企业的资源发挥最大效应;旅游企业可以扬长避短,创造出有特色的产品和服务,提高企业产品和服务的知名度和市场占有率;有利于旅游企业在一个或几个较小的子市场占有较大的份额,提高产品的专业化,增加营业收入和投资收益。这种策略更适合中小型旅游企业,集中自身的优势和力量,迅速占领大型旅游企业尚未占领或未建立绝对优势的某个或某几个细分市场。

(2)集中性目标市场策略的缺点。旅游企业的市场区域相对较小,持续发展和盈利空间容易受到限制;容易导致企业过分依赖所选择的狭小的细分市场,一旦这部分市场需求下降、消费者偏好转移、强大竞争对手进入或新的更具吸引力的替代性旅游产品出现等,企业的效益就会受到影响,因此该策略存在一定的风险性。

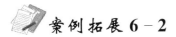

案例拓展 6-2

华住集团的市场策略

华住集团于 2005 年创立,是一家世界知名的酒店集团,已经成为全球发展最快的酒店集团之一。根据美国 HOTELS 杂志公布的"2022 全球酒店集团 200 强"(HOTELS 200)的最新排名,华住集团升至第六位。截至 2022 年 12 月 31 日,华住集团在 17 个国家经营 8543 家酒店,拥有 809478 间在营客房。华住集团旗下经营 31 个酒店及公寓品牌,覆盖了从经济到豪华型市场。

在国内运营的品牌包括禧玥、花间堂、美仑国际、桔子水晶、漫心、美仑、美居、CitiGO 欢阁、全季、桔子、汉庭、星程、宜必思、海友、你好、城家公寓、瑞贝庭公寓酒店,另有合作品牌诺富特、美爵和馨乐庭公寓酒店等。

华住集团运营的酒店品牌已经覆盖多元市场,包括高端市场的禧玥、花间堂,中端市场的诺富特、美居、桔子水晶、桔子精选、漫心、CitiGO 欢阁、全季、星程、宜必思尚品,以及经济型市场的宜必思、汉庭、怡莱、海友等,满足了从商务到休闲的个性化需求。

华住集团以精准的市场细分和差异化的市场策略,为满足不同层次的顾客需求提供了全方位的服务,以其高品质的服务获得了极高的声誉。(资料来源:摘选自华住集团官网.)

(三)选择旅游目标市场的因素

旅游企业选择目标市场战略,一般要考虑以下因素。

1. 旅游企业的资源能力

旅游企业选择目标市场首先需要考虑的因素是企业自身的资源能力,主要包括资金实力、营销能力和规模等。在不考虑其他影响因素的前提下,如果旅游企业有丰富的资源,实力雄厚,营销能力较强,规模较大,可以采用差异性或无差异性目标市场策略,增加企业的销量和收益,提高企业的知名度和形象;如果企业的人、财、物等资源比较有限,规模较小,无法把整个市场作为自己的目标市场,只能在某一个细分市场上集中企业的资源,宜选择集中性目标市场策略。

2. 旅游产品的特点

旅游产品差异表现为不同旅游企业所提供的旅游产品在质量、档次、价格、促销、渠道、售后服务等方面的特点和差别。如果旅游产品和服务有明显的差异,旅游者的需求差异也比较明显,选择性空间大,则适合采用差异性或集中性目标市场策略;如果旅游产品呈现非常明显的同质化,旅游者需求之间的差异较小,则适合采用无差异性目标市场策略。

3. 旅游市场的特征

如果旅游市场同质化程度高,各细分市场的消费需求、偏好相差不大,对营销策略的反应大体一致,则适宜采取无差异性目标市场策略;如果旅游市场上旅游者的需求和偏好相差较大,市场呈现明显的差异化,则适宜采用差异性目标市场营销策略或集中性目标市场策略。

4. 旅游产品的生命周期

旅游产品生命周期根据销售额和利润的变化,可划分为引入期、成长期、成熟期和衰退期四个阶段。不同阶段的旅游产品在市场需求、竞争力、成本和利润存在着明显的差异,因此要采用不同的营销策略。

当旅游产品处于引入期,由于新的旅游产品刚投入市场,旅游产品的知名度尚低,旅游者对新产品还不是很了解,旅游企业的工作重点应为集中力量针对某一特定细分市场开展营销活动,提高旅游产品的知名度,了解市场需求和潜在消费者的情况,因此往往采用无差异性目标市场策略;当旅游产品进入成长期甚至成熟期,旅游产品体系基本形成,市场知名度逐步提高,越来越多的旅游者进入和复购,此时市场上的产品品种增多,市场竞争加剧,旅游企业为了获得竞争优势,在激烈的市场中脱颖而出,往往采用差异性目标市场策略以满足不同的消费需求;当旅游产品进入衰退期,旅游产品吸引力减弱,细分市场旅游者数量会急剧下降。旅游企业为了延长产品的生命周期、应对激烈的市场竞争,需要收缩战线,去集中发展部分细分市场,往往采用集中性目标市场策略。

5. 竞争者的营销策略

旅游市场竞争是指旅游企业在旅游市场上通过丰富的旅游产品种类、提高旅游产品质量和旅游服务水平,以及打价格战等手段来抢夺市场,实现旅游产品价值的经济行为。为了在竞争中获得更有利的位置,旅游企业往往要根据旅游市场的竞争态势、竞争结构、竞争者数量以及自身所处位置,采取不同的营销策略。

如果竞争对手采用的是无差异性目标市场策略,当旅游企业的实力较强时,可以采取差异性目标市场策略或集中性目标市场策略;如果竞争对手采用的是差异性目标市场策略,旅游企业最好也采用差异性目标市场策略来进行应对,除非对手实力较弱,才可使用无差异性目标市场策略。因此旅游企业通过分析竞争双方的实力来制定相对应的营销策略,可帮助企业在竞争中处于有利地位。

总之,旅游企业根据选择的目标市场,可以准确地给自己的旅游产品进行定位,并采取最佳的营销组合来赢得市场。

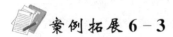

锦江之星:中国知名快捷酒店品牌

锦江之星是国内知名的快捷酒店品牌,创立于1996年。20世纪90年代旅游业发展迅猛,锦江之星看准日益增长的大众旅游需求,集中精力开发经济型酒店。自成立以来,努力成就业内典范,是中国经济型连锁旅馆的驰名品牌,成为出行者选择专业、超值、简约、安全、舒适的经济型酒店的首选。锦江之星现已成为我国经济型酒店的行业巨头,以"清洁质优、经济舒适、安全便捷"为服务宗旨,深受广大经济型旅游和商务人士的喜爱。自品牌创立以来,一直以统一化、标准化的形象呈现给大众。自1997年锦江之星第一家门店在上海开业以来,锦江之星连锁酒店总数已超过1300家,其中境外2家,其余酒店分布在国内31个省(区、市)340多个城市。(资料来源:锦江之星jinjianginn官方网站.)

第三节 旅游市场定位

一、旅游市场定位概述

(一)市场定位的概念

市场定位也叫产品定位,是美国营销学家艾尔·里斯和杰克·特劳特在20世纪70年代共同提出的。市场定位就是勾画企业产品在目标消费者心目中的形象,使企业所提供的产品具有一定特色,以迎合消费者的需求和偏好。企业在已有市场细分和目标市场选择的基础上进行深层次的细分和选择,进入目标市场并设法在目标消费者心目中形成一种特殊的地位,以建立竞争优势。

通常来说市场定位不是对产品本身做些什么,而是在消费者的心中留下些什么。消费者会将产品、服务和对企业的认知组合起来进行分类以确定其在消费者心中的位置。市场定位的实质是使本企业与其他企业特别是有竞争关系的企业严格区分开来,使消费者明显感知这种差别,从而在心目中对其树立独特的形象。

市场定位包括对现有产品进行再定位和对潜在产品进行预定位。市场定位不是一成不变的,而是随市场动态变化而变化。为了保证产品在潜在消费者心目中留下深刻的印象,对现有产品进行再定位具有一定的必要性,如对产品的名称、价格和形象做一些外在的改变,给消费者以鲜明的感觉。对潜在产品进行预定位,要求营销者必须从零开始,使产品特色符合目标市场的需求偏好。另外,进行市场定位时,不仅要了解竞争对手的产品特色,更要研讨消费者对该产品各种属性重视程度的差异,并在综合分析这两方面内容后,极力塑造本企业产品的特色和与众不同的形象。

(二)旅游市场定位的概念

旅游市场定位是指旅游企业根据所选定目标市场的竞争者和企业自身状况,在目标消费者心目中塑造出与众不同的企业形象和旅游产品的鲜明特色的过程。旅游市场细分和旅游目标市场的选择能让旅游企业找准目标消费群体,而市场定位更重要的是占领目标消费者内心的方法。随着旅游者消费主导权的不断加强,旅游产品的个性化和差异化程度直接影响旅游企业的获利能力,准确的市场定位已经成为旅游企业有效实施市场营销策略的重要内容。

旅游市场定位的核心就是实现旅游企业的差异化,让目标消费者准确地感知到本企业与其他旅游企业的不同。旅游企业应通过市场调研,了解竞争对手的市场定位,充分发掘和体现自身特色,避免与竞争对手市场定位相同,实现企业形象和旅游产品的差异化。

(三)旅游市场定位的内容

旅游市场定位包含多方面的内容,主要有旅游企业形象定位、旅游产品定位、价格定位、服务标准定位、消费群体定位及销售渠道定位等。

(1)旅游企业形象定位,包括旅游企业的名称、标志、经营规模、档次等在旅游者心目中形成的一种特定的形象。

(2)旅游产品定位,包括旅游产品的价格、特色、功能用途、整体形象等方面。

(3)价格定位,是指旅游企业根据不同目标消费群体的消费层次来定价。例如,高价策略是针对收入高、消费档次高的消费者。

(4)服务标准定位,包括旅游服务的态度、行为语言,以及个性化服务标准。

(5)消费群体定位,是指旅游企业选择哪一类或者哪几类消费群体作为自己的目标市场。

(6)销售渠道定位,是指旅游企业将旅游产品推介给目标消费者所使用的销售渠道。

(四)旅游市场定位的作用

成功的旅游市场定位对旅游企业营销具有重大意义,可以给旅游企业的经营带来很多好处。其主要体现在以下方面。

(1)旅游市场定位有利于旅游企业明确其旅游产品的竞争优势。通过发现企业自身与竞争对手的差别,找到其产品和形象在旅游者心目中的地位,避免同质化竞争。如果旅游企业都选择以相似的旅游产品、服务等来抢占市场,不能与竞争对手有效区分,企业间的竞争就会更多地反映在价格上,进而降低旅游企业的利润。

(2)旅游市场定位有利于旅游企业树立市场形象。在竞争环境日益激烈的情况下,旅游企业为了使自身的旅游产品获得旅游者的认同,使本企业的品牌形象深入人心,就需要准确地为本企业的产品进行市场定位。只有这样才能为旅游者创造价值,并使其对本企业产生深刻印象和好感,增加其购买本企业产品的频率。

(3)旅游市场定位是旅游企业设计营销方案、制定营销组合策略的基础。旅游企业的市场定位影响和制约着旅游企业的营销组合策略。一般来说,旅游市场定位决定了旅游企业为谁做、做什么、能做到何种程度。如果说确定目标市场是为了让旅游营销人员知道为什么要制定相应的营销组合的话,那么准确的市场定位则是告诉旅游营销人员如何设计营销组合,为解决好营销组合问题指明了方向。

二、旅游市场定位的步骤

旅游市场定位的步骤是指旅游企业在市场调研的基础上,明确自身潜在竞争优势,并凭借相对优势,找准目标市场进行定位,且有效准确地将定位信息传递到旅游市场。旅游市场定位是旅游企业营销中非常重要的一项战略任务,通过以下步骤来完成。

(一)收集有关信息,分析目标市场的现状

旅游市场定位需要建立在对相关信息和资料分析研究的基础之上,因此信息收集是旅游市场细分的重要环节。通过信息收集来分析目标市场的现状,主要包括:①弄清目标市场中旅游者的需求特点,如偏好、预期、评价标准,进而明确旅游企业自身的竞争优势以及能否为目标消费者提供旅游产品和服务。②弄清目标市场竞争对手的数量、特点及市场定位。③弄清目标市场还有哪些需求没有得到满足,存在着哪些市场空白点需要去拓展。旅游企业营销人员通过收集、分析上述信息进而把握企业潜在的竞争优势。

(二)选择有价值的竞争优势

竞争优势是指旅游企业相较主要竞争对手在旅游产品开发、服务质量、销售渠道、品牌知名度等方面的明显优势和胜过竞争对手的能力。这种能力既可以是现有的,又可以是潜在的,旅游企业要对能够成为有价值的竞争优势进行分析甄别。旅游企业通过分析比较本企业与竞争对手在经营管理、产品设计、市场营销等方面的差异,找到最能体现企业风格、最适合目标市场需求的差异并使之成为有价值的竞争优势,以初步确立自己在目标市场所处的位置。

(三)与旅游市场沟通并向其传播企业的市场定位

进行市场定位后,为了使旅游企业独特的竞争优势和良好的企业、产品形象深刻地留在旅游者心目中,要通过一系列宣传促销活动,将其独特的竞争优势准确地传达给潜在消费者。首先,旅游企业应开展一系列营销活动,使目标旅游者了解、熟悉、认同、喜欢以致偏爱本企业的市场定位,并在旅游者心目中建立与该定位相匹配的旅游形象;其次,强化旅游企业和旅游产品在旅游者心目中的形象,稳定目标消费者,并通过逐渐加深旅游者的情感联系来巩固与市场相一致的旅游形象;最后,还要注意当目标消费者对市场定位在理解上出现偏差或由于旅游企业市场定位宣传上的失误,导致目标消费者对定位形象产生模糊、混乱和误会时,旅游企业能够及时纠正与市场定位不一致的形象,准确传播并强化应有的定位形象。

(四)重新定位

重新定位是指旅游企业为了改变旅游者原有的认知,争取更有利的市场地位。如果旅游企业在市场中出现以下情况,应考虑重新定位:一是竞争对手推出的新产品定位与本企业产品相近,侵占了本企业产品的部分市场,使本企业产品的市场占有率下降;二是旅游者的需求或偏好发生了变化,使本企业产品的销售量骤减。

三、旅游市场定位的原则

旅游企业经营的旅游产品、目标消费者以及所处的竞争环境通常是各不相同的,为了塑造旅游企业及其产品形象,市场定位的原则是多维度的,不是唯一的。总体来讲,旅游市场定位主要包括以下四个原则:

(一)旅游产品差异性原则

旅游企业在对旅游产品进行定位时,从旅游市场需求和资源特色出发,科学地把各种旅游要素组合成特色鲜明、适销对路的旅游产品,同时具有鲜明的特色,能与竞争对手有明显的区别,便于旅游者辨识,不易被竞争对手轻易模仿,树立产品的独特形象,在旅游者心中留下美好印象,提高市场竞争力。

(二)旅游者导向原则

旅游企业将旅游产品定位信息有效地传达给旅游者,使旅游产品的定位信息易于被旅游者接受,与细分市场旅游者需求相吻合。旅游企业在营销工作中应时刻以目标消费者为中心,将目标消费者的需求作为市场定位的重要依据。

旅游市场定位往往伴随着差异化利益的传播,在这个过程中旅游企业要考虑这种差异化利益对于旅游者来讲是否能够感知、容易理解和接受。因此,旅游企业要通过一定的方式与消费者进行有效交流并传播,以保证目标消费者对定位信息的获取和接受。

(三)旅游者类型定位原则

根据旅游者类型进行差别化定位,可以使旅游者将旅游企业的产品与其他品牌的产品进行更好区分,当这种差别化定位和旅游者需要一致时,该旅游企业的产品或品牌就会留在旅游者心中。不同的细分市场有不同的旅游者类型代表,旅游市场定位就是在不同的细分市场上塑造适合的旅游企业形象,并通过各种媒体和渠道向市场传达旅游产品或品牌的特定信息,使旅游者能明显地感受和识别差异性。

(四)动态调整原则

旅游企业要对周围环境的动态变化时刻保持高度敏感性,及时调整市场定位策略。当今社会处在快速发展变化中,竞争日趋激烈,社会环境也在不断变化,旅游企业的营销环境、市场偏好、竞争对手的策略也都在不断变化,因此旅游企业要根据市场变化不断调整自己的经营目标、服务种类、管理方式、定位策略,使自己的市场策略时刻处在引领旅游者需求的前端,不断适应营销环境的发展变化。

四、旅游市场定位的方法

在激烈的旅游市场竞争中,旅游企业必须有效地树立市场形象。旅游市场定位是旅游目标市场营销中非常重要的策略,分为主观市场定位和客观市场定位。主观市场定位强调产品和服务的主观属性,是旅游者对旅游企业产品和服务的主观看法。客观市场定位强调旅游产品和服务的客观属性,是根据产品和服务的有形特点来确定市场形象的方法。

(一)主观市场定位

主观市场定位包括旅游者习惯定位和心理逆向定位,具体如下。

1. 旅游者习惯定位

旅游者习惯定位是指根据旅游者的习惯进行定位,由旅游者对产品或服务的看法确定产品和企业的形象。例如:说到红色旅游,大家或多或少都知道一些,主要是通过该旅游让人们了解中国共产党领导人民在战争年代取得丰功伟绩所形成的革命历史、革命事迹和革命精神,可能旅游者脑海中首先会想到的是革命圣地延安;再比如,提到泰国旅游,大家一般都想体验泰式按摩、泰式美食、大象骑行等。

2. 心理逆向定位

心理逆向定位是指打破旅游者的传统思维模式,悖逆传统思想进行市场定位。这种定位方式会给旅游者带来一定的新奇感和心理冲击,能够吸引部分旅游者。

(二)客观市场定位

1. 产品特色定位

旅游企业根据旅游产品特色进行定位,强调旅游企业的产品与市场上同类产品的差异性。即通过旅游者能体会到的产品特色来定位,强化旅游企业自身的特殊差异优势,来确定本企业的市场地位。

2. 价格与层次之间的关联定位

不同层次旅游产品有不同的价格,可为不同收入水平的旅游者提供选择。旅游企业采用这种方法进行定位,将产品价格作为反映其层次的标志,如高端旅游产品、中端旅游产品、低端旅游产品,对旅游者起到一种心理暗示作用。即旅游产品越有特色,其性能越高或提供的服务越周到,价格就越高。

3. 产品用途或服务内容定位

旅游企业根据旅游产品用途或服务内容进行定位主要是根据旅游产品某种特别的用途进行差异化的市场定位。

4. 竞争对手定位

借助竞争对手进行定位的方法是旅游企业对市场中若干竞争对手进行具体分析、评价,以准确选定旅游企业及旅游产品的定位优势。如果旅游企业经济实力、服务质量、服务设施、地理位置等都优于竞争对手,则旅游企业可把市场定位于竞争对手附近,把市场压力转嫁给竞争对手,以赢得更多的市场;如果旅游企业的综合实力弱于竞争对手,旅游企业的市场定位要与竞争对手有所差异,应努力扩大旅游产品与竞争对手的差异,创造出独具特色的旅游产品,以开发未被发掘的需求市场。

5. 比附定位

比附定位是指旅游企业通过各种方法和同行业中的国内外知名品牌建立联系,借助比附品牌的影响力迅速赢得旅游者的目标意向,提升自身的影响力。采用这种方法并不会抢占比附对象的市场地位,而是以新的优势去争取比附对象潜在的目标消费者群体。例如延吉是一个被誉为"小韩国"的东北边陲小城,因此来提高知名度和影响力。

这种定位方式虽然在某种程度上会对旅游企业产生相应的宣传效果,但旅游企业最好能找到更突出自身的定位风格,因为比附定位也会掩盖自身的真正特色。

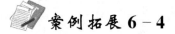

旅游酒店品牌的多样化定位

旅游酒店品牌的定位不断多样化,风格呈现多元化趋势,以更深入地展现自己的品牌特性及理念。希望在酒店业风格分化全盛时期,在寻觅"风格正确式"这条路上带来新的启发。

(1)新国风(东方生活理念)。新国风近年来广受欢迎,其最大的特色是更贴近当代审美和生活,兼容性及可发挥性强,它不一定嫁接于古建筑或传统空间,全新空间也可以诠释得深入得体,因此受到不少东方生活理念出发的连锁酒店的风格青睐。比如,希尔顿逸林酒店,以其旗下江苏盐城大洋湾希尔顿逸林酒店为例,就将雅致古朴的新国风美学演绎得颇为精彩。大洋湾希尔顿逸林酒店坐落于国家级城市湿地公园大洋湾景区内,室内设计将大洋湾内的古建筑与湿地景观融合,盎然生机呼之欲出,点亮了江南水乡的温婉清亮。亦古亦今的造景手法既保留了徽派建筑的轻盈细腻,也彰显了历史传承的厚重底蕴。

(2)古雅中式(悟中式智慧,品文化沁香)。不论时代如何发展,古雅中式仍具备传承价值与无限魅力。古雅之古风,蕴含着中国人的生活智慧、文化秀美以及工匠精神,体现了文化的厚重、生活的轻盈,这便是传统中式的永恒魅力。比如,从餐厅、水疗中心、图书屋、有机菜园到客房,成都青城山六善酒店的中国传统元素贯穿其中,手工镶嵌于天花板上的竹条构建出了繁星点点的童话世界,旋转造型的天棚呼应了道家无始无终的思想,屋顶吊灯融入道珠,招牌水疗融入道家空心养生法,有机蔬菜种植还原田园风貌,锦囊铜版巧思回溯古时时光——这是属于酒店的慢生活,也是对中式禅意栖居的极致诠释。

(3)现代主义侘寂风(纯粹、简约的生活美学哲思)。"以素为美,以简为美,以枯为美,以寂为美,以小为美,以缺为美,以真为美"是侘寂之核心,简洁却不单调的生活理念将"断舍离"发挥到了极致,个中蕴含的寂美学哲学观与唐宋时期诗词般的清冷意境、水墨画中的苍凉孤寂不谋而合。在"未竟"的风格表达里,仿佛能够窥见时间流淌的痕迹,遗世而独立,斑驳而从容。比如,位于云南升平镇雾浓顶村的既下山·梅里酒店,是雪山环绕的栖居之地,山峰间穿梭的寂静、漫天星光的璀璨、远处零星灯火的低语、日照金山的光华、四方石砌建筑的孤傲、热气腾腾的酥油茶、残缺的枯枝、抽象的画作、折射在金顶上的日光、围炉谈话的温馨、框进落地窗里的画卷,是专属于酒店的浪漫,也是侘寂之美的自然诠释。

(4)浪漫海洋格调(慵懒时光的精神格调)。慵懒的午后时光里,阳光有些灼热,微风带来星星点点海浪的气息,入目尽是柔和与辽阔,心情在一刹那变得鲜活而又明亮,历经浩劫与萧条的地中海建筑风格终究在岁月打磨下焕发出更具质感的热烈生机,这是独属于地中海的慵懒却热烈拥抱生命的精神格调。比如,HOMERIC POEMS位于希腊圣托里尼岛的菲罗斯蒂芬妮陡峭的火山口边缘,酒店如同时间间隙里的奇异空间,灵感来源于海上航行的倒流时光,建筑外墙使用传统圣托里尼建筑黑色的岩石建造而成,透过阳台,火山一览无余。室内装饰多用航海元素,航海地图、指南针、双筒望远镜和书籍烘托出远洋冒险的精神内核;青铜、木材、绳子、皮革、茅草与纺织品映射海军传统。海洋、火山、航船元素带来的动静交错格外和谐。

(5)诗意自然风。去森林、去原野,去到世界的尽头……旅行者的脚步走到哪里,酒店从不自甘落伍。随着小众旅游的兴起,进驻自然之境,为新一代旅行者打造诗意的理想生活体验,成为不少品牌追逐的目标。诗意自然的风格,往往彰显自然、朴实,蕴含着另一种奢享与华丽。比如:坐落于云南省弥勒市东风韵艺术小镇内的弥勒东风韵美憬阁精选酒店,项目建筑在国内知名艺术家罗旭"拙、朴、真"的原生创意下完成。建筑形体圆润,敦厚朴实,像是经过了时间的冲刷洗礼。酒店入口处"到达亭"呈开口圆碗形状,配合着环绕的曲面墙回声荡漾,倾泻而下的日光光影琉璃,变幻着节奏演绎自娱自乐的圆舞曲。延续了当地自然古朴材质的室内设计简约而不简单,充满力量感的雕塑风格交融了原生自然气韵,与周边绿植映照出蓬勃的生命力。当地特有的工艺品在"见光不见灯"的光影艺术中呈现出别样生机,静静等待着游客的独特解读。
(资料来源:摘选自《七大风格点亮酒店美学风骨》.澎湃新闻客户端,2022-09-24.)

五、旅游市场定位的策略

不同的旅游企业有不同的市场定位策略,旅游企业首先要了解自己和竞争对手各自在目标市场上所处的位置,然后确定企业的产品或服务在目标市场上的位置以及企业在顾客心目中的形象。

(一)市场领先定位策略

领先型定位策略又称为龙头定位策略。若旅游企业在市场竞争中居于领先地位,一般会占有最大的市场份额并在目标市场中始终保持第一位的优势,也会最受旅游者信赖。在产品

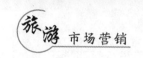

质量、规格以及服务上都会先声夺人,始终以领袖地位引导着这一市场的消费需求的发展方向。

这类旅游企业为了保持领先形象,往往把自身形象定位于目标消费者偏好的中心范围,使目标消费者对其自身和产品感兴趣。该旅游企业能有效维护自身特色,扩大自身的市场占有率及与竞争对手的差异,以便影响旅游消费倾向。此外,还要保护现有市场份额,扩大总需求,寻找新的旅游者。

(二)市场竞争定位策略

竞争型定位策略是指旅游企业采用与目标市场上最大的竞争对手同样的市场定位,即旅游企业把产品或服务定位在竞争对手相近的位置,同竞争对手争夺相同的目标消费者。一般来说,若旅游企业比竞争对手更具实力,能够提供比竞争对手更令目标消费者满意的产品或服务,就可以实行这种市场定位策略。采取竞争型定位策略需要具备的条件为:市场容量足够大,旅游企业有足够的实力和资源可以和竞争对手进行竞争。

(三)市场补缺定位策略

市场补缺型定位策略是指旅游企业把自己的产品和形象定位到竞争对手没有注意到和占领的市场位置。旅游企业对自身及竞争对手的情况、消费需求进行分析,如果发现目标市场还有未被满足的空白点,而强大的竞争对手还未或不愿意去开发,自身又有能力去满足这部分消费者的需求,就可以采取补缺型定位策略,通过专业性经营占据有利的市场位置,树立一个与众不同、从未有过的市场形象。

(四)重新定位策略

旅游产品和其他产品一样,都有生命周期。由于旅游市场的变化,曾经奏效的市场定位策略已经难以为继,此时旅游企业需要根据市场现状和旅游需求的变化重新进行市场定位,使其获得新的、更大的市场活力。

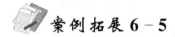

案例拓展 6-5

延安革命圣地的 STP 分析

一、延安革命圣地简介

陕西作为历史名省,拥有不计其数的名胜古迹,而延安革命旧址就坐落于陕西省延安市。从 1937 年到 1947 年,延安是中国革命的指导中心,是中国革命的中流砥柱。作为中国革命圣地,延安拥有许多红色旅游景点,如宝塔山、枣园革命旧址、中共中央西北局旧址、延安革命纪念馆等 45 处著名革命纪念地。在国家政策扶持下,延安已经成为我国著名红色旅游地。2020年 1 月,延安革命纪念区被文化和旅游部确定为国家 5A 级旅游景区,2022 年 12 月,入选 5A

级景区品牌影响力百强名单。这对于革命老区经济来说,是不可忽略的发展契机,对文化传承来说,有着积极的影响。

二、市场细分

下面将延安革命纪念区按旅游者群体主要来源、旅游者年龄和景区内部旅游者偏好来进行分析。延安位于陕西省北部,在我国的版图上位于西北地区,距离甘宁地区和中原部分地区较近,距离东北地区和华南地区较远,所以延安吸引的旅游者大部分来源于陕甘宁地区和中原地区,如甘肃、河南、山西等。

随着经济的快速发展,人们更加注重文化旅游。随着人们民族认同感的逐步增强和受教育程度的大幅提高,选择红色旅游的群体呈现出年轻化和职业自由化两大趋势。调查显示,红色旅游群体中职业方面自由职业者和在校学生占比最高,党政机关领导和职员占比也较高。

三、目标市场

延安红色革命旅游胜地的目标市场可分为主要目标市场和次要目标市场。应将重点放在主要目标市场,同时兼顾次要目标市场。针对主要目标市场进行一定规模和标准的旅游建设,吸引主要目标消费者,提高旅游收益,成功占领中国红色旅游市场。同时不能放弃次要目标市场,要挖掘次要目标市场的旅游者潜力,将红色文化传播到次要目标市场中去,开发出更大的市场。主要目标市场和次要目标市场两手抓,在提高当地旅游经济的同时,宣传延安的红色革命文化,制订正确的旅游营销计划,达到市场营销的目的。

1. 主要目标市场

按照旅游者所在地理位置分析,陕甘宁地区和中原地区距离延安更近,加之交通干线分布密集,交通便利,延安可以针对这些近距离的旅游者制订专属旅游计划。旅游计划可相对紧凑一些,让旅游者感觉更充实。按照旅游者特征来看,延安红色革命旅游景区的主要目标市场是红色革命文化爱好者,这类群体了解红色文化和革命历史,红色革命圣地对这类群体有着天然的吸引力。此类群体主要包括自由职业者和大学生,其主要特征为时间自由,经济负担小,注重思想文化的熏陶。针对红色文化爱好者群体,延安可以将重点放在革命史讲解和文化宣传上,迎合旅游者口味,发挥延安作为红色旅游胜地的文化和教育示范效应。按照红色旅游点受欢迎度分析,宝塔山、清凉山、万花山和杜公寺,是旅游者访问频率最多的景区,由此延安要加强这几个景区的基础设施建设和文化宣传及相关文创创新。

2. 次要目标市场

从地理位置分析,华南地区、华东地区距离延安较远,对延安的了解相对较少,但这些地区普遍经济实力强,人们旅游意愿强烈。针对该地区的上述特点,延安需制定不同于近距离旅游者的旅游规划,从而开发次级市场。从旅游者特征分析,农民、军人和普通企业的职工来访占比最低,这就需要延安大力宣传红色革命文化,或者衍生的其他特色旅游,如山间避暑、寺庙祈福等,以此吸引次要目标市场旅游者。从红色旅游点受欢迎度分析,低访问量的旅游景点也不能放之不管,依然要提高其基础设施建设,减少旅游者的落差感,提高旅游者的赞美率。将当代互联网与红色文化相结合,让旅游者可以在一处景点感受到其他景点的文化和风景特色。

四、市场定位

1. 传扬红色革命历史

延安的旅游主要是红色革命文化旅游。不同于其他网红旅游打卡地,延安更注重精神上的旅游,这片土地承载着无数革命先辈的希冀和故事,艰苦奋斗精神、延安精神都诞生在这里。延安是学习和旅游相结合的不二之选。虽然现在教育普及度高,但是当代人们对红色文化的了解程度还不够深刻,这就需要延安向旅游者展示中国革命文化。

2. 加强品牌定位

明确延安核心历史文化,将文化与旅游相结合,营销宣传延安革命景区与红色革命文化。根据景点受欢迎度,可将宝塔山和延安革命纪念景区相关联,加强宝塔山与延安的宣传,让旅游者提到延安就会联想到宝塔山。同时要加强当地的文创品牌,如旅游纪念品等。旅游者到延安旅游时被文创纪念品吸引,就会购买回去并摆放,这样就会提高旅游者对延安的回忆率,继而间接宣传延安这座城市,加之延安当地将宝塔山和延安关联在一起,更能吸引越来越多旅游者来此旅行。

3. 激起红色共鸣

对许多老人或党政机关的工作者来说,延安是他们熟悉的地方,他们很了解延安的红色文化和革命历史,延安是他们回忆当年峥嵘岁月和提升精神境界的旅游地。对于延安来说,要保留当年的历史文化遗迹,阐明当年革命岁月的历史故事,让老一辈旅游者感受到当年岁月的磨砺,让党政机关工作者的灵魂得到洗涤。

五、未来发展的营销策略建议

1. 注重新时代下的文化创作宣传,例如艺术事业。通过优秀的艺术作品宣传红色文化,诉革命衷情。通过互联网传播,使更多的人被独特的红色革命文化吸引。

2. 开发相关文创产品,如博物馆纪念品、革命时期的老照片等,在增加旅游趣味性的同时提高旅游者回忆率,从而更好地宣传延安红色旅游文化。

3. 加强基础设施建设,同时保留原有的革命历史遗迹。让旅游者更便捷、更舒适地去旅游,也要让旅游者感受到当年革命的艰苦岁月;让旅游者既能舒适地旅游,又能受到精神的熏陶。

抚今思昔,温故知新,历史选择了延安,延安也会将这段红色历史代代传下去。这里哺育了伟大的红色革命精神,为了传承这种精神,我们要大力宣传延安这座历史革命名城,为当地经济发展做出贡献,为延安精神代代相传做出贡献。(资料来源:刘彦佟.营销X计划公众号,2023-06-18.)

本章小结

1. 现代市场营销理论中,市场细分(market segmentation)、目标市场选择(market targeting)、市场定位(market positioning)是构成企业营销战略的核心三要素,被称为 STP 营销。旅游企业经营成败的关键在于市场细分,选定目标市场,进行准确的市场定位,以便制定有效的市场战略。

2. 企业市场营销的关键是找到目标市场,对于旅游企业来说也是如此,而寻找目标市场的前提是对旅游市场进行明确的细分。因此,市场细分是旅游企业目标市场营销的基础和前提,在旅游市场营销策略中占据着重要地位。

3. 旅游企业进行市场细分,就是为了能更好地寻找市场机会,选择能体现企业优势的目标市场,能更好地实现旅游企业的经营目标。

4. 选择目标市场就是企业确定要进入哪些细分市场,以及确定要进入的细分市场的吸引力,以便旅游企业把自身有限的资源有效地用在最能增加经济效益的细分市场上。

5. 旅游市场定位的核心是实现旅游企业的差异化,让目标消费者准确地感知到本企业与其他旅游企业的不同。旅游企业通过市场调研,了解竞争对手的市场定位,充分发掘和体现自身特色,避免与竞争对手定位相同,实现企业形象和旅游产品的差异化。

核心概念

市场细分　市场定位　旅游市场细分　旅游目标市场　旅游市场定位

课后思考题

1. 旅游市场细分的划分依据有哪些?
2. 旅游市场细分对旅游企业有哪些作用?
3. 旅游市场细分要符合哪些原则?
4. 旅游市场细分要经过哪几个步骤?
5. 旅游市场细分的标准有哪些?
6. 旅游市场细分的方法有哪些?
7. 确定旅游目标市场有哪些作用?
8. 确定旅游企业目标市场可以从哪几个方面着手?
9. 旅游目标市场选择的形式有哪些?
10. 旅游企业目标市场选择的策略有哪些?

11. 旅游企业选择目标市场战略要考虑哪些因素？
12. 旅游市场定位包括哪些内容？
13. 旅游市场定位有哪些作用？
14. 旅游市场定位要经过哪几个步骤？
15. 旅游市场定位主要有哪些原则？
16. 旅游市场定位有哪些方法？
17. 旅游市场定位具体包括哪些策略？

第七章
旅游市场产品策略与价格策略

第一节 旅游产品概述

一、产品和旅游产品的概念

(一)产品的概念

市场营销学认为,产品是指能提供给市场,供人们注意、获取、使用或消费,并可以满足某种欲望或需要的任何东西。在市场营销领域,产品不仅包括一般意义上具有物质形态和具体用途的有形产品,还包括服务、事件、人员、场所、组织、思想等无形的或者特殊的产品。

(二)旅游产品的概念

旅游产品是个宽泛的概念。"旅游业基础术语"中对旅游产品的解释是,为了满足旅游者旅游需求所生产和开发的物质产品和服务的总和。中国学者沈雪瑞、李天元、曲颖认为,旅游产品是多种旅游服务的集合,是旅游目的地和旅游企业借助一定的有形和无形要素,向旅游者提供的无形利益。按组成状况来看,旅游产品可分为单项旅游产品和整体旅游产品。

1.单项旅游产品

单项旅游产品是指在旅游者离开日常居住地去到旅游目的地,最终又回到了日常居住地的这段时间内,旅游者与各个旅游经营者之间,多次在旅游交易市场上交换的某一个方面或某几个方面的物品或服务。例如旅游景区的导览服务、旅游饭店的餐饮服务、旅游酒店的住宿服务等单个旅游相关企业提供给旅游者的活动项目类产品。单项旅游服务项目既可以单独出售,又可以归入整体旅游产品共同出售。

2.整体旅游产品

整体旅游产品是指为旅游者提供并满足食、住、行、游、购、娱等多方面需求的全部有形的物质产品和无形的旅游服务,是一种包括了若干个单项旅游产品和若干条旅游线路的组合型旅游消费产品。例如旅行社出售的多个旅游目的地的六日五晚深度游，或单个旅游目的地的一日游等。整体旅游产品是旅游者在开展相关旅游活动中，接触、体验到的各个事物、服务所构成的一次完整旅游经历。

二、旅游产品的特点

从性质来讲，旅游产品属于服务类产品。不同于其他工农业所生产的物质产品，旅游产品有其自身的独特性和差异性，它是由各个场所的劳务人员通过服务的形式体现出来的，而工农业产品是通过物质材料加工生产出来的。不过，大部分旅游产品同时包含了服务的无形成分和物质的有形成分，比如酒店住宿的硬件设施设备以及工作人员所提供的登记、清洁、送餐服务等。综合考虑大多数服务产品所共有的基本特征和旅游产品的独特情况，可以把旅游产品的特点归纳如下。

(一)综合性

旅游产品是一种总体性产品，是相关旅游企业为满足旅游者的不同需求，所提供的设施设备和服务的总和。旅游产品通常包含了食、住、行、游、购、娱等多方面要素。各要素所涉及的餐饮业、交通业、景区服务业、住宿业等不同的行业都直接或间接地为旅游者提供服务。因此，旅游行业是一个综合性的行业，旅游产品所包含的内容也非常广泛，既有物质成分，同时也有精神成分。不同行业、不同旅游要素共同构成了旅游产品的综合性。

(二)无形性

在旅游活动中，无形的服务成分在旅游产品中占据了主要内容。在购买之后，旅游者可以通过感官去评价和衡量旅游产品的质量和价值。这种价值通常来源于两个方面：一方面是旅游相关企业生产者已完成的物化劳动，比如酒店的客房清洁、餐饮的提前配制等，都是生产者物化劳动的体现；另一方面是旅游相关企业生产者的即时服务，比如迎宾、点餐、送餐等，这部分的无形服务是旅游产品的主要价值体现。

(三)生产和消费的统一性

因为旅游产品的主要价值内容是由生产者提供的即时服务所体现的，所以旅游产品的生产和消费具有统一性的特点。旅游者通常是在离开日常居住地并到达旅游目的地时，才会进行旅游产品的消费，并向旅游生产者购买其使用权。在同一时空背景下的整个服务过程中，旅游产品的生产和消费是生产者和旅游者同时参与共同完成的。旅游者在进行消费或购买旅游产品时，旅游相关企业向其交付或生产所对应的旅游产品。旅游产品在生产开始的同时，消费也即时发生。

旅游者只有加入生产的过程中，才可以即时消费旅游产品。旅游产品的消费者和生产者是直接作用关系，二者密不可分。这种生产和消费的统一性是旅游产品市场营销中一个至关重要的特点。

(四)不可储存性

旅游产品是无法储存的,不同于一般商品那样可以被有效地储存起来,以备将来出售。无论是酒店的客房,或是航班的座位,一旦出现空置,就失去当日价值。只有在生产与消费同时进行的过程中,旅游产品才会体现出价值。即旅游者购买旅游产品后,旅游企业在约定时间内交付相关产品的使用权,如果旅游者不能按时使用,则需要重新购买,所以旅游者只享有旅游产品的暂时使用权。并且旅游产品受时间和空间的双重限制,从生产到消费之间的时滞很小。比如淡季空余的客房只能闲置,而不能储存起来用于旺季使用,也就不会实现应转移的价值,所以更无法谈及储存。

(五)需求弹性大,替代性强

由于受各种因素的影响,旅游市场对旅游产品的需求弹性很大。在旅游市场中存在着平季、淡季和旺季之别,导致旅游产品的需求具有很大的弹性。并且受当地气候、政府政策、经济发展状况等外部因素的影响,旅游产品的供给与需求也会产生变化。旅游产品的替代性有两个方面的含义:一方面,旅游虽然是人们生活中的一种需要,但不像食物、衣服等生活必需品,而是一种高层次的消费。当某一旅游产品的价格上升时,旅游者可以选择购买其他产品予以取代。另一方面,旅游者在旅游活动中,可以自由决定旅游线路、目的地、饭店和交通工具。旅游者选择的余地较大,有较强的替代性。

(六)不可转移性

旅游产品的不可转移性表现为旅游产品进入流通领域后,其产品仍固定在原来的地理位置上,旅游者只能到旅游产品所在地进行消费。也就是说,在旅游活动中,旅游产品不会发生空间上的转移,转移的是购买旅游产品的主体——旅游者。在旅游者购买使用权之后,不能将旅游产品带走,而且在使用期间还需保证旅游产品物质和非物质的构成完好无损。因此旅游企业就不可能像其他企业那样将旅游产品通过运输手段而异地销售,必须是旅游者根据需要亲自前往旅游产品的生产地进行消费。这样,旅游产品吸引力的大小就成为旅游企业经营成功的关键。

三、旅游产品的结构设计

(一)产品结构设计的"三层次说"

1988年,菲利普·科特勒在对制造业实物产品的分析中,提出了三个概念来概括产品的整体内涵,即核心产品、形式产品和附加产品。该理论在营销人员设计和分析产品结构层次时被广泛采纳,进而被市场营销领域称为传统意义上关于产品结构设计的"三层次说"。

1. 核心产品

核心产品指的是产品结构中的核心部分,是产品的灵魂,是产品的使用价值或效用,也就

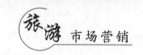

是消费者在购买某种产品时想要从中获得的核心利益。比如食物能为人们消除饥饿感,供给身体日常所需的能量,这个"能量"就是"食物"的核心产品,同样也是消费者购买产品的核心驱动力。

2. 形式产品

形式产品是产品的具体表现形式,是产品内涵的有形载体,是在消费者视角下能被看得见摸得着的一种直观体现。比如食物的外观设计、包装、品质等,都是外在的会影响消费者购买动机的明确要素。

3. 附加产品

附加产品是产品的附加服务或利益,是指生产商为了提升自己在同业中的竞争力,额外提供给消费者的免费服务项目或设施设备等。比如食物的外送服务或试吃服务等,都是提升消费者购买率的附加产品。

(二)旅游产品结构设计的"四层次说"

在进入 20 世纪 80 年代后,随着服务业的日益发展和美国、北欧等相关学者对市场营销的深入研究,著名的芬兰营销专家格朗鲁斯针对服务产品的结构设计提出了"四层次说"。在讨论旅游市场营销的旅游产品结构设计时,科特勒采纳了格朗鲁斯这一观点,并针对性地将旅游产品结构划分为四个层次。

1. 核心产品

核心产品是指消费者在购买旅游产品时所追求的核心利益或价值,通常表现为一种精神上的心理满足,会有一定的个体差异性。所以旅游企业在旅游产品开发和设计初期,应考虑此产品能为旅游者带来哪些价值,是否能满足或超出旅游者的心理预期。比如多地旅游景区所提供的康养服务产品,旅游者可能为了追求精神上的放松,或是想体现尊贵的身份,从而为其进行消费。这些不同的心理需求体现了旅游者想要得到的核心价值,也就进而倒逼旅游产品的设计应符合不同旅游者的核心利益。

2. 基本产品

基本产品是旅游企业为了实现旅游者期望的核心价值,所提供的最基本的接待设施和相关服务。旅游基本产品的最基本的接待设施和相关服务,通常表现为旅游企业在销售旅游产品时,向旅游者公开承诺此旅游产品所包含的全部内容。比如对于一家经济型酒店而言,所需提供的基本设施和服务一般会包括入住登记、前台结账和房间住宿设施等。而如果是一家高档型酒店的话,为了达到旅游者所追求的核心价值以及收益最大化,除了前台基础服务和住宿设施等,还会提供餐饮设施、客房清洁、衣物干洗、健身设施设备等高阶的基础服务。

3. 辅助产品

辅助产品指的是在上述公开承诺的产品内容之外,旅游企业为了使自己的产品有别于同业中竞争者的产品,所额外提供的其他接待设施或服务。可以说,辅助产品不是为了实现旅游者的核心利益而必须提供的,它是能够增加核心价值的额外服务。比如有些酒店提供的衣物免费干洗、房间每日免费赠饮、餐厅免费早餐等附加产品或服务。

4. 附加产品

附加产品是服务接触过程中的具体情境,指的是旅游企业在提供旅游产品或服务时的便利程度、氛围,以及旅游者与服务人员的互动情况和与其他旅游者的相互影响等。

格朗鲁斯指出,核心产品、基本产品和辅助产品这三者决定了消费者可以得到什么,但不能决定消费者如何得到它们。而附加产品决定了一个旅游企业如何为旅游者提供服务或产品,进而影响旅游者对旅游企业服务产品的感受和认知,决定了产品核心价值的实现过程和实现方式。

第二节 旅游产品生命周期理论及营销策略

一、旅游产品生命周期理论

(一)产品生命周期理论

产品生命周期(product life cycle,PLC),是一种新产品从开始进入市场到被市场淘汰的整个过程。该概念最初是1966年雷蒙德·弗农在其《产品周期中的国际投资与国际贸易》一文中提出的。弗农认为,产品的生命周期是指产品的市场寿命,即产品在市场上的受欢迎程度。如同人的生命,会经历导入期、成长期、成熟期和衰退期四个阶段。

产品生命周期理论(theory of product life cycle)是人们在经过大量的研究之后提出的。但是在现实中,产品生命周期的演进过程并非如理论那样整齐划一。换言之,就产品生命周期理论在旅游业的研究而言,相关学者长期以来更多将该理论用于研究和讨论旅游目的地的生命周期,而不是将其用于研究微观层面的旅游产品。

(二)旅游产品生命周期理论

旅游产品生命周期是指旅游产品从开发出来到进入市场,直至被市场淘汰的整个过程,会依次经历导入期、成长期、成熟期和衰退期。一条旅游路线、一个旅游景点、一个旅游活动项目等大多都会经历从无到有、由弱至强,然后衰退、消失的过程。旅游产品生命周期的各个阶段一般是以旅游产品的销售额和利润的变化状态来进行衡量的(见图7-1)。

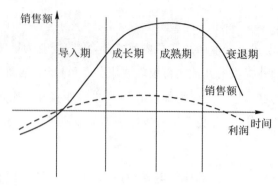

图 7-1 旅游产品生命周期图

1. 导入期

导入期是指旅游产品在刚刚投入市场时,其相对应的旅游景点、设施设备、配套服务等还不太完善。旅游者缺乏对产品的了解,销售量小,销售额增长速度较慢,宣传成本较高。在这个阶段,旅游企业为了增加该产品的知名度,通常会在宣传方面投入较大的费用,但受销售量的限制,获利较为困难,很可能面临亏损。

2. 成长期

旅游企业在进行了一段时间的宣传后,到达成长期这个阶段,旅游产品知名度较之前有了明显的提升,销售量也有了较大的增长,产品的生产成本下降,利润开始逐步增长。这时,同业竞争者也发现了这一市场机遇,纷纷加入市场并效仿产品,欲从中获利,这就导致同类旅游产品的供给量增加,旅游企业利润增长速度变缓,旅游者可选择性较强,市场竞争变得越来越激烈。

3. 成熟期

在这一阶段,市场成长速度逐步变缓或市场接近饱和。旅游者对旅游产品已有了一定的了解和认可,产品的销售量增长速度变缓,利润在达到顶峰之后趋于均衡状态,但已出现下降的趋势。市场竞争激烈,旅游企业为了稳固其产品在市场上的地位,需在营销方面投入一定的费用。

4. 衰退期

旅游产品这时进入了淘汰阶段。随着旅游者消费行为习惯的改变,原先的产品已不能适应旅游者现阶段的购买需求,产品销售量逐步减小,利润也大幅降低。很多旅游产品退出了市场,同时市场上会出现新的产品将其替代。

二、影响旅游产品生命周期的主要因素

(一)旅游产品的吸引力

旅游产品的吸引力是决定旅游地发展状况的关键因素,也是影响旅游产品生命周期的重

要因素。其具体体现在旅游资源的吸引力上,这一因素决定了旅游地对旅游者的吸引力的大小。通常来说,旅游资源越具有特色,其吸引力就越大,吸引的旅游者就越多,其产品的生命周期就相对越长。反之,如果是同质性较强的旅游资源或产品,其吸引力就越弱,可替代性就越强,生命周期就会逐渐缩短。

(二)旅游者的消费需求

旅游者或潜在旅游者的消费需求,在一定程度上影响了旅游产品的产生、发展和衰退,并且旅游者受消费观念变化、人均收入增减、新的旅游景点的出现和旅游地环境或服务质量的好坏等诸多因素的影响,其消费需求时常会发生变化,进而影响着旅游产品生命周期的演变。

(三)旅游目的地的经济效应

旅游目的地经济发展状况的好坏,直接影响其经济效益。一方面,如果当地经济发展势头较好,其投入的资金就越多,可用于营销的财力就较为充足,可以加速旅游地步入发展、巩固、成熟的阶段。另一方面,持续的经济效应,不仅提升的是财力状况,还包括生态保护意识的增强和对运营管理与创新能力的重视。这时,旅游目的地会逐步趋于良性发展,较适合深度开发和资源挖掘。但是旅游企业应客观看待经济效益,只有经济效益实现了合理利用,才能使旅游目的地的生命周期得到延伸。

(四)旅游目的地的自然与社会环境

旅游产品一般存在于旅游目的地的特定大环境背景中,所以自然与社会环境足以影响旅游目的地的生命周期。举例来说,在旅游地的早期探索和开始发展阶段,景区基础设施配置较新,服务人员态度友好热情,治安和卫生状态良好,自然环境尚未经过破坏,旅游者的口碑较好,这些对旅游地生命周期的影响多数是正面积极的。而在旅游目的地到达巩固、停滞阶段时,会大面积出现景区内部疏于管理、生态自然环境较之前遭到破坏、工作人员消极怠工等现象,旅游者的不满情绪会很快扩散,由此会引发种种社会问题,加剧旅游目的地的衰退。

三、旅游产品生命周期各个阶段的营销策略

为了实现营销效果和经济效益最大化,旅游企业需根据旅游产品生命周期各个阶段的特点制定不同的营销策略,这样才更有针对性。

(一)导入期营销策略

在旅游产品导入期,定价和促销是两个最主要的因素,二者通过组合,形成了以下四种策略。

1. 快速撇脂策略

快速撇脂策略是指以高价格、高促销费用的方式使新产品快速进入市场,树立产品的市场

形象,建立知名度,用尽可能少的时间获取较高的收益,紧接着向市场投入大量的促销费用以扩大市场占有率。运用此策略需具备以下条件:第一,市场上的旅游者有较大的需求潜力,大部分还不知道或不了解该产品;第二,通过了解之后,旅游者急于求购并有一定的支付能力;第三,旅游企业面临潜在竞争者的威胁,需尽早树立品牌形象,培养品牌偏好。

2. 缓慢撇脂策略

缓慢撇脂策略是指用高价格、低促销费用的方式把产品投入市场,以较高的价格树立产品形象,获取高额利润,再用较低的促销力度降低产品的销售费用。运用此策略需具备以下条件:第一,市场规模较小;第二,产品已经有了一定的知名度,市场上多数旅游者了解该产品;第三,潜在旅游者愿意承受高价将其购入;第四,潜在竞争的威胁较小,产品有一定的垄断性。

3. 快速渗透策略

快速渗透策略是指以低价格、高促销费用的方式来推出新产品,将新产品以最快的速度投放市场,扩大市场占有率。随着销量的增大,产量也会加大,成本相对降低,进而获得收益。运用此策略需具备以下条件:第一,市场规模较大,有很大一部分潜在旅游者群体;第二,多数旅游者对该产品不了解,并对价格较为敏感;第三,市场竞争激烈;第四,产品的制造成本可随着生产规模和销售量的扩大而降低。

4. 缓慢渗透策略

缓慢渗透策略是指以低价格、低促销费用的方式推出新产品。低价可以扩大销售量,低促销费用可以降低营销成本,逐步进行市场渗透,进而增加利润。运用此策略需具备以下条件:第一,市场规模较大;第二,该产品在市场上知名度较高;第三,价格弹性大,有较大的市场开拓空间;第四,有一定的潜在竞争者。

(二)成长期营销策略

导入期过后,旅游者对于该产品已经熟悉,投入市场的产品正在迅速被市场接受。在这个阶段,根据成长期的特点,旅游企业为了维持市场增长率,增加获益时长,可运用以下营销策略。

(1)改善产品质量,增加产品的个性化特点。比如推陈出新,开发新的旅游组合产品,创造具有代表性或独创性的旅游产品。

(2)寻找新市场。例如,通过降低价格吸引对价格敏感的旅游者,或者改进营销策略,寻找新的细分市场,进入尚未饱和的新市场。

(3)建立品牌代表性特色。例如,将原先宣传的重点从介绍产品转向树立产品形象,打造代表性特色,提高旅游者的黏性。

(三)成熟期营销策略

为了延长成熟期,或使旅游产品生命周期出现再循环,旅游企业在这一阶段可以运用以下营销策略。

(1)调整市场。调整市场即旅游企业开发新市场,寻求新的旅游者,用于扩大产品的销售量等。

(2)改进产品质量。根据旅游者对产品的使用反馈进行改进,提升产品质量。同时注意提高服务水平,提升旅游者满意度。

(3)组合改进营销策略。通过对产品、定价、渠道和促销等市场营销因素的组合调整,刺激产品销售量,延长产品成熟期。例如:降低产品价格,以低价吸引更多的旅游者;改进营销方式,积极采取多样化的宣传推广活动;扩宽销售渠道,提升服务水平;等等。

(4)对产品进行改造再开发。旅游企业需根据旅游者不同时期的需求变化,对产品进行二次开发,使其能够更好地满足旅游者。

(四)衰退期营销策略

在这个时期,旅游产品销售量和利润均已大幅降低,应客观、科学地分析此阶段旅游产品是否还有转机或发展空间,据此旅游企业可采取不同的营销策略。

1.维持策略

维持策略是指旅游企业不主动干预或放弃该产品,而是继续采用过去的细分市场、营销渠道和促销手段,将旅游产品推向市场。

2.集中策略

集中策略是指旅游企业把能力和资源集中到最有效的细分市场和营销渠道上,缩短产品退出市场的时间,争取以最有利的条件获得尽可能多的利润。

3.放弃策略

放弃策略是指如果旅游产品的销售量、利润不容乐观,并且毫无转机或可发展空间较小,那么应放弃该产品,停止生产。旅游企业需综合评估决定是立即放弃或是逐步放弃,并且处理好后续相关事宜,为后期旅游新产品的营销做好铺垫和准备。

第三节 旅游产品品牌策略和组合策略

一、旅游产品品牌的概念

旅游产品品牌是指用以识别某一个(或几个)旅游企业产品或服务的名称、术语、标记、符号、图案,或几种形式之间的相互组合。旅游品牌通常由品牌名称和品牌标志两部分构成。品牌名称是品牌中可以用文字化语言表达的部分,比如中国国际旅行社、中国青年旅行社、上海春秋旅行社等。品牌标志指的是用标记、符号或图案等表达的便于消费者识别的部分。图案的表达会比文字更直观,更易于消费者理解、记忆。

案例拓展 7-1

上海春秋国旅的标志由三个 S 组成,其有四层含义:第一层意思为上海春秋国际旅行社的英文名称"SHANGHAI SPRING AND AUTUMN INTERNATIONAL TRAVELSERVIC"的缩写。第二层意思为"旅游的最佳胜地——阳光(sun)、沙滩(sand)、海洋(sea)"。第三层意思为"微笑(smile)、真诚(sincere)和优质服务(service)"。第四层意思为"旅游交通工具形象表示:汽车的方向盘、飞机的螺旋桨、轮船的推进器"。图圈 R 是注册商标(register)的开头字母缩写,意思是该商标已在国家商标局进行注册申请并已经由商标局审查通过(见图 7-2)。

图 7-2 上海春秋国旅品牌标识

(资料来源:冉祥云.上海春秋国际旅行社品牌战略研究[D].吉林大学,2008.)

二、旅游产品品牌策略

(一)品牌有无策略

旅游企业可以在无品牌和有品牌之间做出选择。目前,旅游企业大部分都采取的是品牌化策略,原因是:第一,品牌是强化旅游产品差异化的有力手段,是旅游企业凸显竞争优势的关键环节;第二,品牌是旅游者面临消费风险时的"减速器",有利于推进旅游企业与旅游者之间的牢固关系;第三,品牌是提高旅游产品附加值的"利器",可以给旅游企业带来可观的经济收益;第四,品牌是旅游企业开展国际化经营的"旗帜",是提高我国旅游竞争力的法宝。

(二)统一品牌和个别品牌策略

旅游企业也可以在统一品牌和个别品牌之间做出选择。

1. 统一品牌策略

统一品牌策略指的是旅游企业所有产品均使用同一品牌。旅游企业使用统一品牌有以下优点:第一,充分利用品牌形象不断积累的优势,在同一品牌下不断推出新产品,可有效节省每次推出新产品时的促销费用;第二,统一品牌策略还可以节省品牌在设计方面的费用;第三,能够充分彰显出旅游企业经营的产品种类齐全的实力。

但统一品牌策略也存在一些缺点。例如,如果某一次推出的新产品不成功或某项产品出现质量问题,这就有可能会影响旅游企业的整体声誉。另外,假如旅游企业经营多种在性能、品质、价格档次上相差甚远的旅游产品,那么也会模糊该企业的品牌形象。

2. 个别品牌策略

个别品牌策略是指旅游企业为每一种不同的产品制定不同的品牌。旅游企业采用个别品牌策略有以下优点：可以更贴切地表现此产品的特征；每次推出新产品的费用较多，风险较大，但如果新产品在市场上的销路不顺畅，也不会影响原产品的品牌声誉；有利于帮助旅游消费者识别产品。同样这一策略也存在如下缺点：如果同类产品使用不同品牌，会导致同一旅游企业产品的竞争，有可能导致总销售量不升反降，出现新品牌挤兑老品牌或者老品牌挤兑新品牌的局面。而且品牌设计费用与促销费用会增加，如果各品牌产品达不到一定市场规模的话，那么总体效益可能不太可观。

（三）品牌更新策略

旅游企业确立一个品牌，尤其是著名品牌，需要花费很多费用，所以一个品牌一旦被确定下来，不宜轻易更改。但有些时候，旅游企业会面对一些不得不对其品牌进行更改的情况，例如，原品牌有严重的问题，旅游者不认同某种品牌或品牌认知被扭曲；或者某品牌在刚投放市场时，还比较受旅游者的欢迎，但由于大量竞争者涌入和产品生命周期不断变化，原有品牌已不足以满足新的市场需求。

品牌更新通常有以下两种。

1. 全部更新

全部更新是指旅游企业重新设计全新的品牌，抛弃原品牌。这种方法虽然可以充分彰显企业的新特色，但所花的费用和风险较大。

2. 部分更新

部分更新是指旅游企业在原有品牌的基础上进行部分改进。这样既可以保留原品牌的影响力，又可以纠正原品牌设计的不足。特别是 CIS（企业形象识别系统 corporate identity system 的缩写）被引入企业管理后，很多旅游企业在保留原品牌名称的基础上改进了品牌标记、商标设计等，这样既可以保证品牌名称的一致性，又能使新的标记更容易被旅游者熟知，从而获得良好的营销效果。

（四）名牌策略

著名品牌，通常称为名牌，指的是那些具有很高的知名度、优质的质量和服务、深受广大消费者喜爱并且能给旅游企业带来巨大经济利益的品牌。品牌的创立不是易事，也不是一朝一夕就能达成的，首先需要具备坚实的基础，包括可靠的质量、先进的技术、高效的管理和高素质的人员等。在达到这些基础的前提下再加上适宜时机的运作或营销，在长时间的努力之后，才有可能成功创立一个名牌。只是依靠大量广告宣传的"密集轰炸"，妄图在短时间内成为名牌的想法是不可取的。所以，旅游企业应意识到创立品牌的长远性和艰巨性，避免短视行为。

三、旅游产品组合的概念

旅游产品组合是指旅游企业通过对不同规格、不同档次和不同类型的旅游产品进行分析之后,将其提供给市场的全部产品线和产品项目的组合。其目的是使旅游产品的结构更加合理,内容更加完善,进而更好地满足旅游者的需求,更易于适应变幻莫测的市场竞争环境,实现旅游企业的利益最大化。旅游产品组合涉及以下几个方面的概念。

(一)产品项目

产品项目是指产品线中不同品种、规格、质量和不同价格的特定产品。

(二)产品线

产品线指的是旅游企业所提供的某一产品大类,也就是能满足某一类旅游者需求的一组产品,这一组产品之间有着密切的联系。比如某餐厅在餐饮服务中所提供的中餐、西餐、快餐或者酒饮等,目的皆是满足旅游者在饮食方面的需求。

(三)产品组合的宽度

产品组合的宽度是指该旅游企业经营多少条不同的产品线。如某酒店经营并提供的餐饮、住宿、健身、休闲娱乐等多种服务。

(四)产品组合的深度

产品组合的深度是指产品线中的每一种产品有多少个种类。例如某旅行社的广西游有三日游、五日游、七日游等旅游线路。

(五)产品组合的关联度

产品组合的关联度是指旅游企业各条产品线在最终用途、生产条件、分销渠道以及其他方面相互关联的程度。

四、旅游产品组合策略

(一)旅游产品组合的广度策略

旅游产品组合的广度也称为旅游产品组合的宽度,指的是旅游企业生产或经营的旅游产品线的多少。也就是具有相似的功能,可以满足一类旅游者需求的一系列旅游产品的总数。企业经营产品线的数量越多,产品线的宽度就越广,反之越窄。宽产品线可以为旅游者提供多种产品或服务,可以满足旅游者多样化的需求。而窄产品线有利于企业有针对性地开展专业化经营。

(二)旅游产品组合的长度策略

旅游产品组合的长度指的是一条旅游产品线中所包含的旅游产品项目的总数。旅游产品项目多的话,长度就长,反之则短。比如某旅行社的观光休闲旅游产品线中有自然风光游、历史古迹游、当代建设成就游等旅游产品项目,说明这家旅行社旅游产品线的长度就比较长;如果仅含有历史古迹游,说明该旅游产品线的长度相对较短。

1. 旅游产品组合的深度策略

旅游产品组合的深度指的是旅游产品线中每一产品项目的种类总数。旅游产品项目种类越多的话,深度就越深,反之则浅。如上述所提到的广西游,旅游产品线的深度就较深,但如果只提供三日游的话,该旅游产品线的深度就较浅。

2. 旅游产品组合的关联性策略

旅游产品组合的关联性指的是旅游企业的各个旅游产品线,在最终用途、生产条件、分销渠道以及满足旅游者需求等各项方面存在的相关程度。产品线各个方面组合的关联度越高,说明生产线之间协调、配合的可能性越大,反之就小。例如旅行社的观光休闲旅游产品线和度假娱乐旅游产品线之间存在一定的相互关联性。

五、旅游产品组合的优化分析方法

旅游企业为了使经营目标最大化,提高利润,需要对旅游产品组合状况进行分析和评价,制定改进方案,优化产品组合结构。对旅游产品组合优化分析的方法较多,但在现实中通常采用四象限分析法。

四象限分析法也称波士顿矩阵法,是由美国波士顿咨询公司于1970年提出的一种规划企业产品组合与战略调整的方法。其利用产品的市场占有率和市场增长率两个指标对产品进行评价,并据此制定产品经营对策。以市场增长率为纵坐标,相对市场占有率为横坐标,建立平面直角坐标系,并分析和确定临界值,横坐标和纵坐标将其分成了四个部分,也就是以下4种产品类型(见图7-3)。

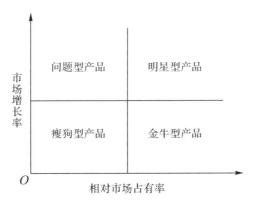

图7-3 四种产品类型

(一)明星型产品

明星型产品指的是市场增长率高、相对市场占有率也较高的产品。一般处于迅速增长的市场,且具有较大的市场份额,市场发展潜力较大。针对这类产品,需要加大投资力度,以扶持其快速增长,并且应保证资源的优先配置,扩大经济规模和生产能力,提升其在市场中的竞争力,促进销售量的快递增长。

(二)问题型产品

问题型产品是市场增长率高、相对市场占有率低的产品。通常这类型产品的市场前景较好,尚处于供不应求的局面,但是未来不确定性较大;而相对市场占有率低的话,说明旅游企业对这该产品的经营不太乐观,所需资金不足,竞争力较弱,实力较为欠缺,需投入大量的资金来提升其市场占有率。

(三)金牛型产品

金牛型产品是指市场增长率低、相对市场占有率高的产品。金牛型产品通常市场增长率低,在市场上基本供求平衡,企业无须对其进行投资用来扩大市场规模,给企业带来了大量的现金流;相对市场占有率高,说明企业在该产品的经营上具有一定的优势与地位,销售量较大,产品利润率高以及竞争能力较强。企业应采取稳定战略,维持这类产品在市场上的地位并加以改进提升,以获取更大的利润。

(四)瘦狗型产品

瘦狗型产品指的是市场增长率低、相对市场占有率也低的产品。这类产品通常市场增长率低,竞争力弱,在市场上的总体状况不容乐观;相对市场占有率低,说明旅游企业在市场中处于劣势地位,在经营中利润率较低,经常盈利较少甚至亏损。所以在科学的分析后将其淘汰,继而将重点用于开发新产品。

第四节 旅游产品价格概述

一、旅游产品价格的构成

通常而言,旅游产品的价格包括旅游者在旅游活动过程中各个环节所产生的费用,如食、住、行、游、购、娱等。这些价格主要由成本和盈利两部分组成。

旅游产品盈利是从业人员以社会劳动新创造的价值部分。成本包括旅行社自身经营过程中的各种成本,比如旅行社的日常通信费、商业场地的租赁费、旅游企业与其他业务伙伴的商业联系费用和旅游企业用于开发旅游新产品的开发费用等,以及旅行社的旅游计划调度、财务人员等其他人工成本。旅游企业的利润,指的是旅游产品价格减去营业成本的余额,或者是旅游产品价格减去所有费用后的余额。费用包含住宿费、交通费、服务费、活动费、餐饮费和其他附加费等。

二、旅游产品价格的形式

(一)旅游产品包价

在旅游活动中,旅游者通过旅游产品零售商所购买的满足其旅游活动所需要的全部旅游产品(包括餐饮、住宿、交通、景点及其他相关配套设施和服务中的两个或两个以上的要素所构成的产品)的价格称为旅游包价,等同于这些旅游产品的单价之和再加上旅游零售商、批发商自身经营的成本和利润。旅游包价通常以统一公布的价格面向公众进行营销,多数借助于纸质印刷品或电子媒介等方式加以描述。

(二)旅游产品单价

旅游产品单价指的是旅游者通过零星或多次购买的方式,直接与旅游产品的生产者接触,每次购买的只是一个整体旅游产品中的单项要素。比如,旅游者单独购买的景区票的价格、餐饮产品的价格、酒店客房住宿的价格等。

(三)旅游产品差价

旅游产品差价指的是同类旅游产品由于在时间、空间或其他方面的不同而导致的价格不同。这是因为旅游企业所提供的旅游产品与旅游者的消费需求之间通常存在一些偏差,比如时间上的季节偏差、空间上的地区偏差或其他质量、机会、批零等因素。所以旅游企业往往利用旅游产品差价来调节旅游市场的供求关系,目的是更充分地满足旅游者的各种消费需求。

(四)旅游产品优惠价

旅游产品优惠价指的是在旅游产品基本价格的基础上,给予旅游者一定程度的折扣和优惠价格。其主要有对象优惠价、常客优惠价、支付优惠价以及购买量优惠价等不同类型。目的是为了吸引更多的旅游者购买旅游产品,扩大市场占有率,增加业务收入。

三、旅游产品定价过程

(一)选择定价目标

如果一个旅游企业对自身的目标越明确、越清晰,相对来说制定价格也就越容易。通常旅游企业希望通过定价达到以下几个主要目标:生存、最大当期利润、最高当期收入、最高销售增长、最大化的市场长期利润。

(二)确定需求价格弹性

确定需求价格弹性通常需要以下几个步骤:第一,分析影响价格敏感度的因素。一般来说,消费者对价格敏感度较高时,需求对价格变化的反应较大;消费者对价格敏感度中等时,需求对价格变化的反应一般;同理,消费者对价格敏感度较低时,需求对价格变化的反应也较小。

第二,估算需求线。可以用两种方法来估算需求线:利用科学的统计和计算,分析过去的价格、销售量和其他相关因素的数据,进而估算它们之间的关系;或者通过研究并询问消费者在不同的价格水平会购买的产品数量,进而建立需求预测模型。第三,研究分析产品需求的弹性。需求受到价格和收入变动两方面的影响,因价格和收入等因素而引起的需求的相应变动率,称为需求弹性。需求弹性分为需求的收入弹性、价格弹性和交叉弹性。需求曲线一般是向下的,需求的价格弹性反映的是产品的需求量对价格的敏感程度,以需求量变动的百分比与价格变动的百分比之比值来计算,也就是如果价格变动1%会导致需求变动百分之几。

$$需求价格弹性系数 = \frac{需求量变动的百分比}{价格变动的百分比}$$

(三)估计成本

旅游企业除了需要了解旅游产品的消费者购买力以外,还要考虑利益和投入再生产的需要,所以旅游企业需要估算旅游产品的成本。只有当旅游产品的价格处在高于成本和旅游者接受的价格之间,才能使旅游企业与旅游者的需求共同得到满足,最终达成交易。

(四)分析竞争者

在由市场需求和产品成本所决定的可能的价格区间内,竞争者的成本、价格和可能对价格做出的反应也会对旅游企业制定价格产生影响。经过多方面综合比较,如果旅游企业的旅游产品比竞争者的同类产品有优势,价格可以往高进行适当调整;如果旅游产品和竞争者的产品较为相似,缺少自身特色,那么旅游产品的价格也需要与同类产品相符;如果旅游产品不如竞争者的产品,那么价格就要往低调整,后期旅游企业需要针对该旅游产品进行相应的反思总结,做进一步的改善。

(五)选择定价方法和定价策略

旅游产品价格的确定应该按照客观规律,在全面调查和合理预测的基础上,通过科学的方法进行,使其与市场需求相符合。由于市场变幻莫测,旅游者需求不断变化,产品价格也随之不断波动,这就需要旅游企业在定价的过程中必须注意定价策略,尽可能多方面考虑到竞争者的同类产品、旅游者的心理、市场的变化、需求的差别等,使定价既可以与旅游企业的其他营销工作相配合,又能较好地体现出定价的科学性和技巧性,增进旅游者对旅游产品或服务价格的认同和喜爱。

(六)确定最终价格

旅游企业定价一般会综合考虑以下几方面因素:旅游产品的竞争力、产品供应商、旅游者的心理感受、营销人员的态度、竞争者可能会做出的反应、国家有关价格方面的法律法规的规定以及该行业自律组织的约束。之后再通过合适的价格策略来确定旅游产品的最终价格。

第五节 旅游产品定价方法与策略

一、旅游产品定价方法

旅游业是一个需求波动较大、定价灵活性较高的行业。在实际工作中,旅游企业的定价方法也多种多样,为了实现在市场上的预计目标,需要从众多的定价方法中挑选对其适合的方法。因决定和影响旅游产品定价的因素有很多,依据定价时所考虑的侧重点不同,旅游企业常用的定价方法分为以下几种。

(一)成本导向定价法

成本导向定价法是指在平均总成本的基础上加上一定的期望利润,继而计算出旅游产品价格的方法。其具体分为以下几种。

1. 总成本加成定价法

总成本指的是旅游企业在一定时期内,用于生产经营产品时所花费的全部费用。依据不同费用在总成本中的变动情况,可以将总成本分为固定成本和变动成本。具体公式如下:

$$单位产品价格 = 单位产品成本 \times (1 + 成本利润率)$$

比如,旅游企业某产品的单位成本为 5 元,成本利润率为 20%,那么,单价 = 5×(1+20%) = 6(元)。

2. 变动成本加成定价法

变动成本加成定价法又称为边际贡献定价法,是指在定价时只计算变动成本,而不计算固定成本,在变动成本的基础上加上预期的边际贡献。边际贡献就是指销售收入减去补偿固定成本后的收益,也就是补偿固定成本费用后旅游企业的盈利。具体公式如下:

$$单位产品价格 = (变动总成本 + 预期边际贡献)/预期产品产量$$
$$= 单位产品变动成本 + 单位成本边际贡献$$

3. 盈亏平衡定价法

盈亏平衡定价法又称为保本定价法或收支平衡定价法,是指在销售量既定的情况下,旅游企业产品的价格必须达到一定的水平才能做到盈亏平衡。而旅游企业也试图找到一种价格,当使用这个价格进行销售时,企业的收入与成本可以相抵,换句话说,可以达到企业希望达到的利润目标。通过这种方法确定的旅游产品价格,就是该旅游企业的保本价格,如果低于此价格企业就会亏本,高于此价格企业就会赢利。因此实际价格高于保本价格越多,那么旅游企业的盈利也就越多。具体公式如下:

$$保本价格 = 固定成本总额/预计销售量 + 单位变动成本$$

比如,某酒店有客房 300 间,每间客房的固定成本是 100 元,单位变动成本是 50 元,酒店

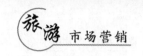

年均出租率为70%,那房价制定为多少可以赢利?

$$P=300\times100\div(300\times70\%)+50\approx193(元)$$

(二)需求导向定价法

需求导向定价法是基于旅游者需求因素来制定旅游产品价格的方法,也就是按照旅游者的需求强度、支付水平和对旅游产品价值认知程度综合进行分析,继而制定合适的价格。由此可知,需求导向定价法反映的是旅游的需求,与成本没有必然联系。因此旅游企业在制定价格时,要注意不同供求状况下利润的合理分配。常用的需求导向定价法主要有以下几种。

1. 差别定价法

差别定价法是指在旅游成本相同或相近的情况下,根据旅游者对同一旅游产品的效用评价差别来制定差别价格的方法。这种定价方法不是依据成本来定价,而是根据不同的时间、地点和不同旅游者的收入和需求状况来确定价格。针对不同旅游者的差别定价,也就是同一旅游产品视旅游者的不同身份实行的差异价格。比如,当商务旅游者和老年旅游者购买同一旅游产品时,价格会有所不同。因为商务旅游者时间较为紧张,在按照他们的日程计划来购买产品,通常购买的产品价格较高;而老年旅游者的时间较为宽裕,可以自行安排时间挑选合适的产品,因此所购买的产品价格相对较低。

2. 声望定价法

声望定价法是旅游市场中美誉度高、竞争力强的旅游企业有意识地拉大与其他同类旅游产品的价格差距,以此来向旅游者强调本企业旅游产品和服务的高质量,提高旅游产品和旅游企业在市场上的档次和声望。一些高级的商务旅游者会购买这类高价产品,作为自己身份和地位的象征。

3. 理解价值定价法

理解价值定价法认为,旅游者在购买某一旅游产品或服务之前,依据从产品的广告宣传所得到的信息以及自身的想象,对产品价值有一个自己的认知。理解价值也称为感受价值、认知价值,是旅游者对旅游产品的主观价值判断。旅游者对产品的理解价值会影响他们的购买决策。如果旅游产品价格与他们认知的价值相符,他们往往就会购买;反之,旅游者可能会拒绝购买。因此,运用理解价值定价法的前提是正确估算旅游者对该产品的理解价值,然后制定出相与之相符的价格。

(三)竞争导向定价法

在竞争激烈的旅游业中,定价除了考虑成本、盈利、旅游者需求等因素,还要考虑市场上的竞争因素。当旅游企业不得不以应对竞争为主要目标时,常常会根据或参照竞争对手同类产品的价格来确定自己旅游产品的价格。因此,竞争导向定价法就是根据旅游产品在市场上的情况,为了领先于其他竞争对手,基于竞争对手的价格为基础而制定的价格。常用的竞争导向定价法有以下几种。

1. 随行就市定价法

随行就市定价法是指面对竞争激烈的旅游市场,旅游企业为了维持生存、应对竞争,只能与市场上提供同类产品的同类企业站在同一价格水平线上。一些中小型旅游企业通常会采用这种定价方法,一方面保持该行业价格的相对稳定,另一方面也避免了恶性价格竞争。

2. 率先定价法

率先定价法是指旅游企业进行率先定价,制定符合目前旅游者市场需求的价格,并能在竞争激烈的市场上取得可观的经济效益。采用这种定价方法的旅游企业通常在某个经营领域有着较大的规模和较强的经济实力,综合竞争力较强。它所制定的价格会影响其他相关旅游企业的定价,会作为其他企业定价的基础或参考。

二、旅游产品定价策略

旅游产品的定价需要以科学的理论和适宜的方法为指导。由于市场竞争和旅游者的需要,旅游企业还需使用恰当的定价策略,进而依据旅游市场的情况变化适时地、有针对性地实现旅游企业的经营目标。通常来说,旅游企业在确立旅游产品价格时,主要有以下几种策略。

(一)心理定价策略

1. 尾数定价策略

尾数定价策略是指给旅游产品制定一个非整数的价格。由于旅游者通常会把整数定价认为是概括性定价,这种定价是不精确的。而非整数定价会让旅游者认为是精确的,是经过测算而制定的最低价格。因为旅游者的地域、文化以及消费习惯不同,因此不同的数字对不同的消费者来说具有不一样的含义。比如我国旅游者普遍认为6、8、9是吉祥数字,因此很多旅游企业在定价时会将尾数定为这几个数字,以顺应旅游者偏好。

同时,非整数定价策略会让旅游者心理产生一种价格偏低的感觉。比如98元、99元会被认为是不足100元,但是101元就会是100多元。

2. 整数定价策略

整数定价策略是指旅游企业在定价时,用合零凑整的方法来制定整数价格。这也是依据旅游者的心理状态,主要针对高档名牌、奢侈品的定价策略。比如豪华客房、总统套房等,为满足这类消费层次的旅游者,价格应该尽量凑足位数,如在旅游者心里,800～900元就不如1000元给人的感觉高档,前者会被认为百元,后者则是千元,档次就会有所体现。

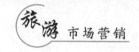

3. 差别定价策略

(1) 地理差价策略。因地理位置不同,价格会产生一定程度的差别。为了调剂不同地区的旅游消费供求关系,可采用地区差别定价来吸引旅游者。

(2) 时间差价策略。对同类型的产品,可以按照需求的时间不同制定不同的价格。比如受季节变化的影响产生的差价。

(3) 质量、样式差价策略。质量较高的产品往往含有较多的社会必要劳动,理应实行优质优价。

(4) 批零差价。批零差价指的是在同一种旅游产品的销售过程中,由于销售的方式不同而引起的价格差异。比如,旅游批发商和零售商在价格上肯定会有所差别。

(5) 顾客细分定价。顾客细分定价是从收益管理的角度进行定价。收益管理也被称为营业收入管理,指的是根据市场需求量,在恰当的时间,为各个细分市场安排合适的服务设施,为其制定合理的价格,以提升营业收入的最大化。

(二) 折扣定价策略

折扣定价策略指的是旅游企业所提供的旅游产品或服务的基本标价不变,而是通过调整实际销售价格,把一部分利润转让给旅游者,以此激励旅游者进行购买。利用旅游者对低于一般市场价格的产品感兴趣的心理,用低价、折扣、减价等促销方式吸引旅游者,用以扩大销售量,增加盈利。

1. 现金折扣

现金折扣指的是对现金交易、按期付款或提前付款的购买旅游产品或服务的旅游者给予合适的价格折扣,也称为付款期限折扣。这是针对付款迅速的旅游者所制定的折扣。比如某酒店的客房,在成交后 10 天内付款,可以得到 5% 的现金折扣;在 20 天内付款,可以得到 1% 的折扣。

2. 数量折扣

数量折扣指的是旅游企业为了鼓励和刺激旅游者大量或多次购买本企业的旅游产品或相关服务,依据旅游者所购买的数量或总价给予其相应的折扣。数量折扣通常有两种表现形式:一种是总量折扣。一般来说,当旅游者所购买的产品或服务的总量超过一定基准数额时,旅游企业将会按其购买的总量给予价格上的折扣。另一种是一次性折扣。一次性折扣是指当旅游者每次购买的产品或服务达到一定数量或多次购买达到一定的金额时,旅游企业给予旅游者的价格折扣。通常旅游者一次购买的数量越多,折扣越大,均价就越低。

3. 季节折扣

季节折扣指的是旅游企业为了更好地适应旅游产品季节性强的特点而有针对性地采取在旅游淡季时给予旅游者的折扣。也就是在淡季给予消费者比平日更低的价格,以此来刺激消费。比如酒店在淡季若想刺激需求,增加收益,可能最直接有效的办法就是给予折扣。

4. 老客户优惠折扣

老客户优惠折扣是指对经常购买本旅游企业产品或服务的老客户给予一定的价格优惠。其目的是维护这部分消费群体,稳定客源,保证销售额。旅游者也因其优惠的折扣价格更愿意继续消费。

5. 同业折扣和佣金

同业折扣和佣金是指提供产品或服务的旅游企业依据各类中间商在市场营销中所担负的不同职责,给予不同的价格折扣。

(三)新产品定价策略

新产品定价策略主要包括以下几种。

1. 撇脂定价策略

撇脂定价策略指的是在新产品投入市场时高价投放,以便在短期内获得高额利润的策略。这种策略是一种短期的价格策略,适用于有独特的生产技术、不容易被仿制、生产能力不易迅速扩大等特点的新旅游产品,抓住旅游者好奇的心理,迎合市场上新奇、时尚的市场需求。比如某地只有一家具有出境旅游组团资格的旅行社,其旅游价格可能就会很高。

2. 渗透定价策略

渗透定价是指在新产品投入市场时,为了较易被旅游者接受,增加产品销量、开拓市场、排斥竞争对手、取得较大市场份额和较高的收益,以低价投放市场。这种策略是旅游企业的一种长期价格策略,通常适用于可以很快大批量生产、特点不突出、容易被仿制且技术含量低的新产品。比如低星级酒店的客房。

3. 满意定价策略

满意定价策略是介于撇脂和渗透之间的一种折中价格策略。它有着上述两种定价策略的优点,所定的价格比撇脂价格低,但比渗透价格高,是一种适中价格。这种价格策略一方面保证了旅游企业在新产品进入市场初期可以获取一定的收益,另一方面又兼顾了旅游者的购买能力和消费心理,使旅游企业和旅游者双方都比较满意,因而有时也被称为"君子价格"或"温和价格"。

(四)其他定价策略

其他定价策略主要包括以下几种。

1. 特殊事件定价

特殊事件定价指的是旅游企业针对某些特定的节假日、特殊活动或特定事件等,适度降低旅游产品或服务的价格用以刺激旅游者购买的一种定价策略。这也是在市场上大部分旅游企业会使用的方法，比如在法定节假日或小长假等旅游旺季前，旅行社、酒店、饭店等往往会在各种社交平台上宣传产品，告知优惠活动等。

2. 产品捆绑定价

产品捆绑定价指的是旅游企业将两项或多项产品捆绑在一起，以低于单项产品价格之和的整体价格出售。比如酒店所出售的节假日特价组合产品，其中包含了客房住宿、餐饮、娱乐等，将所提供项目的总价进行优惠和打包出售，用以刺激旅游者购买。

3. 亏损定价

亏损定价是指旅游企业在自己出售的旅游产品或服务组合中，有意识地把某些产品或服务的价格定得较低，甚至低于成本价。这种定价法会给人造成一种亏损的假象，利用旅游者"求廉"的心理，刺激需求，扩大销量，增加企业收益。不过这里的亏损指的是某方面的亏损，而不是完全的亏损，比如某旅行社以低团费的价格吸引旅游者，扩大客源用以弥补损失，但需注意该策略可能会带来一定的负面影响。

本章小结

1. 从性质来讲，旅游产品属于服务类产品。不同于其他工农业所生产的物质产品，旅游产品有其自身的独特性和差异性，它是由不同场所的劳务人员通过服务的形式体现出来的，而工农业产品是通过物质材料加工生产出来的。不过大部分旅游产品同时包含了服务的无形成分和物质的有形成分。

2. 产品生命周期是一种新产品从开始进入市场到被市场淘汰的整个过程。最初是1966年，雷蒙德·弗农在其《产品周期中的国际投资与国际贸易》一文中提出的。弗农认为，产品的生命周期是指产品的市场寿命，即产品在市场上的受欢迎程度。如同人的生命，产品会经历导入期、成长期、成熟期和衰退期四个阶段。旅游产品生命周期是指旅游产品从开发出来到进入市场直至被市场淘汰的整个过程，同样依次会经历导入期、成长期、成熟期和衰退期。一条旅游路线、一个旅游景点、一个旅游活动项目等大多都会经历一个从无到有、由弱至强，然后衰退、消失的过程。旅游产品生命周期的阶段一般是以旅游产品的销售额和利润的变化状况来区分的。

3. 旅游产品品牌是指用以识别某一个（或几个）旅游企业产品或服务的名称、术语、标记、符号、图案或其组合。

4. 旅游产品组合是指旅游企业通过对不同规格、不同档次和不同类型的旅游产品进行分析之后，将其提供给市场的全部产品线和产品项目的组合。

5. 旅游产品的价格一般包括旅游者在旅游活动过程中各个环节的费用，如食、住、行、游、购、娱等。这些价格主要由成本和盈利两部分组成。

核心概念

旅游产品　旅游产品生命周期　旅游产品品牌　旅游产品组合　旅游产品定价策略

课后思考题

1. 旅游产品有哪些特点？
2. 简述旅游产品生命周期。
3. 旅游产品组合策略有哪些？
4. 制定旅游价格一般要经过哪些步骤？

第八章
旅游营销渠道策略

第一节 旅游营销渠道概述

一、旅游营销渠道的概念

营销渠道是指商品或服务由生产者向消费者转移过程中所经历的具体路径和路径上一切活动的总和。其中营销渠道包括供应商、生产者、代理中间商、辅助中间商和最终消费者或用户等,但是不包括资源供应商、辅助商,比如运输公司、仓储企业或广告代理商等。

广义的旅游营销渠道一般是指旅游企业将旅游产品转移运动到旅游者手中的途径,或者是指旅游产品从旅游生产者转移到旅游购买者手中所经历的一系列途径。狭义的旅游营销渠道是指旅游产品或服务从旅游企业向旅游者转移的过程中,所经历的一切取得旅游产品或服务的使用权或协助使用权转移的旅游中介组织或个人,也就是旅游产品使用权转移过程中所经历的各个环节连接起来而形成的途径或通道。旅游营销渠道表明了旅游产品的流通过程,该过程的起点是旅游产品生产者,终点是旅游者,中间环节包括旅游批发商、旅游代理商、旅游零售商以及其他旅游中介组织或个人。

二、旅游营销渠道的功能和作用

(一)旅游营销渠道的功能

旅游营销渠道的目的在于解决旅游产品价值的交付问题。其具体功能如下。

1. 交易流程便捷

旅游营销渠道为旅游企业、旅游者都带来了较大的便利。一方面对于旅游者来说,旅游企业将自己经营的旅游产品通过不同的营销渠道展示给旅游者,为旅游者提供了多项选择的同时,也为旅游者节省了购买时间和搜集信息的精力。另一方面对于旅游企业来说,旅游中间商或旅游中介组织的存在节省了营销过程中大量的人力、物力,使其交易流程更为便捷。

2.组合旅游产品

旅游营销渠道有着重要的组合作用,它把旅游企业各类不同的旅游产品组合成包价旅游线路,再把组合好的旅游线路销售给旅游者,用以满足他们的需要。旅游中间商是其组合过程中的一个重要环节,它把食、住、行、游、购、娱等各个单项旅游产品组成整体产品,目的是使旅游者在单次购买后有一次完整的旅游经历体验。因此,旅游营销渠道有着旅游产品组合的功能。

3.实现信息反馈

旅游市场是各种信息集合的场所。旅游营销渠道的作用是将各种即时的信息汇总并传递。例如旅游中间商可以通过旅游营销渠道将信息传递给生产者,生产者再将其反馈至中间商;中间商也可以将信息传递给旅游者,旅游者再将信息反馈至中间商或生产者,从而多方面地实现信息的传递和反馈。

4.实现销售与交易

旅游营销渠道既可以向旅游目标市场传播和宣传旅游产品的相关信息,也可以在合适的时间、地点将旅游产品提供给合适的旅游者,从而达成交易,实现旅游产品的销售。

5.承担营销风险

旅游营销渠道因其本身的性质不同、任务不同,在执行渠道职能时所承担的风险也有所不同。比如,旅游经销商购买了旅游产品之后获得了对旅游产品的使用权,但因大多数旅游产品不可储存的特性,如果旅游经销商没有及时将旅游产品销售出去,那么未销售的旅游产品本身的价值可能就会受到损失。因此,旅游营销渠道在一定程度上具有承担风险的功能。

(二)旅游营销渠道的作用

旅游营销渠道一般由多个旅游组织或个人构成,通常呈现为一个相对完整、稳定的体系。这个体系运作的好坏程度,对旅游企业营销计划的执行效果,甚至对整个旅游产品的流通过程都会产生重要影响。

1.旅游营销渠道可以提高销售的效率

旅游营销渠道的成员包括众多的旅游批发商、旅游代理商、旅游零售商以及其他旅游中介组织或个人等。他们是旅游贸易的中坚力量,有着较为丰富的旅游业相关信息、知识储备和营销经验;熟悉旅游市场,有良好的公共关系和多端信息来源,可以较好地解决旅游企业与旅游者之间的信息不对称问题。在旅游市场中,旅游者所分布的地理范围广泛、分散,需求也较为多变。而旅游企业是相对集中且固定的,旅游产品的种类也是多样的。旅游中间商可以将不同的旅游产品与旅游者的不同需求进行适当组合,同时各个营销渠道负责不同的细分市场,可以扩大旅游产品的市场占有率和覆盖面,提高销售效率。

2.旅游营销渠道有利于提高旅游经济效益

旅游营销渠道的数量、环节以及容量等都会直接影响旅游产品的销售。选择合适的营销渠道,注重营销渠道的管理以及适时地增加营销渠道,可以加快旅游产品的流通速度,缩短旅游产品的销售时间,使其在短时间内发挥最大的使用价值,进而节省销售费用,降低销售成本,最终提高经济效益。在旅游市场中,共同参与的旅游企业、旅游产品和旅游者的数量越多,旅游中间商的作用也就越凸显。

3.旅游营销渠道有利于快速获取市场信息

旅游营销渠道中的旅游中间商搭起了旅游企业和旅游者之间信息沟通的桥梁。特别是旅游营销渠道中的旅游代理商或旅游零售商,他们在直接与旅游者沟通接触的过程中,一方面可以将旅游产品的相关信息及时传递给旅游者,帮助旅游者更快速、更清晰地了解产品信息,便于旅游者选择和购买;另一方面在接待旅游者咨询或处理旅游者投诉时,可以第一时间了解旅游者的偏好、需求以及竞争企业的信息动态。根据旅游中间商反馈的信息,旅游企业可以更精准地把握旅游者需求变化的趋势,从而及时调整营销策略,改进营销方式,不断将旅游产品推陈出新,提高市场竞争力和占有率。

4.旅游营销渠道有利于旅游企业开展经营活动

通常旅游企业的生存和发展有赖于自身经营活动的循环。在旅游企业经营活动的循环中,每个环节都有着不可替代的作用,如果任一环节出现问题,都会直接对旅游企业的经营活动带来影响。旅游企业虽然可以控制旅游产品的生产过程,但是对于销售环节的控制程度却较弱。原因是,旅游产品的销售状况不仅取决于产品自身是否能够满足旅游者的需求,还取决于旅游营销渠道能否及时地完成旅游产品的销售。如果旅游营销渠道的选择不合适或者流通不畅的话,那么即使旅游产品优质对路,也很难发挥其价值。

5.旅游营销渠道有利于增强旅游企业的营销实力和营销效果

在旅游市场的经营环境中,应通过合理选择旅游营销渠道,建立由多个旅游中介组织或个人构成的"利益共同体",联合多家旅游机构的营销力量,共同为一个营销目标服务。这些联合起来的旅游营销组织在长期合作中配合密切,多方面协调发展,增强了旅游企业的营销实力,共同实现营销绩效,使旅游企业取得更好的营销效果。

6.旅游营销渠道有利于旅游企业树立市场形象

健全的旅游营销渠道体系可以形成单个企业的营销活动所难以产生的规模效应,能够在更大范围的公众心目中树立起旅游企业的整体形象,从而可以较快地提高旅游企业的知名度和美誉度,进一步增强其在旅游市场中的地位。

第二节　旅游营销渠道的类型

受旅游企业、旅游产品、旅游中间商、旅游同行竞争者和旅游者等诸多方面的影响,旅游营销渠道呈现出了多种类型。从旅游产品生产者和旅游者是否直接进行旅游产品交易来看,也就是以二者之间是否有旅游中间商来划分,旅游营销渠道通常可分为直接营销渠道和间接营销渠道两种类型。

一、直接营销渠道

(一)直接营销渠道的模式

直接营销渠道指的是旅游企业不借助任何旅游中间商,直接将旅游产品销售给旅游者的销售方式,又称为零级销售渠道。从旅游产品的销售实践来说,直接营销渠道通常有以下模式。

1. 旅游产品生产者或供给者——在旅游目的地的旅游者

这一模式是指旅游产品的生产者或供给者直接把产品销售至旅游者,是目前大多数旅游企业所采用的模式。比如旅游景区、酒店、博物馆、小规模餐厅等均采用等待旅游者主动上门来购买产品,均属于这种销售模式。

2. 旅游产品生产者或供给者——在旅游客源地的旅游者

这一模式是指旅游者尚未身处旅游目的地,通过线上网络、电话、在线客服等方式购买或预定旅游产品。随着当代快速发展的网络通信技术在旅游业中的广泛应用,这种模式开始有了新的突破,很多旅游企业已经可以通过接受旅游者的网络咨询、预订,直接向其销售旅游产品。比如酒店通过线上向旅游者销售客房、餐饮等旅游服务产品。

3. 旅游产品生产者或供给者——在产品销售点的旅游者

在这一模式中,旅游产品生产者通过在目标市场设立的自营销售网点,直接向旅游者销售其产品。比如一些生产规模较大、经济实力较雄厚的旅行社在多个目标市场区域设立门市部或销售点,供旅游者直接选择购买旅游产品。

(二)直接营销渠道的优缺点

1. 直接营销渠道的优点

有利于旅游企业贴近市场,获取旅游者的第一手信息,及时了解和掌握旅游者对其旅游产品的购买态度和其他相关市场的需求信息,根据不断变化的市场需求及时改进其产品,调整营销策略;有利于旅游企业直接对旅游者进行宣传,提升旅游企业的整体形象,提升旅游者对旅游企业的忠诚度和好感度;有利于控制旅游产品的质量和信誉;有利于节省中间商的营销费用,降低成本,在价格上取得竞争优势,使旅游企业获取更多的利润;有利于突破销售旅游产品的时空限制,电话或网络销售成了营销渠道的新形式。

2.直接营销渠道的缺点

旅游产品的生产者与旅游市场的接触面(网络销售渠道除外)有限,导致旅游产品的销售量也受限,很难满足市场需求。该营销方式只适合于生产规模较小或接待量有限的旅游企业。

二、间接营销渠道

旅游产品通过一个或多个旅游中间商提供给旅游者即是间接营销渠道。这种营销方式通常由旅游生产者先把旅游产品销售至旅游中间商,中间商再将其进行销售。依据中间环节数量的多少,间接营销渠道可分为一级渠道、二级渠道和三级渠道等多种类型。

(一)一级营销渠道模式

一级营销渠道模式是指旅游产品生产者通过旅游零售商向旅游者进行产品销售,即旅游产品生产者—旅游零售商—旅游者。比如航空或者铁路运输公司一般会通过旅行社代理售票,旅游景点也会通过酒店、旅行社代理售票等。

一级营销渠道模式具有以下优点:中间环节较少,有利于将旅游产品更快地推向市场;能有效地降低成本、减少开支,有效提高旅游企业经济效益。

一级营销渠道模式具有以下缺点:销售范围和规模比较有限,仅适用于营销批量不大、地区狭窄或单一的旅游产品。

(二)二级营销渠道模式

二级营销渠道模式是在一级营销渠道的基础上添加了旅游批发商,旅游生产者先通过旅游批发商,再通过旅游零售商把旅游产品销售至旅游者手中,也就是旅游生产者—旅游批发商—旅游零售商—旅游者。这种模式中,大规模的旅游生产企业将旅游产品以大批量预订的方式销售至旅游批发商,旅游批发商经过精心设计制定包价旅游线路,再以批量的方式销售至旅游零售商,最终旅游零售商将旅游产品销售至旅游者。

二级营销渠道模式具有以下优点:旅游批发商通常规模较大,在市场上网点分布较为广泛。旅游生产者通过旅游批发商可以把旅游产品销售至更大的范围或目标市场,适用于规模较大的旅游企业。

二级营销渠道模式具有以下缺点:这种渠道营销的速度较慢,成本高,小型旅游企业不宜采用。

(三)三级营销渠道模式

三级营销渠道是在二级营销渠道的基础上添加了旅游总代理。也就是旅游生产者—旅游总代理—旅游批发商—旅游零售商—旅游者。在我国国际旅游市场营销中通常会广泛应用这种模式。我国的旅游生产企业一般很少直接在国际市场上进行销售,通常会委托旅游总代理商把产品销售至国外的旅游批发商,通过他们把旅游产品销售至国外的旅游零售商,最终再销售至客源国旅游者。

三级营销渠道模式具有以下优点:扩大了旅游产品的销售范围,提高了旅游企业的销售量。

三级营销渠道模式具有以下缺点:这是渠道最长的销售模式,各个环节之间有时间差,销售速度会相对较慢。旅游产品在生产出来的较长时间后才能与旅游者见面,有时也会因此错失良好的销售时机,对流行时间短的旅游产品的销售影响较大。

第三节 旅游营销渠道的选择与管理

一、旅游营销渠道选择的基本原则

通常在选择合适的旅游营销渠道过程中,旅游企业首先需要通过综合分析,评估影响营销渠道的各种因素,其次确定营销渠道目标,设计多个方案用于备选,最后依据不同的标准进行旅游营销渠道的综合评估,确定最适宜的方案。

(一)旅游者导向原则

旅游企业开展市场营销活动的最基本原则就是满足旅游者的需要。这就要求旅游产品的生产者或供给者应先设计和生产出符合外部市场需求的旅游产品,继而制定相对合适的价格,再进行针对性的旅游市场促销活动。当前,旅游业已逐渐成为一个强竞争性的行业,新的旅游业态不断涌入,旅游产品数量也在相继增加;旅游产品本身可替代性较强,可供旅游者选择的余地也比较大。在同等条件下,当旅游者在合适的时间和地点可以购买到旅游企业的旅游产品时,该企业才可以在竞争激烈的旅游业中取得更大的优势。

(二)经济效益原则

旅游营销渠道的建立需要旅游产品生产者不断地规划、设计、开拓和维持,间接表明了这个过程需要一定的费用。这些费用需要用从建立的销售渠道中所获得的收入进行抵偿。假使旅游企业自身的经济实力不足以支付营销渠道的规划、开拓、维持等一系列活动所产生的费用,那么这一渠道就没有选择的价值。在选择合适的营销渠道时,应综合比较各个渠道所带来的销售收入、利润和所需要的成本,选择能为旅游企业带来一定的销售收入,且在扣除各项费用后还可以使该企业赢利的营销渠道,这才是有价值的旅游营销渠道。

在选择旅游营销渠道时,一方面应考虑所选择渠道的营销能力。目前我国的旅游外部市场中,各个旅游企业实力差异较大,较大规模的旅游企业员工往往有上千名,年接待游客量达数十万人次。小型的旅游企业或旅行社只有五六名员工,全年接待的游客量也就几百人次。

另一方面应考虑所选用渠道的成本。一般情况下,利用国外酒店集团的连锁营销渠道进行营销的效率比较高,但相对代价也比较大,所需成本相对较高。通常营销能力越强,旅游企业所付出的成本就越高,这就属于按质论价。若旅游企业选择营销能力强而成本较低的渠道,一般获利就会较多。

(三)稳定可控原则

旅游营销渠道是旅游企业整个经营系统中的一个重要组成部分,前期设计和建立营销渠道往往需要投入大量的人力、财力和物力。在营销渠道建立后,旅游企业通常不会轻易对营销渠道进行调整,更换渠道中成员或者改变渠道模式,因为这样不仅需要花费大量的成本,又会面临很大的风险,所以选择旅游营销渠道时,稳定且可控是非常重要的。旅游企业应在尽量确保稳定、可控的情况下,提升企业的经济效益,促进企业发展。但即便如此,因为外部市场需求和形势变幻莫测、难以预料,旅游企业的营销渠道难免会受到影响。这就倒逼旅游营销渠道自身需要具备一定的调节能力,用来维持其生命力,进而更好地应对外部市场变化。

(四)适度覆盖原则

旅游企业在设计营销渠道时,不仅要考虑渠道的成本和产品流程,还要考虑营销渠道是否能将产品成功销售,是否能保持一定的市场占有率。因此,旅游企业一方面不能单纯、片面地追求营销渠道降低成本,这样可能会导致旅游产品的销量和市场占有率不足;另一方面也不能过度追求拓展分销网络,不然会造成营销渠道的冗杂,难以对其进行管理和控制。旅游企业只有在权衡企业自身实力和注重成本的基础上,进行适度铺开、覆盖营销网络,才是适宜的做法。

(五)畅通高效原则

畅通高效对于一个合理的旅游营销渠道来说是非常必要的。旅游产品具有无形性的特点,保证营销渠道相关信息、资金等方面的流通顺畅是很重要的。畅通且高效的旅游营销渠道应该以旅游者的消费需求为导向,将旅游产品尽快、尽好地通过适宜的方式、合理的价格送至旅游者手中。一方面要保证旅游者能以合理的价格方便、快捷地购买到旅游产品,另一方面还要尽量确保旅游营销渠道的经济效率,要尽可能地缩短流通时间,提升流通速度,最终减少流通费用,节省营销成本,使旅游企业收益最大化。

(六)利益均衡原则

旅游企业在设计旅游营销渠道时不能只考虑自身的经济收益。如果旅游企业一味地追求自己经济收益最大化而不考虑营销渠道中其他成员的利益,很大程度上会起到反作用,从而引发旅游企业与旅游中间商之间的矛盾,因此在设计旅游营销渠道时,应注意平衡旅游企业与渠道中其他成员之间以及各个成员之间的利益。旅游企业对渠道中各个成员之间的合作、竞争以及冲突要具备相对应的管控能力,积极引导渠道中各个成员之间良好合作,减少冲突,以确保旅游企业的营销渠道顺利、正常地运行。

(七)综合权衡原则

营销渠道固然重要,但它只是旅游企业市场营销策略中的一个方面。旅游企业若想在外部市场的竞争中获得主动权,占据一定的优势,仅依靠渠道策略是很难实现的。旅游企业应将营销渠道的设计、运营及管理与企业其他产品、价格、促销等策略相结合,最后进行综合分析,权衡利弊,使其成为一个运转良好的系统,促进经营目标的实现。

二、旅游营销渠道选择的影响因素

因旅游营销渠道的类型不同,所以旅游企业在选择营销渠道时,会受到多种因素的影响或制约,只有充分地考虑这些因素的综合影响,才能做出合理、有效的决策。

(一)相关法律因素

旅游企业在计划开展旅游营销渠道工作之前,首先应该考虑的因素是相关法律、法规和政策。

例如在我国,入境游目前属于特许经营,未经批准许可的国内旅行社不可以从事招揽、接待入境旅游者的相关业务。因此旅游景点、酒店、旅游交通企业等就不能选择没有特许经营许可的国内旅行社作为向入境旅游者销售产品的旅游经销商或代理商。旅游企业需认真研究、严格遵守旅游目的地和客源地的相关法律、法规和政策,在满足其各项条件的大背景下,才可以去选择旅游营销渠道。

(二)旅游市场因素

旅游市场因素包含旅游者特点和竞争状况等,它们会在一定程度上影响旅游营销渠道的选择。

第一,旅游者特点涵盖了目标旅游市场、旅游者数量、旅游者地区分布和购买习惯等。比如:当旅游者地理位置分布较为集中且购买量大时,旅游企业或旅游产品生产者通常会考虑选择短而宽的营销渠道,在客源地当地设立直接营销网点,这样不仅有利于旅游产品的快速流通,还方便了旅游者购买;当旅游者地理位置分布较分散、购买旅游产品的意愿较低、购买量较小时,旅游企业或旅游产品生产者会选择通过旅游中间商进行产品销售。

第二,旅游市场的竞争状况和竞争对手也会对旅游营销渠道的选择带来较大的影响。因此旅游企业应充分考虑竞争对手的营销渠道策略,并积极采取相对策略,以便在旅游市场竞争中取得优势。当竞争对手所生产、经营的旅游产品可替代性弱,甚至有一定程度上的互补性,或者旅游企业的产品在市场上的竞争力比竞争对手产品的竞争力更强时,旅游企业可以选择与竞争对手相同的旅游营销渠道;当旅游企业产品的竞争力低于竞争对手产品的竞争力时,应再选择其他的旅游营销渠道。

(三)旅游产品因素

旅游产品因素是旅游企业在进行营销渠道选择时应考虑的重要因素。旅游产品的性质、等级、市场声誉以及所处的生命周期阶段都会影响旅游企业营销渠道的构成。比如在旅游产品生命周期的导入期、成长期、成熟期、衰退期等不同阶段,旅游企业所选择的营销渠道也会有一定的差异。

通常来说,饭店、旅游景点、旅游交通运输公司等旅游企业,主要采取的是直接营销渠道来销售自己的旅游产品,经营高档或定制旅游产品的旅游企业一般也会采用这种营销模式。而经常经营跨国旅游业务的旅游企业,比如国际旅行社、机场住宿酒店、包机公司等,以及大众化、档次较低的旅游产品,由于它们市场销售覆盖面较大,因而通常采用间接营销渠道。

(四)旅游企业自身因素

第一,旅游企业的规模、形象和经营能力等方面都会对营销渠道的选择带来一定程度的影响。如果旅游企业规模大,形象好,经营能力强,愿意加盟的旅游经销商就会比较多,可供旅游企业选择的余地也就比较大,更有机会选择和利用对自身有益的营销渠道。反之,如果旅游企业规模小,形象一般,经营能力弱,有意愿加盟的旅游经销商就会比较少,企业可供选择的经销商的余地就小。一般规模较小的旅游企业年接待游客量较少,通常以散客或短渠道为主,而规模较大、接待或供给能力强的旅游企业则会采用较长的旅游营销渠道。

第二,旅游企业产品组合的广度和深度对旅游营销渠道的选择也有很大的影响。产品组合面越广,产品品种数量越多,就越容易满足旅游中间商的需求,相应地,采取的营销渠道就应该短或者窄一些;反之,产品组合面越窄,产品品种越单一,就越难满足旅游中间商的需求,相应地,采取的营销渠道就应该长或者宽一些。

第三,旅游企业自身的销售能力也会影响其营销渠道的选择。如果旅游企业自身有较强的销售能力和较丰富的直接营销经验,就可以采用直接营销渠道,少用或者不用旅游中间商,减少对旅游中间商的依赖,这样就减少了支出,增加了企业营收;反之,如果企业自身销售或管理能力较弱,缺乏直接营销经验,就应采用间接营销渠道,借助旅游中间商的作用,通过旅游中间商来进行产品分销。

(五)旅游中间商因素

旅游企业在考虑旅游中间商的因素时,首先应充分考量不同中间商的优缺点,应在成本、可获得性、回报价值和所能提供的服务等方面对其进行综合实力评估,最后再做出正确的选择。其次应考虑的问题是要找到合适、理想的旅游中间商。通常来说,能顺应旅游企业的发展规划,且能与其较好匹配的理想的旅游中间商应符合以下条件:首先能做到方便、快捷地服务旅游者,符合旅游企业或生产者的需要。其次在旅游外部市场中有较好的口碑,有一定的影响力,在旅游者中的评价或满意度较高,与旅游企业或生产者有较强的合作意愿,营销能力可以达到企业的预期,且费用合理、适中。理想、适宜的旅游中间商可以为旅游企业承担一部分销售职能,能在旅游营销渠道中最大化地发挥自身价值。这样的话,旅游企业选择间接营销渠道就是比较合理的。反之,如果旅游中间商的作用不明显,那么旅游企业选择直接营销渠道就比较好。

(六)外界环境因素

旅游营销渠道的选择还会受到外界环境因素的影响,其主要包括人口、政治环境、经济环境、自然环境、社会文化、科学技术等因素。比如科学技术的进步和革新会推动营销渠道的变革。在经济繁荣时期,旅游者有较充裕的资金,旅游客源市场会进一步扩大,这种情况下旅游企业可以选择适宜的渠道进行销售。而在经济不景气时期,客源市场相对也会萎缩,旅游者可支配收入较少,旅游企业这时应减少非必要的中间环节,可考虑采用较短的营销渠道。自然环境方面,若想在偏远地区销售旅游产品,一般应选择通过旅游中间商,利用较长的间接营销渠道进行。

三、旅游营销渠道的选择

旅游营销渠道是否畅通会在一定程度上影响旅游企业的长期发展。在选择旅游营销渠道时,一方面要确保旅游产品可以便捷、及时地到达目标市场中旅游者手中,保证营销渠道运行效率,另一方面还要注意用于营销渠道的费用。

旅游企业为了实现利益最大化,可在合理、可控的范围内减小营销渠道成本。这就需要旅游企业首先应理性认真地分析、研究影响营销渠道的相关因素。该因素具体可分为以下几类:一是旅游产品的类别、数量、质量以及计划目标市场;二是旅游市场的地理位置、旅游者购买总量及其变化趋势等;三是旅游者的购买需求、方式和原因等;四是竞争者的数量、规模和实力等;五是旅游产品的计划发展方向和相关生产经营技术等。将上述诸多因素进行综合分析,再与旅游企业自身的营收目标相结合,继而明确渠道需达到的目标,最终选择和确定旅游营销渠道。通常来说,旅游营销渠道的选择主要包括以下几个方面。

(一)旅游营销渠道长度选择

旅游企业经营状况、旅游产品特点、旅游外部市场现状以及国家相关法律、法规、政策等因素,都会对旅游营销渠道长度的选择产生一定的影响。对旅游企业来说,若旅游营销渠道变长,用于渠道营销的费用,也就是成本会随之增高,获取旅游者信息和对营销渠道进行控制的难度也会随之增加。若旅游营销渠道较短,则可能会与现代社会专业化分工的要求不相符,不利于企业合理利用社会资源,进而影响旅游产品的销售。

旅游营销渠道长度的选择通常分为两个层次,一是决定采用直接营销渠道还是间接营销渠道,二是选择间接营销渠道的中间环节或层次的多少。在实际旅游营销过程中,旅游企业自身的特性决定了其通常会同时采用两种营销渠道进行产品销售。当旅游产品面对近距离外部市场时,如果旅游企业自身具备一定的营销能力,旅游产品的销售可以通过自己的销售力量或网络来完成,那么旅游企业通常会选择直接营销渠道;当旅游产品面对的外部市场比较分散、

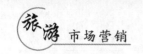

庞杂时,如果旅游企业的营销能力欠缺,无力凭借自身单一的力量建立起范围广且数量大的营销网点,需要依靠各种类型的旅游中间商的营销力量,那么旅游企业应选择间接营销渠道。

其实每个营销渠道在长度策略理论上都具有其自身的优点。例如直接营销渠道面对目标市场更直接,可以使旅游企业直接了解旅游者的需求、建议或意见,使供求双方的信息沟通更便捷、高效;间接营销渠道借助了旅游中间商的力量,加快了旅游产品的流通速度。但对于某个具体的旅游企业或生产者来说,营销渠道在长度方面的优点只是相对的,而不是绝对的或固定的,需要经过各种因素的综合评判来进行最终选择。如果某一长度策略适合旅游企业自身的经营状况和营销能力,能实现企业的利益最大化,且符合企业的长远规划、总体利益目标以及社会的根本利益,那么它就是企业的最佳选择。

(二)旅游营销渠道宽度选择

在旅游营销渠道的长度设定之后,旅游企业应对每个环节中间商的数量,也就是渠道覆盖能力进行选择。旅游营销渠道宽度选择通常包括密集型营销、选择型营销和独家营销三种策略。

1. 密集型营销策略

密集型营销是指旅游企业在营销渠道中,广泛、不受限制且尽可能多地选用选择旅游中间商加入分销旅游产品的行列。这是一种用来扩大市场接触面的营销策略,也称为广泛性营销或普遍性营销。一般在旅游者集中的地方或企业的主要目标市场中,这种营销策略的使用效果较为明显。比如在我国,许多旅游产品会通过中旅、国旅、青旅等大型的旅游批发商或在线旅游企业进行销售。

密集型营销具有以下特点:市场覆盖面广、灵活性较强,可以使旅游者更方便地购买到旅游产品,一般不会因为某个旅游中间商经营失利而产生严重的后果和影响,比较适合大众化的旅游产品。但需注意的是,旅游企业应充分考虑这种策略的欠缺之处,比如营销控制力弱、信息反馈缓慢等。

2. 选择型营销策略

选择型营销策略是指旅游企业只选择那些综合素质高、营销能力强的旅游中间商销售其产品。这种策略比较适用于档次和价格较高、数量有限且专业性强的旅游产品,要求旅游中间商需具有一定的销售能力和专业知识储备,有较好的信誉,以及能为旅游者提供有针对性的高质量服务。这种策略有利于旅游企业塑造鲜明的品牌形象,可以提升旅游企业在市场上的知名度和美誉度,淘汰不合适的旅游中间商,进而提高企业的经济效益。

选择型营销具有以下特点:一方面,旅游企业只与少数几个旅游中间商进行合作,可以把更多的精力集中在这些通过细致筛选的旅游中间商身上,增强了对营销渠道的控制。另一方面,旅游企业通过与旅游中间商的密切联系,能使中间商更有效地履行旅游企业所赋予的营销职能,扩大旅游产品的销量。

3. 独家营销策略

独家营销策略是指旅游企业在一定时间、一定市场区域内只选择一家营销经验丰富、在市场上美誉度较高的旅游中间商进行产品销售。一般情况下,旅游企业或生产者与旅游中间商会签订合同或协议,规定双方的销售权限、利润分配比例、销售有关费用的分担比例等。旅游企业或生产者选择这种策略,成功与否的关键是所选择的旅游中间商的优劣程度。

独家营销具有以下特点:一方面,有利于调动旅游中间商的积极性,而且旅游企业对中间商有较强的控制能力,在销售价格、促销方式、信用程度以及综合服务等方面也更利于双方的合作。其缺点是灵活性较差,不利于大众消费者分散购买产品。另一方面,这种营销策略的市场覆盖面较为狭窄,风险较大,一旦出现旅游中间商不能胜任独家分销的局面,就会严重影响旅游企业在该市场的整个营销计划,因此旅游企业若选择独家营销,需严谨、慎重地选用旅游中间商,以便最大限度地降低风险。

四、旅游营销渠道的管理

旅游企业在选择了合适的旅游营销渠道之后,应对其进行有效管理和控制,这是旅游企业能否实现最终目标的关键。通过对营销渠道的管理,一方面加强了旅游企业自身对营销渠道的控制能力,保证按事先计划的方式或轨迹进行。另一方面能明确营销渠道中旅游中间商的权利、义务,最大化地发挥中间商的职能和价值。总之,使旅游企业和旅游中间商实现各自的经济利益是渠道管理的主要目的。通常来说,旅游营销渠道管理的功能主要体现在以下几个方面。

(一)旅游营销渠道的演进

旅游营销渠道在外部市场中不断地变化,各个渠道之间相互竞争、相互合作。对旅游企业而言,需选择合适的旅游渠道。

在"旅游产品生产者—旅游批发商—旅游零售商—旅游者"这个传统模式中,旅游营销渠道中每个成员都是独立的单位,都以自身利润最大化为营收目标,相互间难免会产生利益冲突。因此,改进营销渠道模式,减少渠道中成员间的冲突,促进成员间的友好合作和良性竞争,是旅游企业营销活动中的一项重要课题。

1. 垂直营销渠道

垂直营销渠道是由生产者、批发商和零售商所共同组成的一种统一的联合体。这种联合体的特点为:联合体拥有其他成员的产权,或者成员间存在一种特约代理关系,或者渠道中的某个成员具有一定程度的实力能使得其他成员与之进行合作。这种营销渠道既可以由生产商支配,也可以由批发商或零售商支配。

垂直营销渠道一般包括以下几种类型:公司式、管理式和合同式。公司式垂直营销渠道是由同一个所有者名下的相关生产部分和分销部分所构成的。管理式垂直营销渠道是由某一家规模大、经营实力强、经验丰富的企业所出面进行组织的,通常指的是渠道内部各个成员以互相协调的方式,而不是以所有权为纽带进行管理的营销渠道组织。比如由某知名酒店出面牵头,旅游批发商、旅游零售商自愿参加的营销渠道联合体就属于管理式垂直营销。合同式垂直营销是由各个独立的公司在不同的生产和分销水平上所构成的。它们以合作为基础和约定,继而统一行为,以通过这种方式获得比它们独立行动时更有效的经营成果。比如酒店业、餐饮业的特许经营就属于这种营销方式。

2. 水平营销渠道

水平营销渠道指的是同一个渠道层次上的两个或两个以上成员联合起来,共同开拓市场的营销渠道组织。比如大型的旅游企业集团,不仅经营旅游酒店、旅游景点,还经营旅游车队。旅游企业将各个旅游产品营销渠道整合成水平营销渠道组织,既可以优势互补,也可以增强渠道功能,减少渠道资源的浪费。

3. 多渠道营销

多渠道营销指的是企业建立两个或更多的营销渠道以达到一个或多个目标市场。在经营过程中,大型旅游企业还可能从同一营销渠道模式中选择若干个旅游中间商作为本企业旅游产品的经销商或代理商。

4. 网络营销渠道

随着网络技术的发展和革新,网络营销渠道已成为一种全新的营销渠道,正在被越来越多的旅游企业关注和运用。

(二)选择合适的旅游中间商

旅游企业在选择好营销渠道之后,需选择旅游中间商。选择旅游中间商时,需考虑以下因素。

1. 目标市场

旅游中间商在销售区域中所覆盖的旅游者,应与旅游企业产品所确定的目标市场一致。旅游中间商的营销渠道、经营片区或营业地点应在目标客户群体较为集中的区域,这样可以方便旅游者购买旅游产品。需注意的是,旅游企业应尽量选择一些了解旅游企业目标市场中消费者的需求、有丰富的营销经验、在当地有较好口碑、受欢迎程度较高的旅游中间商。

2. 营销实力

营销实力通常是指旅游中间商的各个硬件、软件等因素组成的综合实力,其中包括人力、物力、财力、服务水平和营销经验等。比如在硬件规模方面,旅游中间商的经营规模一定程度上等同于其销售网点的数量,销售网点数量越多,说明其人力、物力较充足,也意味着其有一定的经济实力,在目标市场中旅游者的覆盖率较高。在其他条件相同的情况下,可以优先考虑、选择经营规模较大的旅游中间商。

3. 信誉度

在旅游企业与旅游中间商打算建立合作关系时,信誉是一个需要重点考虑的因素。可通过一些途径来了解中间商的信誉度,比如旅游企业可以通过与中间商进行交流沟通判断其信誉度,也可以通过其他可信度较高的业内人员来了解。总之应尽可能地对预合作的旅游中间商进行多方位了解,选择一个信誉度高的中间商有利于更好地保障今后的营销工作,也有利于促进旅游高企业与中间商之间的友好合作。

4. 合作意愿

即便旅游企业有选择旅游中间商的权利,但成功的合作是建立在双方自愿、共同富裕的基础之上的,因此旅游企业选择旅游中间商时,需尊重中间商的合作意愿。如中间商有较为强烈的合作意愿,就会有助于以后旅游产品的销售。

(三)旅游中间商的合作与激励

加强与旅游中间商的合作,充分调动其积极性,是旅游营销渠道的一个重要方面。

在产品经营和销售过程中,旅游中间商为了自身利益的最大化,有时会同时销售多家旅游企业的产品,这些产品有些可以组合成综合性的旅游产品,有些是相互竞争性的旅游产品。

旅游中间商在实际工作过程中,如何销售旅游企业的产品、怎样销售、在该产品上投入多少人力和物力,一定程度上取决于其和旅游企业的合作程度,因此在同中间商的合作中,旅游企业应重视对中间商的优惠与奖励办法,加强与中间商的密切合作。这就需要旅游企业一方面需加强沟通,维护中间商的尊严和地位,尊重中间商的利益。比如若出现冲突或意见不一致的情况,应本着友好协商、共同富裕的原则充分沟通,以实现双赢。另一方面,对于绩效较好的中间商,可给予其资金、技术、人力、物力或信息等方面的支持,以激发其销售热情,保证旅游营销渠道的正常有序进行。

在激励方面,对旅游中间商应以适度激励为原则,应避免使用过分激励的办法,同时也要避免激励不足。前者可能会导致产品销售量提高但利润下降,而后者可能会影响旅游中间商的销售积极性。

(四)对旅游中间商的评价

为了确保旅游中间商能够按时完成销售任务,旅游企业应定期评估中间商的行为,也就是对渠道中各个成员的销售量、销售范围及拓展情况、销售增长率、产品流通程度、客户服务、成员间的合作以及对其的投入产出比等指标进行定期、科学评价。在这些指标中,销售量、销售范围及拓展情况和对旅游中间商的投入产出比这三项最重要。对于评估结果突出的旅游中间商可给予奖励,以此来激励中间商,调动其积极性;对于评估结果中等或者是低于旅游企业标准的中间商,需找到原因,进行相应改进;对于结果较差的中间商,企业可考虑将其撤销。

渠道评价的作用一般有以下几点:第一,对各个旅游中间商的预期销售指标的完成程度进行考察与评估,以便更好地实现旅游企业的整体营销计划,达成最终业绩目标;第二,及时发现营销渠道中所存在的问题,以便采取相应的策略进行解决;第三,对各个中间商的工作情况有一定程度的了解,为寻找理想的中间商做好铺垫,有利于帮助旅游企业和中间商之间建立良好的长期合作关系。

(五)旅游营销渠道的调整与修正

旅游市场是纷繁复杂、不断变化的,若要保持营销渠道的高效、便捷,旅游企业或生产者就需依据自身销售目标,并结合外部市场的变化情况,不断地进行调整与修正营销渠道。旅游营销渠道调整与修正的方式一般有以下几种。

1. 增减旅游营销渠道中的旅游中间商

旅游中间商在整个营销渠道中是比较独立的,他们一般会追求自身利益,从自身利益出发进行相应的决策。因此在此过程中,旅游企业与旅游中间商因目的不同,难免会产生一些摩擦或冲突,甚至会出现个别中间商参与热情低、合作意识薄弱、信誉较差等情况。旅游企业需对其中间商进行全面、综合评估,可以在必要时中断与表现欠佳的中间商的合作,在旅游营销渠道中增加或减少一个或几个中间商。

2. 增减某一种旅游营销渠道

当出现某一种旅游营销渠道所销售的某种产品长期达不到理想中的销售目标时,旅游企业需慎重考虑,选择在某一目标市场或某个销售区域内撤销该营销渠道,并同时增设其他新的营销渠道。因为旅游企业本是为了满足旅游者的需求而开发、设计新产品,所以当原有旅游营销渠道不能迎合市场的需求,销路难以打开时,旅游企业若想扭转局面、提高产品竞争力、实现营销目标,就要开发新的营销渠道。

3. 调整整个旅游营销渠道

这是指旅游企业或旅游产品生产者对其所有的旅游营销渠道进行调整。比如当旅游企业的产品销售出现严重问题时,需要管理者以及相关负责人就此情况进行审视、调查,进行通盘调整,改变旅游企业或旅游产品生产者的整个营销渠道。显而易见,这个策略对旅游企业的影响是非常大的,不仅撤销了旧的营销渠道,还需要重新设计、重建新的营销渠道,对于旅游企业的人力、物力、财力等来说,都是较大的挑战。

(六)渠道的冲突与竞合

1. 渠道冲突

渠道冲突指的是渠道中各个成员之间、各个渠道之间,因为利益上的矛盾而产生的冲突。这些冲突主要表现在以下几个方面。

(1)横向冲突。横向冲突也就是水平渠道冲突,指的是渠道内部处于同一层次的渠道成员之间的冲突。比如营销渠道中的酒店与酒店之间、旅行社与旅行社之间的冲突。这种冲突还表现在同一渠道、同一层次旅游中间商之间。比如同样代理某酒店产品的中间商之间互相诋毁,有时甚至旅游企业自家设立的经营网点内部也会发生冲突。

(2)纵向冲突。纵向冲突也称垂直渠道冲突,是指同一企业营销渠道中不同层级之间的冲突。比如旅游企业或生产者调高产品价格会面临来自旅游批发商以及旅游零售商的压力,旅游企业或生产者有时给散客的优惠会使零售商的处境变得艰难等。

(3)多渠道冲突。多渠道冲突产生于两个或者更多的渠道,这些渠道在向同一市场销售产品时相互竞争。

总之,旅游营销渠道发生冲突是比较正常的,引起冲突的原因也各种各样。旅游企业可采取以下措施进行妥善处理:一是明确规定渠道内各个成员的权利和责任,清晰各自的分工;二是建立利益共享、风险共担机制,增强成员们的整体意识和观念;三是建立共同的行为准则,以同样的基准来约束渠道成员;四是采用垂直渠道系统,由一个强有力的渠道带领者进行统一规划、领导,使渠道平稳运行,协调成员内部矛盾,减少分歧,有效防止矛盾激化。

2. 渠道竞争

渠道竞争是指针对同一目标市场,相同的旅游企业营销渠道为了争夺客户而形成的竞争。渠道竞争包括以下两种形式:

(1)横向渠道竞争。横向渠道竞争是指针对同一目标旅游市场的同一层次渠道之间的竞争。比如向同一观光旅游市场提供旅游产品的某景点各旅游中间商之间为了争夺旅游者而展开的竞争。还有旅行社之间也会存在这种竞争。这种竞争使得旅游者在市场上能选择的酒店产品、价格或者服务的范围更大。

(2)渠道系统竞争。旅游市场是比较开放的,同一旅游者可以得到来自各类营销渠道的服务,各个渠道系统无疑会竞争激烈。比如计划乘坐飞机出行的游客,可以享受到各家航空公司自设门市部的服务,也可以到机票代办机构购买,还可以通过电话或者网络订票。

3. 渠道合作

传统意义上的渠道合作通常被理解为同一营销渠道之间的合作。旅游企业或生产者、旅游批发商、旅游零售商所组成的分工渠道在共同利益的基础上,彼此依托、相互补充,尽力发挥各自最大的优势,目的是实现最终的共同利益大于各自单独营销时所获得的利益之和。

第四节　旅游营销渠道的发展趋势

一、旅游中间商的发展趋势

随着旅游市场的不断更迭、变化,旅游中间商也在不断地发展,在渠道营销过程中发挥着自己独特的职能和力量。

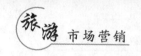

(一)多样化的渠道类型

近几年,除了传统模式的旅游代理商、批发商和零售商以外,航空公司、旅游超市、旅游网络或电话预订系统等新型旅游中间商也在快速发展。在不久的将来,旅游营销渠道体系将会以呈现出多种经营形式、多种流通渠道、多种经济成分并存和渠道环节减少的"三多一少"新局面,渠道类型会更加多样。

(二)多角化的经营范围

为了使收益最大化,一家旅游中间商通常会经营多家旅游企业或生产者提供的旅游产品,有的中间商还会从事与旅游相关的其他专业性业务,比如提供代办交通票据、出国咨询服务等,以此来实现规模经济,提升自己的专业化水平。

(三)多样化的服务功能

现代旅游中间商与旅游者的关系不再是过去传统的关于旅游产品的买卖关系,其职能已经扩大到储存、托运、信息咨询等相关领域。旅游中间商在为旅游者提供多方位服务的同时,一方面能获得旅游者的好评,提升回购意愿,进而增加中间商的综合收入;另一方面有利于中间商树立良好形象,提高其在市场上的美誉度和竞争力,以便其更好地发挥旅游产品销售代理人的职能。

(四)现代化的业务处理

伴随着科学技术的进步和发展,大量高新技术成果被广泛运用于旅游中间商的经营活动中。比如线上促销、线上支付和退订、签订电子合同、出具电子报销凭证等,这些便捷的方式在很大程度上拓宽了旅游中间商的销售范围,也帮助其提升了业务能力,成了中间商在外部市场上参与竞争的重要手段。

二、旅游营销渠道的联合发展趋势

传统的旅游营销渠道是一个渠道内成员关系相对比较松散的组织系统,旅游企业或生产商、批发商、零售商之间的合作较少,经常为了追求各自的利益而互不相让,关系较为紧张,且没有良好的管理,缺乏彼此互助的意识,最终导致整个渠道利益受损。如今,在旅游营销渠道中,渠道内的各个成员积极发挥其职能,在提升经济效益的同时也提升了社会价值,能够采取一定形式的合力,共同实现渠道整体经济效益最大化。

(一)纵向联合

旅游营销渠道的纵向联合是指通过一定的方式将所有渠道成员联合组织在一起,统一目标、协调行动,在一定程度上实现了一体化经营。这一方面增强了旅游企业对渠道的控制,能够使营销工作更有效;另一方面因为有了共同的目标,渠道成员因追求各自利益而引发的冲突也会减少。这种联合主要有三种形式:公司式联合、管理式联合、合同式联合。

(二)横向联合

旅游营销渠道的横向联合是指渠道中同一层次的两家或两家以上的旅游企业联合起来,通过资金、技术、营销设施以及产品营销等方面的合作,共同开拓市场,进行优势互补。比如航空公司和旅游批发商共同合作吸引客源的营销方式,就属于横向联合。

(三)集团联合

集团联合是指以企业集团的形式,将营销渠道成员结合成具有生产、销售、信息、服务等多种功能的经济联合体。通常情况下,这种经济联合体规模较大,实力雄厚,在市场上竞争力强,属于一种高级的营销渠道联合形式,可以跨行业、跨部门运行。

三、构建新型旅游营销渠道

伴随着旅游市场营销的不断发展和进步,新型营销渠道也在不断涌现,其作用也日益凸显。新型营销渠道具体有以下几种。

(一)直复营销渠道

近些年来,有不少营销学者和旅游企业经营者越来越关注和重视直复营销渠道。直复营销渠道是指"直接回复式营销","复"也就是回复。这是一种强调双向交流的营销理念,其优点在于能够使旅游企业和旅游者之间的信息交流更有效,使各种媒体能成为销售场所,并且还具有信息反馈的功能,使信息传递更顺畅。

早在 1872 年,美国就出现了第一家利用邮购进行商品销售的商店,但由于社会和网络技术发展的限制,其一直没有成为主流的营销方式。之后,伴随着网络信息技术的发展,直复营销也开拓了新局面。电话营销、直邮营销、电视营销等新的营销方式不断涌现,在很大程度上拓宽了直复营销的适用范围,在营销市场上体现和发挥了自身独特的价值和作用。

(二)特许经营渠道

特许经营起源于 1851 年的美国,在 20 世纪初,特许经营才开始较为普遍。旅游企业常用的特许经营渠道主要有两种:一是产品及商标型,二是经营模式型。在产品及商标型形式中,特许人通常是一个旅游生产商,授权同意受许人对特许产品或商标进行商业开发。特许人可为其提供广告、培训、管理咨询方面的帮助,但受许人仍作为独立的经销商经营业务。在经营模式型形式中,特许人与受许人之间的关系更加密切,受许人不仅被授权使用特许人的商号,还可接受全套经营方式,包括经营场所、产品或服务的质量控制、员工培训、财务系统及生产产品所需的原材料等。这种经营渠道通常多用于餐厅、酒店等。

(三)网络营销渠道

回顾我国旅游网络营销发展历程,其实真正基于互联网的旅游网站是 1997 年由中国国际旅行总社参与投资的华夏旅游网。不过当时其功能非常简单。后来经过二十多年的融合,旅游网络市场营销已逐渐成熟,旅游企业网站也日渐完善,网络营销方式与手段也在不断创新,带动了整体旅游营销的发展。

本章小结

1.广义的旅游营销渠道一般是指旅游企业将旅游产品转移到旅游者手中的途径,或者指旅游产品从旅游生产者转移到旅游者手中所经历的一系列途径。狭义的旅游营销渠道是指旅游产品或服务从旅游企业向旅游者转移的过程中,所经历的一切取得旅游产品或服务的使用权或协助使用权转移的旅游中介组织或个人,也就是旅游产品使用权转移过程中所经历的各个环节连接起来而形成的途径或通道。

2.受旅游生产企业、旅游产品、旅游中间商、旅游同行竞争者和旅游者等多方面的影响,旅游营销渠道呈现出了多种类型。从旅游产品生产者和旅游者是否直接进行旅游产品交易来看,也就是以二者之间是否有旅游中间商来划分,旅游营销渠道通常可分为直接营销渠道和间接营销渠道两种类型。

3.旅游营销渠道是否畅通会在一定程度上给旅游企业的长期发展带来影响。在选择旅游营销渠道时,一方面要确保旅游产品可以便捷、及时地到达目标市场中旅游者的手中,保证营销渠道运行的效率,另一方面还要注意用于营销渠道的费用。旅游企业为了实现利益最大化,可在合理、可控范围内压缩营销渠道的成本。

4.传统的旅游营销渠道是一个渠道内成员关系相对比较松散的组织系统,旅游企业或生产商、批发商、零售商之间的合作较少,经常为了追求自身的利益而互不相让,关系较为紧张,且没有良好的管理,缺乏彼此互助的意识,最终导致整个渠道的利益受损。如今,在旅游营销渠道中,渠道内的各个成员积极发挥其职能,在提升经济效益的同时也提升了社会价值,能够采取一定形式的合力,共同实现渠道整体经济效益最大化。

核心概念

旅游营销渠道　直接营销渠道　间接营销渠道　渠道营销策略　渠道营销管理

课后思考题

1. 旅游营销渠道的功能和作用是什么？
2. 旅游营销渠道有哪几种类型？其各自的特点是什么？
3. 旅游中间商在营销渠道中起着什么样的作用？旅游企业要想获得成功应该如何选择旅游中间商？
4. 简述解决营销渠道冲突的办法。
5. 旅游营销渠道有哪些发展趋势？

第九章 旅游产品促销策略

第一节 旅游产品促销概述

一、旅游促销的概念

(一)促销和旅游促销的概念

促销是指企业通过人员推销或者非人员推销的方式,向目标顾客群体传递商品或劳务的性能及特征,以此来帮助消费者认识商品或劳务所能带来的利益,引起消费者的兴趣,激发消费者的购买欲望和购买行为的活动。

旅游促销是指旅游企业或者旅游目的地借助可控的手段正式对外开展的一系列营销传播或市场宣传的活动。对旅游企业或生产者来说,旅游促销的总目标就是能够影响消费行为,把旅游者的需求转变为对本企业旅游产品的购买行为。因此,旅游企业或生产者首先应让自己的产品能够被旅游者认识和了解,再经过合理的促销方式,最终让旅游者购买产品。

(二)旅游产品促销组合的概念

旅游产品促销组合在本质上是一种组织促销活动的策略思路,主张旅游企业通过合理地运用广告、人员推销、营业推广、公共关系等促销方式共同组合成一个策略系统,使企业的各个促销活动彼此配合、协调一致以及有序利用,从而最大限度地发挥出整体效果,有利于推动企业实现最终目标。

促销组合体现了现代市场营销理论的核心思想,即整体营销思想。促销组合是一种系统化的整体策略,广告、人员推销、营业推广、公关关系这四种基本促销方式构成了这一整体策略的四个子系统,其中每个子系统都包括了一些可变因素,即具体的促销手段或工具,某个因素的改变都意味着组合关系的变化,也意味着会产生一个新的促销策略。

二、旅游产品促销的作用

旅游产品促销对旅游企业或生产者,以及旅游经济的长远发展来说有着重要的作用和意义。

(一)促进旅游企业向旅游者传递有效信息

旅游企业通过合理的促销方式,向潜在旅游者传递在何时、何地以及何种条件下,提供何种旅游产品的一系列相关信息,目的是让旅游者通过这些信息,认识、了解并熟悉该旅游企业和产品,产生对旅游产品的兴趣,进而激发其购买需求,引发其购买欲望,最终形成旅游动机,实现购买行为。

(二)突出旅游产品的特色,强化竞争优势

当相互竞争的同类旅游产品之间的差别不是特别明显,相似度较高时,这些产品的特点不太容易被旅游者所注意和察觉。比如在欧美地区的旅游市场上,我国和周边东南亚各国的旅游产品都被视为东方文化。旅游产品促销的作用之一就是通过对同类旅游产品某些差别信息的强化传递,进而突出和聚焦不同旅游产品或服务的特色,增强其在市场上的竞争力,使旅游者对旅游产品有更多的认知和了解,能够进行购买以及形成对该产品的购买偏好。

(三)帮助旅游企业树立形象,巩固市场地位

形象、生动且富有说服力的旅游产品促销活动,有利于旅游企业塑造友好、热情、积极的形象。良好的企业形象,能够在旅游市场上收获不少好感度,为旅游产品赢得更多的潜在旅游者。如果出现有损于旅游企业发展,或者出现对旅游企业的形象有影响的市场因素时,也可以考虑利用促销活动来改变旅游者对该企业或旅游产品的消极印象,帮助企业重塑社会形象,提升美誉度,巩固市场地位以及扩大市场占有率。

(四)刺激旅游需求,引导旅游者消费

由于旅游者需求不断变化,旅游产品的需求弹性会比较大,波动幅度也较大。而形式多样、生动活泼、创意新颖的旅游产品促销可以激发旅游者的潜在需求,甚至可以创造和引导对特定旅游产品的消费需求。比如,江苏无锡的旅游产品最初对日本旅游者影响甚微,就是因为缺乏代表性和独特性的旅游产品。之后,无锡市旅游局邀请了当时著名的日本演员中野良子前来度假游玩,并且制作成了电视片在日本放映。结果这一举动,使得无锡在日本名声大振,有很多日本游客慕名前来。

(五)推动旅游经济的发展

旅游经济属于一种交换经济,当旅游企业通过旅游产品或劳务的使用价值与旅游者的货币价值进行交换时,企业才能获得货币,实现货币流通。因此旅游企业首先要在政府宏观调控政策的引导下,合理配置旅游资源,并有效利用。并且企业在以市场为导向、满足市场需求的基础条件下,有序进行产品促销工作,以获得经济效益最大化,推动旅游经济的健康发展。

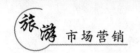

第二节　旅游产品促销方式

一、广告

(一)广告的含义

广告的英文原义为"注意""诱导",也就是"广泛告知"。通常是指为了某种特定的需要,通过一定形式的媒体,且消耗一定的费用,公开而广泛地向公众传递信息的宣传手段。广告有广义和狭义之分,广义广告一般包括商业广告和非商业广告。非商业广告指的是不以营利为目的的广告,又称为效应广告。比如政府行政部门、社会事业单位以及党政宣言等,其主要目的是信息推广。狭义广告仅仅指商业广告,是指以营利为目的的广告。其通常是商品生产者、经营者和消费者之间沟通信息的重要手段,也是部分企业占领市场、推销产品、提供劳务的重要形式,主要目的是增加经济效益。

总之,在市场营销学中,主要探讨的是狭义广告。其可以定义为:广告是广告主以支付费用的形式,通过公众媒体对其商品或劳务进行宣传,用以向目标消费者有计划地传递信息,影响人们对广告的商品或劳务的态度,进而诱发其兴趣和行动,使广告主得到一定利益的活动。

(二)广告的功能

广告作为传递信息的一种基本形式和重要手段,具有多种功能。

1. 传递信息,促进沟通和销售

通过广告传播,企业可以把有关产品的信息传递给目标客户,引起客户的注意,激发其对该产品的兴趣,进而促使其产生购买行为。因此广告的信息传递能促进企业与消费者之间的沟通,促进产品销售。

2. 介绍产品,引导消费

消费者的行为一方面具有复杂性和多样性,另一方面具有共同性和可引导性。通过广告宣传,企业可以向客户介绍产品信息,进而诱导客户产生需求,刺激其购买行为,进而促进产品销售,提升产品市场占有率,增加企业收入。

3. 树立企业形象,提升企业知名度

广告在宣传产品的同时,也宣传了企业形象,进一步扩大了企业和品牌的知名度。这一宣传方式有利于企业提升产品竞争力,已逐渐成为企业开发市场、巩固市场、扩大市场的重要手段。

(三)广告的类型

从不同的角度出发,按照不同的分类标准,广告可以分为多种类型。通常来说,广告按照使用的媒体和形式主要分为以下几类。

1.印刷品广告

印刷品广告一般包括报纸、杂志、宣传单等有关印刷品,其中最典型的是报纸和杂志两大媒体。报纸和杂志的灵活性高,传播及时迅速、成本低、地理选择性较好,但主要局限是保存性较差,内容庞杂,容易分散客户的注意力,清晰度相对也比较差。

2.视听广告

视听广告是指通过广播、电视、手机、电台等媒体或媒介传播的广告,其中广播和电视是最典型的。广播的传播及时迅速,成本较低,且不受场所限制,但主要局限是速度较快,不容易被长期记忆,再加上没有视觉上的刺激,不容易加深客户印象。而电视可以将形象、声音与动作结合起来,能够更好地吸引观众的注意力,可在短时间内给观众留下深刻的印象,但主要局限是成本高,时间短,传播的对象缺乏可选择性,较难对目标客户进行精准投放。

3.户外广告

户外广告是指在街道、广场、机场、车站、商场、码头等公共场所设置的路牌、电子显示屏、灯箱等刊登的广告。这种户外广告一般选择的地理位置较好,利用了各种美术、文字、造型等艺术手段,使广告更加鲜明、醒目、美观,容易被客户记忆。但其局限是容易受到空间的限制,可传递的信息有限,无法将商品内容进行全面表达。

4.包装广告

包装广告是指企业利用包装商品的外包装,通过加印自己生产或经营的主要商品等方式进行宣传。这种方式的优点是比较经济实惠,包装广告的费用可以计入商品包装费之内,不需要再进行额外的广告投资,能够为企业节省一定的费用。但局限是包装广告宣传的范围比较小,只有在广告期内正好购买该产品的消费者才能接触到。

5.实物广告

实物广告是指以商品自身为媒介的广告。商人或持所售商品,或将经营的商品悬挂于店铺门前,或陈列在客户显而易见之处。比如,商品陈列、橱窗广告、持样品推销、寄送样品以及试吃试用等。实物广告的优点在于眼见为实,对客户的说服力较强。但局限是宣传的范围较小,仅能辐射到在场或指定的客户。

随着广告业和网络技术的迅猛发展,广告类型也更加丰富多样,这些不同类型的广告相互融合,彼此补充,发挥了各自重要的作用。

(四)广告的特点

1.传播面广

广告属于一种高度公开的信息沟通方式,其覆盖面比较广。旅游企业借助广告媒体这一传播平台,能够在短时间内让产品的信息得到广泛传播,最大限度地提升产品知名度。

2.说服性强

广告媒体充分利用了声音、色彩、影像等艺术和技术手段方面的独特优势,有更强的表现力和吸引力,对客户的说服性较强,能使客户在观看广告的过程中不自觉地接受广告所传递的信息。

3.效果滞后

广告的效果通常不会立竿见影,会经过一个较长时间才能充分显现出来,因此并不能促使旅游者立即产生购买产品的行为。

(五)广告的策划步骤

1.确定目标受众

确定目标受众是广告策划过程中的首要工作。这项工作是基于旅游企业对目标市场的人员构成、所推介产品的性质、广告旨在实现的目标,以及旅游者的消费心理等多种因素的综合考虑。总之,这一阶段的工作任务是清楚地识别广告的目标受众、群体规模、所处环境、个人偏好等。事实表明,旅游企业的营销者对目标受众的情况了解得越详尽,广告策划工作就越有效果。

2.构思和设计所要传递的信息

依据之前设定的宣传目标去构思和设计该广告所想要传递的信息是决定整个广告宣传效果好坏的关键工作之一,也是广告策划过程中最具有创造性的工作。

通常,广告能否成功主要基于两个方面的有机结合:一是信息设计,二是表现形式。旅游营销者需注意的是,自己应该对广告内容负责,广告传递的信息也必须有旅游企业或营销者去选择和设计,而表现形式可以交由专业的、有经验的广告代理商去完成。

营销者在设计主题词时应遵循两个基本原则。第一个原则是,主题词的设计应有创意。这样才更容易引起受众的注意,更好地刺激旅游者进行购买。第二个原则是,主题词的设计应便于记忆。简洁明了、言简意赅的词语更容易为目标受众熟知,在其心中留下深刻印象。

3.广告预算决策

广告预算是指旅游企业对广告活动经费的匡算和分配计划。它规定了企业在广告计划期内要想顺利达到广告活动既定的目标所必需的广告费用开支总额和具体的分配方案。其中主要包括广告调查策划费、广告设计制作费、广告发布费、广告管理费等。

企业广告费用主要受到两方面因素的影响,一方面是企业外部因素,需要考虑的有目标市场容量大小、媒体信息影响力和价格、竞争者的广告投入选择以及旅游中间商对旅游产品的宣传力度等;另一方面是企业内部因素,需考虑产品的特点和质量、企业现金流动状况、产品生命周期、企业知名度等。因此旅游企业广告预算需结合企业的实际情况,并充分考虑影响企业预算的因素。

4. 选择广告媒体

面对在市场上范围越来越大、变化越来越快的各类媒体,旅游企业在进行广告策划时需要正确选择广告媒体。只有通过适当的媒体投放,才能实现广告传播的目的。因此在广告媒体的选择上,应综合考虑以下几点:

一是媒体的覆盖范围,也就是媒体的广告覆盖面。这指的是旅游广告的目标受众在该媒体的受众人口中所占的比重。这一概念也可以用公式来表达,即:广告覆盖面=该广告的目标受众规模÷该媒体的受众规模。

二是目标市场人群对媒体的习惯和偏好。媒体习惯指的是该旅游广告的目标受众人群所习惯选择的媒体类型。比如习惯于选择纸质阅读方式,还是习惯于选择电子阅读方式等。媒体偏好通常是指在媒体性质方面的选择偏好,比如娱乐性媒体、商务性媒体或专业性媒体等方面的选择偏好,以及媒体时段方面的选择偏好。

三是旅游产品的性质或类型。比如根据国际市场上旅游业界的一般经验,对于以青少年为目标市场的快餐食品来说,选择在电视上做广告通常效果会更好;对于旅游度假村或度假饭店这类型的旅游度假产品来说,选择使用彩色图片在杂志中做广告的话,宣传效果通常会更理想。

四是广告费用的高低。各个广告媒体不仅在收费标准上存在不同,而且在受众质量方面也存在着较大的差异。因此旅游企业在选择旅游广告媒体时,应力求在成本费用与传播效果之间达到平衡,以实现经济效益最大化。

五是广告信息自身的特点。旅游企业可以在选定和设计想要通过广告传递的信息之后,再根据专业广告代理商的建议,进行合适的广告媒体选择。

5. 评估广告效果

一般可以通过以下两种途径来进行评估广告效果:

一是测量广告的销售效果。对于旅游企业或经营者来说,推出广告活动的最终目的是引起旅游者的兴趣,刺激销售。虽然有些广告活动的开展目的未必是直接刺激销售,但其价值最终都将与代理商的销售效果相联系。在某种程度上,依据制作广告之前以及广告推出之后有关产品销量的变化情况来测量和评价广告的效果,似乎是一种简单而理想的选择。不过在多数情况下,以这一途径来评价广告效果具体实施起来通常比较困难。其原因在于,除广告之外的很多其他因素也有可能会对产品的销量产生影响。而在这种情况下,人们往往难以有效地将广告在其中所产生的影响或发挥的作用分离出来,因此很难评价广告活动对产品销量变化的作用。比如,随着青藏铁路的建成和通车,西藏的游客接待量短时间内有了大幅增长,尽管在这期间西藏文化和旅游局为了吸引国内外游客做了一些广告宣传,但除非该期间内所有其他因素都没有出现明显的变化,不然很少有人会将西藏这一期间猛增的游客量完全归功于广告。

二是测量广告的宣传效果。由于上述原因,人们在评价广告效果时,通常会测量广告活动的传播效果。具体做法一般有以下两种:

(1)事前测试。事前测试是指在正式推出广告之前,对其未来的传播效果进行预先估测。常用的方法有两种。第一种是"直接评分法"。其基本做法是调研人员向参与测试的若干目标消费者出示几种不同的广告方案,要求他们分别对其进行打分和评价,然后再根据评分结果,判断和比较各个广告方案的吸引力,以及对目标消费者市场的影响程度。虽然这一方法并不能完全证明这些广告推向市场之后的实际效应,但是如果目标消费者对其中某一个广告方案的评价很好,则通常预示着该广告方案的潜在效果也会比较好。第二种是"组合测试法"。其基本做法是调研人员首先让参与测试的目标消费者观看或聆听一组不同的广告,然后要求他们对各个广告的内容进行回忆,回忆既可以在调研人员的帮助下进行,也可以完全由参与测试的消费者独立完成,具体回忆的结果则可分别说明各项广告能够被理解和识记的程度。

(2)事后测量。事后测量是指在正式推出广告之后,对其实际的传播效果进行测量。常用的方法也有两种。第一种是"回忆测试法"。其基本做法是调研人员选择曾经阅读过某些报纸或收看过某些电视节目的消费者作为调查对象,要求他们对其中有关该广告所宣传的产品信息尽可能地进行回忆。调研人员通过对调查对象的回忆情况(包括有多少人能够记起该广告,对有关产品信息的记忆程度)进行记录和分析,从而得知该广告为人们所注意的程度以及容易记忆的程度。第二种是"识别测试法"。其基本做法是调研人员将某一特定媒体的受众作为调查对象,通过了解和统计曾在该媒体上注意到该广告的人数在其中所占的百分比,以及在不同程度上能记住该广告信息内容的人数在其中所占的百分比,进而分析和评价该广告在目标市场人群中的影响度。

二、人员推销

(一)人员推销的含义

人员推销属于一种古老的销售方式,也是人与人之间的营销传播工具。传统的沿街叫卖、上门推销等方式都属于人员推销。随着市场经济的不断深入和信息时代的快速发展,广告营销、网络营销等新型营销方式大放异彩,但人员推销依然在企业营销工作中起着重要的作用。

旅游产品人员推销是指旅游企业或目的地派出推销人员直接与客户接触,与一个或多个潜在的旅游者进行交谈,传递旅游产品信息,以推销旅游产品,促使旅游者产生购买行为的活动。这是旅游产品促销活动的重要组成部分,是现代旅游企业中最常用、最直接、最有效的一种促销方式。

(二)人员推销的功能

1. 传递信息

旅游企业人员推销是推销人员与潜在旅游者的直接交流。通过面对面的沟通、交流,推销人员能够详细地为潜在旅游者介绍自己的产品或服务,及时传递和反馈信息,也更容易使潜在旅游者产生亲切感和信任感。

2. 销售产品

推销人员的最终目的是将旅游产品销售至旅游者。其具体表现为:推销人员通过将旅游线路中的价格、交通、旅游项目和食宿安排等问题向旅游者进行详细介绍,进而解释和回答旅游者提出来的问题,最后实现旅游产品的销售。

3. 开拓市场

推销人员是直接面对旅游者的群体,最贴近旅游市场,最了解旅游者需求,也最了解竞争对手。在与旅游者沟通的过程中,推销人员通过为旅游者排忧解难,协调双方利益,巩固老客户,寻找新客户,不断扩大旅游产品的市场覆盖面。

(三)人员推销的形式

(1)旅游企业建立自己的销售队伍,可以使用本企业的推销人员来推销产品。通常分为两类:一类是内部推销人员。他们一般会在办公室内或办公区域用电话、社交媒体等线上方式来联系客户和洽谈业务,并接待前来上门到访的潜在旅游者。另一类是外勤推销人员。他们主要工作是上门拜访客户。

(2)旅游企业可以雇用专业推销人员。比如旅游业的代理商、销售代理商等,按照其代销额给付佣金,有些西方国家的大公司甚至会雇用国内外退休的高级官员来担任推销员。

(3)旅游企业可以雇用兼职的销售点推销员。在各种零售营业场合,推销员用各种方式进行促销,最后按销售额比例提取佣金。推销方式有产品操作演示、现场模特、产品咨询介绍等。

(四)人员推销的特点

1. 沟通的双向性

双向信息沟通是人员推销区别于其他促销手段的一个重要标志。在推销过程中,销售人员一方面把产品信息及时、准确地传递给目标客户;另一方面还担任了情报收集的任务,把获取到的市场信息、客户的意见和建议反馈至企业,为企业调整营销策略提供有效的依据。

2. 销售的针对性

推销人员在每次推销之前,可以详细筛选客户的相关意向或购买信息,进而选择购买意愿较强的客户,并拟订具体的推销方案或策略。这样推销会更有针对性,能更进一步提升促销成功的可能性。

3. 销售的有效性

人员推销的特点之一是提供产品实证。推销人员通过展示和介绍产品,答疑解惑,指导产

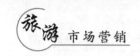

品使用方法,能更加直观地让客户当面观看或接触产品,使客户更加信任产品的性能和特点,从而促使其产生购买行为。

4.方式的灵活性

在推销人员和客户沟通的过程中,双方是直接接触的,相互间的态度、气氛、情感等都更容易被捕捉和把握,更容易获取对方真实需求。这样有利于销售人员依据客户的动机、需求、特点等因素,随时调整推销的陈述和方法,以更好地适应客户情绪或心理的变化。

除此之外,人员推销也存在一些不足之处。一方面是费用支出比较大。由于人员推销直接接触的客户数量有限,销售面比较窄且开支比较大,这就在一定程度上增加了产品的销售成本。另一方面是对推销人员的专业性要求较高。人员推销的成效直接取决于销售人员专业素质的高低,特别是在科技日益发展的今天,新产品层出不穷,对推销人员的专业要求也会不断提升。

(五)人员推销的过程

人员推销不应只以推销旅游产品为目的,仅着眼于为个人或企业创造直接的经济利益,更应该将眼光放长远,致力于传播企业文化,建立良好的口碑,以及与客户建立长期合作关系。推销人员应该有一种格局意识。在客户眼里,他们就是企业的代表,代表了企业的形象,所以客户对推销人员的综合印象或满意程度对企业的发展具有很大的影响。

1.推销活动前

(1)进行客户细分,挖掘潜在客户。企业在开展营销活动前应该制定详细、具体的营销战略。通过前期的规划营销工作,营销人员与企业各部门要相互配合、友好协作,从而形成一个有效的价值链。营销人员借助企业财会、采购、运营以及信息系统等提供的信息,在细分市场上对客户进行进一步细分,研究不同消费者的特点、消费习惯、消费需求等影响因素,再结合自身的调查及人际关系有针对性地挖掘具有价值的潜在客户,对客户进行有效筛选。

(2)制定推销策略,确定推销形式。在确定了潜在客户之后,下一步就需要制定详细且个性化的推销策略。优秀的推销人员在针对不同类型的客户时,会制定不同的个性化推销策略。比如:面对漠不关心型的客户,推销人员会重点调动其好奇心,抓住其兴趣爱好进行产品的全面介绍;面对寻求答案型的客户,因为这类客户通常存疑较多,在沟通过程中比较主动,推销人员会注意分析产品利弊,再对客户进行合理的答复。因此,应依据客户的不同类型,确定适合的推销形式,比如直接推销、网络推销或电话推销等。

(3)准备着装搭配,重视首轮印象。良好的形象、得体的着装,对于需要与客户进行面对面沟通的推销人员来说是非常重要的。特别是在与客户第一次沟通交流中,推销人员在客户心目中的首轮印象显得更为重要。曾有学者认为,人们对一个人的首轮印象遵循"73855"原则,也就是说只有7%源于交流谈话的内容,38%源于自我表现,而55%来自外表。并且人的首轮印象通常取决于初次见面的前7秒钟。推销人员若想加强在客户心目中的印象,需要在短时间内提升客户对其的好感,就要重视自身的整体着装、服饰搭配以及言谈举止等。

2. 推销活动中

(1)注意言辞细节,树立企业形象。在对客户推销的过程中,推销人员应该注意自己的言辞表达。比如见面的称呼,介绍产品时的语音、语调和语气等。面对不同类型的客户,因其文化素质、受教育程度以及理解能力都会有所差异,这就要求推销人员在与其沟通中,尽量做到语言通俗易懂且简洁明了。而且推销人员不应仅着眼于推销产品,还应致力于树立企业形象、推销价值观念,通过对客户的心理暗示逐步令其产生思考,并转变其原有的思维方式,进而接受新的价值观念。

(2)认真听取疑虑,详细进行解答。在推销产品时,客户通常会担心个人的经济利益受损而较为谨慎,会不断提出一些问题,寻求确定的答案并进行反复确认。面对这种情况时,推销人员应认真、耐心地听取客户疑虑,并详细做出合理回答。特别是面对寻求答案型的客户,他们在沟通过程中比较理性,所以推销人员在分析产品时,不能回避产品的不足,应将优势与劣势分别略有着重地向客户进行合理的说明。这样真诚的举动,会更容易打动客户,从而赢得客户的青睐。

(3)保持平和心态,切勿强行推销。推销人员在进行推销时,应具备一种平和的心态。言语间不能消极低落也不能过于激动,不能给客户带来压迫感或造成强制购买的压力。为了避免这类现象发生,推销人员需要注意以下几点:第一,不应只推销售价最贵或利润最高的产品而忽视小笔生意;第二,需把客户的利益放在首位,重视客户的感受和体验;第三,在与客户沟通过程中,需晓之以理、动之以情,具有诱导力和感染力,使客户充分信服;第四,敢于直言自己产品或服务的不足,真诚地向客户进行说明,并倾听客户的反馈;第五,应明确推销观点,观点应简洁明了,不能自相矛盾,同时应该信守对客户的承诺,建立双方间的信任。

(4)平衡双方利益,提供合适建议。推销人员作为企业与客户之间的桥梁,具有双向促进的作用,与二者的利益息息相关。在当今社会,买卖双方因出发点不同,在利益方面固然会有一定的矛盾,那如何促使双方利益达到平衡而不受损是一个优秀的推销人员应该考虑或深思的。大多数推销人员在推销过程中,只注重自己推销任务,或者只注重利润较高的产品,而没有去考虑客户的实际需求,向客户推销一些不符合需求的产品,很容易造成客户的不满,使其对该企业产生不好的印象,这样对企业的长期发展十分不利。其实推销人员作为一名专业人员,应在符合客户实际需求的前提下进行针对性的产品利弊分析,并积极向客户提供合理的建议,这样才会产生良好的推销效果。

3. 推销活动后

推销人员成功地将产品卖出之后,推销工作并没有真正结束,完善的售后服务也是推销人员应该重视的。在产品使用过程中可能会出现或多或少的问题,推销人员应积极对客户进行售后跟踪服务,在与客户进行关于反馈问题的交流中,推销人员要理性地分析产品的不足,积极提出解决方案,这样会提升在客户心目中的好感度,提高双方的亲密度,为以后的工作做了有益的铺垫。

三、公共关系

(一)公共关系的含义

公共关系是指某一组织为改善与社会公众的关系,促进公众对组织的认识、理解和支持,以达到树立良好的组织形象,促进商品销售的目的而开展的一系列促销活动。简单来说,公共关系是指企业与其周围内外部公众之间的关系。旅游公共关系主要是通过制订有关计划以提升或保护旅游目的地形象,唤起旅游者的兴趣,增强旅游者的购买信心。

(二)公共关系的类型

1. 宣传型公共关系

宣传型公共关系是指旅游企业通过运用各种传播媒体和工具,向目标群体展示企业的产品服务和公益形象,以形成有利于旅游企业或组织发展的社会影响和舆论环境的活动模式。这一类型的公共关系活动可以及时通过媒体进行积极宣传。比如,方特旅游度假区抓住真人秀节目火爆的时机,与浙江卫视进行了合作,成为《奔跑吧兄弟》第四季指定主题乐园,通过借助高人气的综艺节目进一步增加了企业服务产品的曝光度,企业形象也在一定程度上得到了提升。

2. 交际型公共关系

交际型公共关系是指通过人与人之间的直接交往、交流,联络感情,协调关系,化解矛盾,以达到为企业建立良好人际关系的目的。这一类活动有利于加强包括旅游者在内的各类公众对旅游企业的了解和信赖,对增强旅游者的购买决心以及扩大旅游企业的业务市场具有非常显著的作用。比如,2016年苏州秋季旅游推介会,特意邀请了北京市民在金秋时节游访苏州,体验极具江南韵味的苏式生活,这一举动无疑增进了企业与旅游者之间的互动和联系。

3. 服务型公共关系

服务型公共关系是指旅游企业通过为旅游者提供热情、周到、方便的服务,来提升旅游者的好评,从而进一步塑造企业形象的一种公关活动模式。在为旅游者服务时,充分为旅游者着想,一方面能在不显露商业痕迹的直接服务中起到即时激发旅游者消费动机的作用,另一方面可以在先期旅游者的口碑效应中达到扩大旅游销售的目的。

4. 社会型公共关系

社会型公共关系是指旅游企业通过举办或赞助各种社会性公益活动来开展公关活动的模式,其目的是提高旅游企业的社会知名度和美誉度。比如,云南石林风景名胜区在2017年推出了高考学子暑假免费游景区和"石林游记"征文活动,此次公益活动进一步提高了石林风景名胜区的知名度。

5. 征询型公共关系

征询型公共关系是指通过采集信息、舆论调查、民意征询等方式,为企业的经营管理决策提供依据,保持企业与社会公众交流顺畅的模式。企业通过收集消费者的好评和意见,以及了解影响潜在消费者购买的障碍性因素,进而对收集到的信息加以利用,并对产品和服务进行改进。比如,黄山市出台《黄山风景名胜区管理条例》前,面向社会公众公开征求建议和意见,这一措施一方面有效搭建了旅游者与景区管理者交流的桥梁,另一方面推进了管理条例的落地。因此景区通过向旅游者进行信息征询,可以更好地实现与旅游者的有效对接。

依据组织与环境的适应态势关系,公共关系活动还可分为建设型、维系型、防御型、进攻型和矫正型五种形式。各个公共关系活动相互交融,在旅游企业维护形象、收集信息、参与决策等方面具有重要的作用。企业应依据自身所处的内外部环境,结合自身的长短期发展目标,实施适当的公共关系策略。

(三)公共关系的特点

公共关系是生产力发展与社会组织分化的产物,在客观环境的各个领域都发挥了社会"保健"的作用,也在一定程度上影响着人类社会的政治、经济和人文环境。

1. 多面性

多面性是指公共关系的建立不是任何个人、社会组织或团体的单边行为,一般会涉及两个或多个有关联的第三者,是各个方面相互影响、相互作用的联系和结果。不过,各个关联间相互影响、相互作用的程度并不相同。

2. 互利性

任何个人、社会组织或团体之间发生的连带关系总会涉及双方的利益,公共关系是依靠沟通、交流、协作等手段所创造的和谐、互惠的氛围,对社会活动中各主体利益产品起着调和的作用。这不仅能使公共关系主体受益,还可以让客体,也就是公众群体受益。

3. 程度化

公共关系随着主体与客体相互之间的情感和利益的紧密程度的不同,呈现出疏松、普通、至交、亲密四种状态。如果信息传播到位,沟通和谐融洽且利益一致,公共关系的紧密程度就会相对较高;反之,紧密程度就会较低。

(四)公共关系在旅游市场营销中的作用

公共关系在旅游市场营销中通常发挥着以下两方面的作用:

(1)塑造了旅游地、旅游企业或旅游产品富有魅力的公众形象,不仅提高了自身的知名度,还增强了其在市场上的竞争力。

(2)公共关系是促销组合中唯一并非主要用于促销的因素,同时也是唯一起到间接促销作用的因素。旅游企业通过与旅游业有关公众的双向沟通活动,尽可能地形成对本地旅游业或自己有利的市场经营环境,使得自己更好地适应市场环境的变化。面对不可控的市场营销环境,旅游企业也可以通过开展公关活动的方式施加积极的影响。

四、营业推广

(一)营业推广的含义

营业推广是指旅游企业在某一特定时期与空间范围内通过刺激和鼓励交易双方,促使旅游者尽快或大量购买旅游产品或服务,而采取的一系列促销措施和手段。即旅游企业或营销者在特定时期内用于刺激需求和促进销售的战术性举措。

(二)营业推广的特点

1. 非常规性

营业推广只是用于临时性的应急举措,其着眼点往往在于解决一些较为具体的促销问题,而不是经常或定期开展的常规促销方式。因此,营业推广是在短时间内承担着特定目标和任务的促销方式,用以促使旅游者产生购买旅游产品的行为,通常是针对旅游广告、人员推销的一种补充措施。

2. 多样性

营业推广的方式是多样的,可以从不同的角度或方面吸引有不同要求的旅游从业人员或旅游者。比如:针对旅游者,可以采取赠送纪念品、当地特产、明信片、价格折扣等方式;针对旅游中间商,可以采取批量或现金折扣、特许经营、业务回扣、推广津贴等方式;针对推销人员,可以采取红利提成、销售机会、特别推销金等方式;针对旅游生产经营者,可以采取租赁促销、配套服务、类别旅游折扣等方式。

3. 强刺激性

营业推广要对旅游产品购买者有着强烈的刺激性,促使旅游者购买某一特定旅游产品,这样才能更易于取得明显的短期效果,较快地提高旅游企业的销售额,巩固和提高旅游企业应有的市场占有率,实现企业的短期目标。

4. 短程高效性

营业推广作为一种战术性营销手段,应将实际的行为限定在特定的时间和空间范围内,要求旅游者或旅游经销商亲自参与。为了达到即时销售,企业或经销商通过金钱、商品或服务的激励和刺激,促使旅游者产生购买行为,因此短时效益更为明显。

(三)营业推广的策划过程

1. 营业推广方案策划

(1)确定营业推广目标。营业推广的具体目标是根据目标市场类型的变化而变化的。针对不同类型的目标市场,先制定不同的旅游营业推广目标。比如:对于旅游者来说,目标可以确定为鼓励老客户经常或重复购买旅游产品,以及诱发新的旅游者进行消费等;对于旅游中间商来说,目标可以确定为促使中间商不间断地经营本企业旅游产品和服务,致力提高购买水平和增加短期销售额等;对于旅游推销人员来说,目标可以确定为鼓励推销人员进行推销旅游产品和服务,刺激销售,寻求更多的潜在旅游者。

(2)选择营业推广工具。旅游营业目标确定之后,需选择实现目标的方式和措施。营业推广的工具也是多种多样的,且每种工具都有其自身的特点和适用范围。一般来说,营业推广的主要工具有以下几种:一是免费的赠品,包括样品和赠品印花等;二是价格优惠,包括折扣券、折扣优惠、退款优惠等;三是竞赛,包括消费者竞赛与抽奖,经销商销售竞赛和销售人员销售竞赛等;四是组合,包括财务激励、联合营业推广、服务营业推广及会员营业推广利益等。

2. 制订营业推广方案

在制订和实施营业推广活动的方案时,需注意与其他促销手段进行协调,尤其是与广告、公共关系、人员推销等促销活动的整合以及与有关销售渠道的协调。通常来说,一个完整的营业推广方案应考虑以下几个方面的内容:

(1)确定刺激的规模。旅游企业制订具体的推广方案首先要确定刺激的规模,也就是计划拿出多少费用来进行刺激。

(2)选择营业推广对象。旅游企业可以选择是给予目标市场的每个人刺激,还是给予某些群体以刺激。这是对促销目标范围大小的控制,会直接影响最终的促销效果。

(3)决定营业推广媒介。旅游企业应明确通过什么途径向推广对象传递信息,各种推广途径所需的费用不同,信息传达的范围也不同。这就需要旅游企业权衡利弊,在综合考虑费用与效益的情况下,选择相对最有效的推广途径。

(4)选择营业推广时机。选择合适的营业推广时机是非常重要的,如果推广期相对较短,由于在这段时期内无法实现重复购买,或者是很多潜在购买者还没有购买,那么很多应获取的利益就不会实现;而如果推广期相对较长,又会引起过大的开支和降低刺激购买的力度,容易给消费者造成该旅游产品长期降价的假象,难以促使他们立即购买。

(5)分配营业推广预算。营业推广需要较大的支出,事先需充分进行筹划预算。拟定推广预算一般有以下两种方法:一是确定营业推广的方式,然后再计算其总费用;另一种是按照习惯比例来确定一定时期内的各个促销预算费用占总促销预算的百分比。

3. 营业推广方案的实施与控制

在营业方案的实施与控制中,旅游企业应注意并监测市场的反应,并及时对促销范围、强度、频度和重点进行必要调整,保持对促销方案实施的良好控制,科学预估在实施中可能产生的问题,并事先做好处理突发性事件的准备。

4. 营业推广效果评估

营业推广活动完成后,旅游企业需对其效果进行评估,这是检验推广促销活动是否达到预期目标以及促销花费是否合算的唯一途径。企业相关人员应尽可能详细收集有关营业推广活

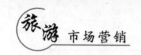

动开展前后一段时期内的相关信息,并据此分析此次推广活动达到的效果以及产生的问题,以此作为今后是否开展或如何开展推广活动的决策依据。

(四)营业推广的方式

1. 免费营业推广

免费营业推广是指旅游者免费获得某种特定的物品或利益。在提供短程刺激的营业推广领域,免费赠送这类营业推广方式的刺激和吸引强度最大,旅游者也乐于接受。

2. 优惠营业推广

优惠营业推广是指让旅游者或经销商以低于市场正常价格来购买特定的旅游产品。其核心是推广者让利,接受者省钱。

3. 竞赛营业推广

竞赛营业推广是指利用人们好胜、竞争和寻求刺激的心理,通过举办竞赛、抽奖等富有趣味和游戏色彩的推广活动,吸引旅游者、经销商或销售人员参与,以推动和增加销售。

4. 组合营业推广

组合营业推广是一种综合性的促销手段,包括旅游企业或相关企业的联合促销,是以旅游者满意为目的的服务促销。组合营业推广通常有以下几种方式:

(1)联合推广。举办"旅游年"是世界各国普遍采用的行之有效的联合促销方式之一,原国家旅游局与中国民用航空总局为了配合香港回归这一历史事件,在1992年成功举办友好观光年活动的基础上,再次携手共同举办了"1997中国旅游年"活动。

(2)服务推广。为了提高旅游企业的美誉度,增加旅游产品的知名度和信任度,可以采用售前服务、订购服务、代办服务、咨询服务以及售后服务等多种形式,以更好地促进旅游企业市场渗透的实现和完善。

(3)包价旅游。包价旅游是最有效的旅游特殊促销方法,是各类营业推广工具的集成使用。包价旅游形式繁多,常用的有会议组合包价旅游、商务组合包价旅游、节假日组合包价旅游、目的地组合包价旅游以及特别主题组合包价旅游等。

第三节 旅游产品促销组合策略

一、影响旅游促销组合的因素

优化旅游产品促销组合,需依据旅游企业的促销目标、产品特点、产品生命周期、市场性质、促销策略等方面的实际情况,将几种促销方式进行合理结合、综合运用。旅游企业在组合促销方式时会受到下列因素的影响。

(一)促销目标

促销的目标是指通过向旅游者进行宣传、诱导和提示,引发旅游者产生购买动机,影响旅游者的购买行为,最终实现产品由生产领域向消费领域的转移。这一因素也是影响促销组合决策的首要因素。不同的旅游企业在同一市场,或是同一旅游企业在不同时期以及不同市场环境下所开展的特定促销活动,都有其具体的促销目标。促销目标不同,促销组合必然会有差异,营销人员需依据具体的促销目标来选择合适的促销方式进行组合。

(二)产品性质

由于产品性质的不同,旅游者具有不同的购买行为和购买习惯,这就需要旅游企业采取不同的促销组合策略。比如,由于生活消费品和工业生产资料的性质不同,采取的组合方式也就不同。消费品因为消费者群体数量众多,可以较多地使用广告和营业推广的促销组合策略;而生产资料多为专用用户,更适合采用人员推销的促销方式,这种方式专业性高且针对性强。

(三)市场特点

市场特点受各个地区的风俗文化、地理位置、经济政治环境等因素的影响,促销方式在不同类型的市场上所起的作用不同,也导致了不同旅游产品的促销组合策略不同。旅游企业应全面考虑市场和不同促销方式的特点,对其进行综合评估,最终确定合适的促销方式。通常来说,小规模的本地市场应主要选择人员推销的方式,如果是广泛的全国市场或者是国际市场,则应该主要选择广告宣传的方式。

(四)产品生命周期

在旅游产品生命周期的不同阶段,促销工作的效益、重点和目标各有不同,因此促销组合的方式也不同。在导入期,企业的促销目标是在短时间内让旅游者认识和了解产品,通过广泛和大量的宣传提高产品知名度,这时采取广告和营业推广的效果比较好。在成长期,一些旅游者对该产品有了一定的认知,企业的营销目标是激发旅游者的兴趣,使其对该产品产生了偏好,此阶段应继续加强广告和营业推广。在成熟期,大多数旅游者已经了解了该产品,企业营销目标是留住之前的老客户,并开发新客户,扩大市场占有率。如果这时没有需要推出的新产品,企业应适当地削减广告,仅需起到提醒作用即可。同时,应增加营业推广,主要做好新客户的开发。在衰退期,广告仍保持在提醒作用的水平,企业的营销目标是促进旅游者的持续信任,刺激购买欲望,因此应继续以营业推广的方式促进销售。

(五)促销费用

促销费用在一定程度上会对促销方式的选择产生直接影响。通常来说,广告宣传的费用比较高,人员推销次之,营业推广的费用较少,公共关系的费用最少。这些促销方式的功能、效果也不同。企业需根据自身的经济状况,综合评估促销费用和相应效果,进而选择合适的促销方式。

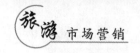

(六)其他营销因素

影响促销组合的因素是复杂多样的,除了上述五种因素外,企业的营销渠道策略、销售人员素质、整体发展战略、社会和竞争环境等因素也会不同程度地影响促销组合决策。

总而言之,企业在制定促销组合策略时,应审时度势,理性分析促销目标、产品特性、财力水平、市场竞争及状况,在合理的情况下评估必要的促销费用。再经过综合考虑,将各个促销方式的成本和效果进行比较,尽量以更低的促销费用取得更好的促销效果。

二、制定旅游促销组合策略

旅游促销组合策略是旅游市场营销工作的重点和难点,是旅游营销活动中最能体现智慧的部分。旅游促销组合策略与旅游产品策略、定价策略以及分销策略紧密联系,共同形成一个相互协调的有机整体。

制定旅游促销组合需要经过多方面、全方位的考虑,其出发点是旅游促销所针对的客户群体,也就是目标市场。企业需要根据目标市场来确定促销目标,进而再确定促销信息、传递渠道以及促销方式等,将各种促销策略加以综合运用与组合,以此形成良好的促销效果。

(一)确定促销对象

旅游促销的首要问题就是确定促销信息的传播对象,也就是接受促销信息的客户群体。企业通过对目标市场的研究与前期的调研,确定其产品所针对的目标受众,以便更准确地选择需要传递的信息,确定信息传递的方式以及传递信息量的数量,并且尽可能确保目标受众能及时、准确地接收到信息。

(二)确定促销目标

在不同的时期和不同的市场环境下,企业开展的促销活动也有着特定的促销目标。比如:短期促销目标适合采用广告和营业推广相结合的方式,这种方式能更快速地在市场上使旅游者知晓产品;而对于长期促销目标来说,更适合采用公共关系促销方式,这种方式能更加促进企业与旅游者之间的联系与了解。

(三)设计促销信息

企业在设计促销信息时,应先明确向目标受众传递信息的诉求,并以此刺激其做出反应。诉求主要分为三种形式,分别是理性诉求、感性诉求和道义诉求。理性诉求用以表现产品的价值和功能;感性诉求是通过引发情感共鸣,进而激发旅游者购买行为;道义诉求着眼于旅游者对是非的判断和评价,从道义的高度肯定或否定他们的行为。

(四)选择沟通渠道

传递促销信息的沟通渠道主要有人员沟通渠道和非人员沟通渠道。人员沟通是指向目标旅游者当面推荐、介绍,并得到其反馈信息,利用良好的口碑和服务来扩大企业及产品的知名度和美誉度。非人员沟通主要是指通过大众媒体沟通。企业将人员沟通和大众媒体沟通进行合理有机的结合,会更好地发挥促销效果。

(五)确定促销的具体组合

企业应根据不同情况,结合广告、人员推销、营业推广和公共关系四种促销方式的特点,再综合考虑影响旅游促销组合的因素,最后将其进行合理、科学搭配,使其发挥更好的效果。

(六)确定促销预算

促销预算指的是企业在促销方面投入资金数额的估算。通常来说,促销预算的方式有以下几种。

1.量入为出法

量入为出法是指企业根据一定时期内的收入进行促销预算,通常按照销售额或者利润的百分比来确定。这种方法能够保证促销资金及时到位,缺点是在资金的运用上缺乏针对性。比如:当企业灵活资金较少时,投入促销的预算也就较少,容易造成促销效果不佳;当资金较充裕时,会造成资源浪费。

2.竞争对抗法

竞争对抗法主要是指参照竞争者的促销费用来决定自己的促销预算。这种方法一方面节约了用于促销预算前期调研的成本,另一方面降低了在市场上打促销战的可能性。但是这种方法没有考虑本企业的具体情况,具有一定的盲目性,而且也很难科学地判断竞争者的预算是否合理。

3.目标任务法

目标任务法是指根据企业具体的促销目标和促销方式确定所需预算。这种方法包括三个步骤:明确促销目标;制定为实现该目标所必须完成的任务;估算完成这些任务所需要的成本,这些成本汇总后的结果就是促销预算总额。这种方法可以实现对促销总费用和各个分任务费用的有效控制,但是要做到预算的准确制定存在一定的难度。

三、促销活动效果评价

对促销活动的效果进行评价,核心在于回答以下两个问题:一是促销活动的开展旨在达到何种目的,即事先效果评价;二是促销活动的开展能否达到这一目的,或者是否达到了这一目的,也就是事后效果评价。

(一)事先效果评价

一般情况下,在推出促销宣传活动前,营销者会先对信息内容和创意技能进行有效评价,常用的方法是组织中心组座谈。随后营销者再对拟用的传播渠道进行评价,通常会测评有关媒体的受众范围,比如报纸的读者规模、电视节目的收视率或可能会见到广告牌的人数等。

(二)事后效果评价

通常来说,对促销宣传活动进行事后效果评价主要包括以下四个方面:

(1)通过组织消费者进行记忆测试,了解消费者获取促销信息的渠道;

(2)测评企业或旅游目的地在目标市场中的知名度或知名度变化情况;

(3)通过专项市场调查,测评消费者对旅游产品、旅游目的地的态度或购买行为发生变化的情况;

(4)通过调查促销活动开展前后产品销售量或预订量的变化情况,测评促销活动的开展对产品销售量或客户预订量的影响程度。

本章小结

1.旅游促销是指旅游企业或者旅游目的地借助可控手段正式对外开展的一系列营销传播或市场宣传的活动。对旅游企业或生产者来说,旅游促销的总目标就是能够影响消费行为,把旅游者的需求转变为对本企业旅游产品的购买行为。

2.旅游促销的实质是实现旅游营销者与旅游潜在购买者之间的信息沟通。广告、人员推销、营业推广和公共关系等四种因素的组合和综合运用称为促销组合。

3.优化旅游产品促销组合,需依据旅游企业的促销目标、产品特点、产品生命周期、市场性质、促销策略等方面的实际情况,将几种促销方式进行合理结合、综合运用。因此,旅游企业在组合促销方式时会受到促销目标、产品性质、市场特点、产品生命周期、促销费用和其他营销因素的影响。

4.对促销活动的效果进行评价,核心在于回答两个问题:一是促销活动的开展旨在达到何种目的;二是促销活动的开展能否达到这一目的,即事先效果评价,或者是否达到了这一目的,也就是事后效果评价。

核心概念

旅游促销　旅游产品促销组合　广告　人员推销　公共关系　营业推广

课后思考题

1. 旅游广告有哪几种类型？如何对旅游广告进行评估选择？
2. 旅游人员推销有哪些功能和特点？
3. 旅游公共关系在旅游市场营销中起哪些作用？
4. 旅游营业推广的策划过程涉及哪几个方面的内容？
5. 如何制定旅游促销组合策略？

第十章 旅游市场营销新兴业态与市场前沿

第一节 旅游市场营销新兴业态

一、网络营销

(一)网络营销的概念

网络营销是指旅游企业为了实现其营销目标,以电子信息技术为基础,借助联机网络、计算机通信和数字交换媒体进行的营销活动。网络营销是分散营销、客户导向营销、双向互动营销、虚拟营销、无纸化交易、全球营销等的综合体现。

(二)网络营销的特点

1.跨时空

网络营销可以超越时间和空间的限制进行信息交换,并跨越时空完成交易,可使得旅游企业全天候提供全球性营销服务。此外,国际互联网已覆盖了全球市场,旅游企业可以更加方便、快捷地进入任何一个国家的交易市场。

2.交互式

互联网有着人类社会最大限度的交互式自由空间,无论是旅游企业、旅游团体,或者旅游者个人,都可以自由地发布或寻找信息,也可以在网络上进行互动和交流。因此旅游网络营销兼具双向互动营销和参与式营销的特点。

3.主导性

网络上的促销通常是由消费者主导的循序渐进式促销,并且是一种低成本与人性化的促销,是通过网络实现旅游企业与旅游者之间的交互性沟通,可满足旅游者的个性化需求,为旅游者提供相关服务。

4. 高效性

网络营销有着极高的效率,突出表现在营销信息量最大、精确度最高、更新速度最快以及传递信息最迅捷,具有较强的可重复性和可检索性。网络营销的制作周期短,能够实现在相对较短的时间内向目标市场进行投放。并且计算机可以储存大量信息,可以及时更新产品或调整价格,提高了在线交易的效率。

5. 成长性

中国互联网络信息中心(CNNIC)在北京发布的第50次《中国互联网络发展状况统计报告》显示,截至2022年6月,我国网民规模为10.51亿,互联网普及率达74.4%。我国网民规模较2021年12月增加了1919万,互联网普及率较2021年12月提升了1.4个百分点。在网络接入环境方面,网民人均每周上网时长为29.5个小时,网民使用手机上网的比例达99.6%,使用台式电脑、笔记本电脑、电视和平板电脑上网的比例分别为33.3%、32.6%、26.7%和27.6%。由此可见,我国网民规模在持续扩大,网络接入环境也变得更加多元,网络营销已表现出了强劲的势头,有着很好的前景和成长性。

6. 整合性

网络营销可以将旅游产品的生产、售价、渠道、促销、调研、咨询、交易、结算、售后服务、投诉等所有旅游事务集成在一起,企业可以通过互联网将不同的营销活动进行整合营销。

7. 经济性

网络营销的经济性最突出的表现是非店面销售。这样的销售模式可以省去租金、水电、人工成本等费用,也节省了库存费用。在很大程度上降低了商品流通成本、营销成本以及结算成本等。

8. 定制化

网络营销通常能够建立完整的用户数据库,其中包含了用户的地域分布、年龄、性别、收入、职业、婚姻状况和爱好等,为定制化服务提供了基础和保障。旅游企业可在网上推出各类虚拟商品让旅游者进行挑选,进而组织有关人员进行产品生产,最终实现定制化营销。

9. 个性化

网络营销的个性化是指网络营销所使用的网络站点、电子信件以及其他营销工具,可适应不同年龄、不同地点、不同爱好以及不同特征旅游消费者的需求。

(三)网络营销的常用方法

1. 引擎搜索

引擎搜索是指旅游企业在主要的搜索引擎上注册并取得了良好的排名,旅游者可以检索到本企业的相关信息。搜索引擎一般包括全文索引、目录索引、元搜索引擎、垂直搜索引擎、集

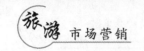

合式搜索引擎、门户搜索引擎以及免费链接列表等。也就是说,旅游者可搜索相关关键词,点击搜索引擎上的关键词链接,进入网站或网页了解旅游者所需要的信息,并通过拨打网站上的客服电话,与在线客服沟通或直接提交页面上的表单等方式来实现购买。

2. 交换链接

交换链接也叫作互惠链接,是具有一定互补优势的网站之间的简单合作形式,即分别在自己的网站上放置对方网站的商标、徽标或网站名称,并设置对方网站的超级链接,使旅游者能够从合作网站中发现并点击自家的网站,达到互相推广、互利互惠的目的。

3. 病毒性营销

病毒性营销是指通过人际网络,将营销信息快速复制,并传向数以万计乃至百万计的观众,像病毒一样快速传播和扩散。也就是利用用户口碑相传的原理,是一种通过用户之间自发进行的、费用低的营销手段。病毒性营销常用的工具包括免费电子书、免费软件、免费 Flash 作品、免费贺卡、免费邮箱、免费即时聊天工具等。如果工具和方法使用得当,病毒性营销可以花费极低的价格,取得非常显著的效果。

4. 网络广告

网络广告是常用的网络营销策略之一,是指利用网站上的广告横幅、文本链接、多媒体等刊登或发布广告。网络广告常见的形式包括横幅广告、关键词广告、分类广告和赞助式广告等。

5. 信息发布

信息发布是指旅游企业通过互联网发布信息,比如可以向正规的网站或专门发布广告的网站申请发布信息,也可以通过个人的博客或网站发布信息。

6. 网上商店

网上商店也称为虚拟商店、网上商城或电子商场,旅游企业可以将传统商务模式中的商店或超市直接搬到网上,建立网上商城。目前最为普遍和可靠的方式是选择服务商公司的网上商城系统,搭建属于自己的电商平台,由旅游企业自行经营。

7. 电子邮件促销

电子邮件促销是指向消费者群体发送电子邮件,以此建立与用户之间的信任与信赖关系。为了避免旅游企业的电子邮件成为旅游者厌烦的对象,在设计电子邮件时需尽量做到新颖、有创造力和吸引力,这样才可以更好地确保预期效果的实现。

8. 博客营销

博客营销是指建立企业博客或个人博客,通常用于旅游企业与旅游者之间的互动交流,以及企业文化的体现。一般以行业评论、工作感想、心情随笔和专业技术等作为企业博客内容,使用户更加信赖企业,深化品牌影响力和感染力。

二、软文营销

(一)软文营销的概念

软文也称广告文学,是指旅游企业通过方案策划,在报纸、杂志或网络等媒体上刊登的可以提升企业品牌形象和知名度,能够促进企业营销的一系列宣传性、阐释性的文章,具体包括特定的新闻报道、深度文章、付费短文广告以及案例分析等。

(二)软文营销的特点

1. 营销目的隐蔽

软文在内容上一般不会呈现明显的营销目的,而是将需要宣传的信息嵌入文字,从侧面进行描述,属于渗透性传播方式。其本质是商业广告,但以新闻资讯、评论、管理思想或企业文化等文字形式呈现,能够让受众在潜移默化中受到感染,这也是软文的首要特征。

2. 内容丰富,形式多样,受众面广

软文的文字资料较为丰富,传播的信息相对完整,且一般不拘泥于文体,表现形式多样,几乎能够遍布网络的各个平台。因此覆盖面较广,大部分的网络用户都是其潜在的旅游者。

3. 吸引力强,可接受程度高

软文的宗旨是塑造信任,它弱化或者规避了广告行为自身的强制性和灌输性,由专业且经验丰富的软文写作人员,在分析了产品目标消费群的消费心理和生活偏好的基础上,设计富有吸引力的标题来引起网络用户的关注,并用细腻、具有亲和力或者诙谐幽默的文字来打动旅游者,内容也会以用户感受为核心,使读者易于知晓和接受。

4. 低成本,高效益

电视广告、平面媒体或户外媒体的广告费用通常让很多中小企业望尘莫及,而软文营销的优势之一是费用低或无费用。有很多免费的平台,即便是在需要付费的主流平面媒体和网络媒体上,费用也比较低廉。如果调研、创意、策划、撰写等都到位的情况下,极有可能用免费的方式获得很多"硬广告"付费都达不到的效果,有着较高的性价比。

5. 影响周期长,可能实现二次或者多次传播

传统的"硬广告"通常会受到版面的限制,传播信息有限,投入风险大,成本比较高。而软文营销不仅信息量大,还可以在网站上长期或永久存在。不仅如此,软文还有着非常好的搜索引擎效果,企业可以把想要传播的信息同时发布到互联网的大型门户网站、地方性门户或者行业网站的相关平台上,继续进行二次或多次传播,使得传播效果最大化。

三、微信营销

(一)微信营销的概念

微信营销是指基于微信平台开展的各项营销活动。其营销主体可以是企业或个人,主要目的是对产品进行宣传推广和销售。

作为一种新兴的营销手段,微信营销凭借着自身独特的优势深受企业和个人的青睐。微信公众平台让微信营销形成了体系,成为整个移动互联网的集成入口。朋友圈、微信群、小程序等多方面功能也满足了微信营销的多种应用。微信在不断更新、变化,微信营销方式也日益丰富、全面。

(二)微信营销的特点

1. 平台适用性强

作为营销主体的企业或个人来说,微信营销有着适用性强的优势和特点,具体表现为经济上和技术上的可行性。一方面,微信营销的成本较低,大部分功能均供客户免费使用,在使用的过程中仅产生了流量费;另一方面,微信界面操作简单、后台技术成熟且服务完善,不仅可以提供对数据的深度挖掘,还能够帮助企业解决营销过程中所涉及的问题等。

2. 用户主导性强

与其他营销平台相比,微信的主要优势之一是在增加"粉丝"方面,完全尊重"粉丝"的个人意愿,是以消费者为主导的许可式营销手段。比如:用户可扫描二维码或搜索公众号进行关注,但公众号却不能主动进行用户添加。用户主动订阅自己所需的信息,公众号提供用户所需信息的同时进行营销推广。如果用户对公众号提供的信息不满意或认为信息过于泛滥,可以自行对公众号信息进行屏蔽或取消关注。

3. 互动针对性强

在微信上,无论是用户与用户还是企业与用户之间的沟通都是一对一的,其他人未经邀请,无法参与会话。这种强关系的沟通有效提高了用户在浏览信息时的专注度。并且通过借助移动终端、天然社交和位置定位等优势,信息可以有针对性地进行推送,让每个用户都能知晓、了解和接收到指定信息。

4. 展示全面,到达率高

微信不仅可以用文字来展示品牌、产品或服务,还可以通过图片、视频、语音、表情等多种形式来吸引用户的关注,能够更加直观、全面地展示品牌或产品的特性和优势。微信点对点的消息推送模式,可以准确无误地将信息直接发送到受众的移动终端,到达率较高。

四、微博营销

(一)微博营销的概念

微博是指长度在140字以内的微型博客,是一个基于用户社交关系的信息分享、传播和获取的公开平台。用户可通过Web、Wap以及各种客户端组建个人社区更新信息,实现即时分享,其关注的机制可以是单向也可以是双向的,传播效率较高。伴随着我国网络技术的不断发展和新媒体的冲击,微博发展至今仍是新浪微博一枝独秀,因此本部分内容皆以新浪微博作为阐述对象。

(二)微博营销的特点

1. 立体化、即时性

微博营销一般借助先进的多媒体形式,从微博主页的头像、标签说明、业务介绍以及用户所发的微博文字、图片、视频等,对品牌、产品或服务进行多维度描述和全面展示,且最大化地开放给用户,让用户可接收到更直接、形象的信息。此外,微博属于即时性传达,可通过微直播、微访谈等功能实现事件的"现场直播",与用户进行现场式即时互动和表达,调动用户的积极性,提升关注度。

2. 高速度、广泛性

凭借庞大的用户数量基础和开放性,微博信息传播速度极其迅速。一条关注度较高的微博信息在互联网和与之关联的手机平台上发出后,通过互动转发短时间内可以到达微博世界的每一个角落,可以使事件的传播量呈几何倍数放大,使传播范围得到最大化的扩大。

3. 成本低、易操作

微博营销所需要的成本较低,只需在微博上注册账号就可以免费发布文字、图片、视频等内容,操作较为简单。发布信息的主体无须经过烦琐的审批或审核,节约了大量的金钱和时间成本。比如,若发布了引起潜在用户所感兴趣的话题或活动,通常能够吸引大量的消费者关注,并且再通过这些关注者进行转发,信息便可以在短时间内以低成本的方式进行广泛传播。

4. 互动化、人性化

在微博上,每个人既是传播者,同时也是受众。营销主体可通过分析用户的微博,了解其个人需求、习惯和偏好等,也可通过评论系统解决用户的疑惑,避免负面信息的无限制流传,这样不仅提高了用户满意度,还通过关注者的转发扩大了品牌或产品信息的覆盖面。这种双向互动极大地提高了企业对消费者的掌控能力,拉近了企业与消费者之间的距离,无形中形成了一种情感维系。

5. 自主性、精准化

微博营销不只是简单地发布广告,还可以通过个性化、情感化、人性化的形式来引起受众

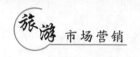

的关注,赢得其主动选择。微博基于用户兴趣建立了社交、消费以及互动的习惯,让企业的营销活动做到有的放矢。因为只有对企业感兴趣的用户才会主动关注企业微博,因此所面对的群体都是现实或潜在的消费者。通过数据技术分析,微博营销可以更加科学化、精准化。

五、短视频营销

(一)短视频营销的概念

短视频是指视频时长在五分钟以内的视频。目前,旅游类短视频按照生产内容和用户的不同,主要分为UGC(用户生产内容)旅游打卡短视频和PGC(专业人士生产内容)旅游短视频。前者制作的门槛低,生产流程较为简单,生产的视频内容涉及面广泛,缺点是专业性较弱;后者专业技术水平较高,视频质量较高,相对来说成本也高。目前我国短视频内容同质化现象比较严重,短视频内容未来的发展将会逐渐垂直化,而旅游类短视频可能会成为短视频内容垂直化发展的一个重要方向,这就使得兼具专业性和艺术性的PGC旅游短视频可能成为旅游类短视频进一步发展的突破口。

(二)短视频营销的形式

短视频营销是指依托短视频向浏览者进行广告宣传的一种营销模式。在一定程度上,手机可以被视为短视频传播的重要载体,手机客户端已成为大部分人们获取信息的主要渠道。因此短视频营销也成为旅游企业和目的地宣传的重要途径和方式。短视频营销的主要方式有以下两种:

1. 借助品牌主动推广

使用这种方式进行营销,可以起到宣传品牌的作用。比如通过微博或微信公众号主动推广的短视频,通常依托于大数据信息对客户喜好进行分析,进而向客户进行精准推送,目的是在第一时间抓住客户的注意力,获得更高的浏览量。

2. 激发用户活力

发挥用户的主观能动性,激发他们的活力和创造力,带动他们主动上传短视频,并经过大量用户的点赞、分享和体验,引导旅游消费。这种营销形式为视频内容注入了更多的多元化色彩,让视频内容更加贴近生活,更具有创造性和吸引力。

在旅游业,游客对旅游体验各具特色的现场短视频分享,通常能通过感官刺激众多用户的旅游兴趣和需求,从而催生各种方式的旅游,跟着视频去旅游在未来将会成为一种趋势。现在一些旅行社已开始针对短视频中网友热捧的目的地和景区等设计旅游产品。目前,UGC旅游打卡短视频是旅游类短视频的主体。这些短视频主要由一部分极具探索性、开拓性的旅游爱好者拍摄,再经过大量用户点赞、分享、模仿,引发其他用户的关注。

结合旅游业和短视频的特点,旅游行业可以通过旅游类短视频来营利,提高用户参与度,为品牌方推广品牌打下基础。首先,可以通过开展有趣、有个性的话题互动调动用户的好奇心,提高用户的参与度,通过奖励来刺激用户分享视频;其次通过景点短视频拍摄,让用户与景点亲密接触,用视频记录景点的美好瞬间,提高景点的吸引力与知名度,并依据视频分享频次进行收益分成;最后还可以通过广告植入的形式来进行营利,不过这必须制定较高的门槛,避免导致同质化严重,失去视频个性和景点吸引力。

六、直播营销

近年来,网络直播迅速发展成为一种新的互联网文化业态。目前的直播平台大致可分为泛娱乐类平台、游戏类平台、垂直类直播平台、版权类直播平台四类。旅游直播属于其中的垂直类直播平台。

直播作为互动性与实时性极强的社交媒体平台,其营销优势一方面体现在能为用户提供真实使用场景,增加产品体验感。另一方面,用户的高频互动行为可使营销者实时接收到营销效果反馈,及时解决用户提出的问题,增强营销效果。其营销模式主要有以下几种。

1. 直播+发布会

这种模式现已成了各大品牌抢夺人气、争占流量和制造热点的营销法宝。

通过直播场景形成共同的兴趣社群,打破了传统发布会在时间、空间、形式上的制约,并可通过打赏、互动、点赞等方式,实现双向互动、高关注度和持续热度。若开展得当,会产生较好的营销效果。

2. 直播+产品体验

邀请人气网红或当红明星参加直播,通常能迅速提升品牌人气,形成良好的广告转化效果。该形式适用于景区、餐饮、娱乐等多个行业,是普适性极高的方式。

3. 直播+日常活动

反映日常活动的实时直播不容易修饰,所以看起来会更加真实,能吸引相关目标群体的注意力。

4. 直播+解密

借助"网红记者"的影响力,将不利于传播、不被公众熟知的品牌优势传播出去。比如,有趣的产品制造过程、较难表达的企业实力、小众的产品、服务或美容整形过程等。

5. 直播+产品售卖

将流量变现与产品售卖紧密结合,已成为当下的主要营销"利器"。

6. 直播+名人访谈

与知名企业家进行访谈直播,对于传递企业文化、提升企业知名度以及市场好感度、塑造良好的企业形象等具有积极的作用。

七、关系营销

(一)关系营销概述

1.关系营销的定义

关系营销是指企业为实现其自身目标和增进社会福利而与相关市场建立、维持互利合作关系的过程。首先,该定义说明关系营销的目标是双重的,包括社会宏观目标与企业微观目标。企业作为社会的一部分,除了其自身的目标外,还应该关注社会总体利益与目标。其次,关系营销的对象是相关市场。相关市场包括企业所有利益相关者,如消费者、供应者、员工、媒体、政府部门等。再次,关系营销的手段是互利合作。互利是合作的前提,没有互利,很难有进一步的合作;缺乏合作的营销不能成为关系营销。最后,关系营销是一个动态的过程,而不是一种静止的状态。

2.关系营销的特征

(1)双向沟通。在关系营销中,沟通是双向而非单向的。只有广泛的信息交流和信息共享,才可能使企业赢得各个利益相关者的支持与合作。

(2)合作。一般而言,关系有两种基本状态,即对立和合作。只有通过合作才能实现协同,因此合作是双赢的基础。

(3)双赢。关系营销旨在通过合作增加关系各方的利益,而不是通过损害其中一方的利益来增加另一方的利益。

(4)亲密。关系能否得到稳定和发展,情感因素起着重要作用。因此关系营销不只是要实现物质利益的互惠,还必须让参与各方能从关系中获得情感需求。

(5)控制。关系营销要求建立专门的部门,用以跟踪顾客、分销商、供应商及营销系统中其他参与者的态度,由此了解关系的动态变化,及时采取措施消除关系中的不稳定因素。此外,有效的信息反馈也有利于企业及时改进产品和服务,更好地满足市场需求。

(二)旅游关系营销

从实践意义上讲,关系营销已经完全突破了简单的企业与消费者之间的关系范畴,已延伸到供应商、中间商及其他与企业直接、间接联系的社会团体、政府职能部门以及个人等方面,市场营销已经演进到顾客关系营销阶段。

1.旅游关系营销的概念

旅游关系营销是以系统论和大市场营销理论为基本思想,将旅游企业置身于社会经济大系统中来考察旅游企业的市场营销活动,认为旅游企业市场营销是一个与旅游者、竞争者、供应商、分销商、政府机构和社会组织发生互动作用的过程,同时认为旅游企业市场营销的核心是正确处理与这些组织和个人的关系,将建立与发展同相关组织和个人的良好关系作为旅游企业市场营销成功与否的关键因素。简而言之,旅游关系营销是指以旅游企业和旅游者的相互关系为核心的营销。

2. 旅游关系营销的特点

(1) 双向交流。在旅游关系营销中,双向交流使信息得到充分共享。良好的关系使沟通渠道畅通,一方面,可以加强旅游者对旅游企业的支持与理解,另一方面,可以使旅游企业掌握旅游者的需求信息,进而更好地满足旅游者需求。交流应该是双向的,既可以由旅游企业开始,也可以由旅游者开始。

(2) 协同合作。旅游关系营销认为,在竞争性的市场上,明智的营销管理者应强调与利益相关者建立长期的、彼此信任的、互利的关系。这可以是关系一方自愿或主动地调整自己的行为,也可以是关系双方都调整自己的行为,以实现相互适应。各具优势的关系双方,互相取长补短、联合行动、协调一致去实现对双方都有益的共同目标,这是关系营销的最高形态。

(3) 互惠互利。旅游关系营销的基础在于交易双方之间有利益上的互补。如果没有各自利益的实现和满足,双方就不会建立良好的关系。这就要求交易双方要互相了解对方的利益需求,寻求双方利益的共同点,并努力使双方的共同利益得到实现。真正的关系营销是达到关系双方互利互惠的境界。

(4) 反馈机制。旅游关系营销要求建立专门的部门,用以跟踪旅游者、分销商、供应商及营销系统中其他参与者的态度,由此了解关系的动态变化,并及时采取措施消除关系中的不稳定因素和不利于关系各方利益的因素。

3. 旅游企业与旅游者的关系营销

旅游企业与旅游者的关系营销是旅游关系营销的核心内容,建立旅游企业与旅游者的和谐关系应是双方的共同愿望。旅游企业必须采取一定的措施,激发旅游者主动与旅游企业建立关系。旅游者会对旅游企业的经营效益产生直接的影响,因此旅游企业往往通过关系营销来发展与顾客长期、稳定的关系,提高顾客忠诚度。旅游企业利用关系营销可在两方面使旅游者满意:一方面,旅游企业给予旅游者优惠的特别照顾。比如现在很多旅游企业推行的营销计划的出发点就是给予旅游者优惠。另一方面,旅游企业减少了旅游者的购买风险,可采用保证退货、补偿经济损失等手段来吸引旅游者。

4. 旅游关系营销的内容

旅游关系营销中除了旅游企业与旅游者的核心关系营销以外,还有旅游企业与中间商、政府、行业协会、内部员工、媒体等重要的关系营销。其具体内容如下:

(1) 旅游企业与中间商的关系营销。旅游企业与中间商的关系是一种正式的产销关系。中间商是联系旅游者与旅游企业最重要的中介,是信息相互传递的媒介。因中间商与旅游者直接接触,所以旅游企业与中间商之间的良好关系有利于塑造旅游企业的形象。

(2) 旅游企业与政府、行业协会等的关系营销。旅游企业开展一切活动都是在政府的政策指导下进行的,包括营销行为。旅游行业协会是随着旅游业的逐渐发展,为了实现一定行业目标,由旅游组织在自愿基础上建立的接受政府指导与管理的民间经济联合体。因此旅游企业与行业协会之间是被指导与被管理的关系。旅游企业有遵守与执行政府的政策与行业协会的行业规范的义务,并将信息反馈给政府和行业协会。政府与行业协会通过对宏观经济的调查研究,将旅游相关信息传递给旅游企业,指导旅游企业的营销活动。因此,旅游企业与政府、行业协会的良好关系有助于旅游企业开展营销活动。

(3)旅游企业内部关系营销。旅游企业内部关系包括部门间的关系和员工间的关系。只有处理好了旅游企业内部关系,员工才能更努力地工作,关系营销的实施才能有一个好的基础。企业文化要能够吸引旅游企业员工,建立共同的目标和价值观念,使员工对旅游企业忠诚,从而使旅游企业具有更强的凝聚力和向心力。旅游企业伦理是指企业处理内外部各种关系时应遵循的行为规范。伦理规范的和谐原则要求旅游企业与利益相关者和睦相处,员工之间团结、友爱、互助,管理者与被管理者之间相互体谅、相互合作。旅游企业伦理能使旅游企业尊重、关心、公平对待每一位员工,员工也会认真努力工作,忠诚于旅游企业。

(4)旅游企业与媒体的关系营销。旅游企业与媒体之间是一种旅游企业要努力引导媒体对企业进行正面宣传的引导关系。旅游企业可以通过媒体公关或有吸引力的新闻事件,吸引媒体报道以扩大企业影响。由于媒体往往被视为公正的第三方,因此其具有相当大的传播影响力。企业应做好与媒体的关系营销,建立良好的合作关系,尽可能给媒体提供客观真实的信息。旅游企业可以通过掌握的新闻特点,及时为媒体提供感兴趣的信息宣传自己,但严禁传播虚假信息。

5. 旅游关系营销中的危机管理

在旅游关系营销中,危机管理是其非常重要的内容。世界旅游组织对旅游危机的定义为:"影响旅行者对一个目的地的信心并扰乱旅游企业继续正常经营的非预期性事件。这类事件可能以无限多样的形式不断发生。"在旅游关系营销中,突发事件的发生以及在关系管理与信息传递过程中出现的偏差等都会引发危机。因此正确处理、掌控和预防危机事件的发生是非常必要的。

八、生态旅游营销

(一)生态旅游市场营销的内涵

生态旅游市场营销是对传统旅游市场营销的继承和发展,它是在可持续发展理念和社会市场营销观念指导下的旅游绿色营销。即旅游经济个体在生产经营活动的各个阶段减少或避免环境污染和资源破坏,在市场营销过程中注重生态环境保护,建立自己的竞争优势,利用各种营销方式赢得社会的认可,创造和发现市场机会,通过长期满足现有和潜在旅游者的需求,来实现自己的目标。生态旅游市场营销是连接生态旅游产品与生态旅游市场的基本环节,也是生态旅游经营管理的中心环节。

(二)生态旅游市场营销的主要目的

生态旅游市场营销具有以下主要目的：

(1)广泛传播生态旅游的理念；

(2)吸引更多的生态旅游者在本地停留并购买尽可能多的旅游产品；

(3)吸引更多的潜在生态旅游者将本地区作为旅游目的地，创造大量的客流量；

(4)分析本地区的客源市场，开发特殊市场，扩展生态旅游产品；

(5)分割出目标市场并研究其特点，与相应的旅游产品相配合，制订具体的营销计划。

(三)生态旅游市场营销与传统旅游市场营销的区别

1.营销的客体不同

传统的旅游市场营销的客体是旅游产品，而生态旅游市场营销除了对生态旅游产品进行营销外，还重视对生态旅游理念(本质内涵)的营销，营销客体的范围扩大了。生态旅游是从所有相关主体中抽象出来的，是一种旅游活动理念、一种旅游开发规划理念、一种旅游管理理念和一种旅游业发展理念。对生态旅游产品的营销是生态旅游市场营销的重点和核心但不是全部，要在营销生态旅游产品的同时营销生态旅游理念，使生态旅游这一全新的旅游理念，在旅游者享受高质量生态旅游产品的同时也得到广泛的传播。

2.市场的范围不同

传统旅游市场营销仅仅把旅游者作为营销的"市场"，只研究旅游者的行为，其所有活动都是围绕旅游者展开的。而从生态旅游的内涵分析可知，生态旅游的内涵是十分丰富的，生态旅游市场营销的"市场"除了旅游者外，还有旅游开发管理者、旅游政策制定者和旅游目的地的居民等，凡是与生态旅游有关的活动主体都是生态旅游市场营销服务的"市场"。

3.营销的任务不同

传统的旅游市场营销以满足旅游者的各种需求为主要任务，坚持"旅游者的需求永远是对的"，只要是旅游者需求的我们都要满足。而生态旅游市场营销不是盲目地满足旅游者的需求，而只是满足旅游者的理性需求，对污染环境和破坏资源的"有害需求"不予满足。生态旅游市场营销的任务发生了变化，除了满足旅游者的理性旅游消费需求外，还应该创造和引导理性的旅游开发和消费方式，不断营销时尚环保的旅游生活形式，逐步修正非生态的旅游开发管理和消费方式，最终在全社会树立正确的生态旅游理念。

九、绿色营销

(一)旅游绿色营销的概念

旅游绿色营销是指包括旅游景区(景点)、酒店、旅行社在内的所有旅游企业在旅游经营过程中要体现"绿色"，在旅游营销中要注意对地球生态环境的保护。它是绿色营销理论在旅游业中的具体应用。

(二)旅游绿色营销的内容

旅游企业为了适应可持续发展的要求,实现绿色营销的战略目标,必须制定绿色营销战略,使企业朝着绿色企业的方向发展。

1. 制定旅游绿色营销战略,树立良好的绿色旅游企业形象

(1)绿色营销战略。在制定旅游企业的经营战略时,必须制定相应的绿色营销战略,包括绿色技术开发计划、绿色产品开发计划、清洁生产计划、环保投资计划、绿色教育计划、绿色营销计划等。

(2)绿色企业形象塑造战略。旅游企业可以在理念识别系统、行为识别系统以及视觉识别系统的设计中加入绿色营销理念。制定绿色旅游企业形象战略,统一绿色产品标志形象设计,加强绿色产品标志管理。

2. 收集绿色信息,开发绿色资源

旅游企业需要通过收集绿色消费信息、绿色科技信息、绿色资源和生产开发信息、绿色法规信息、绿色组织信息、绿色竞争信息和绿色市场规模信息等,以适应绿色战略的要求,在旅游企业已有的基础之上,利用新技术,开发新能源,设计绿色产品,满足旅游者的绿色需求。

3. 开发绿色旅游产品

绿色旅游产品的开发包括设计、生产、品牌、售后服务几个基本环节。

(1)设计。绿色旅游产品的设计是研发阶段的关键,它特别强调对资源与能源的充分、高效利用以及对环境的保护。在绿色产品设计中要综合考虑各种因素,如产品的品牌、功能、节能、无污染、安全等。不仅要考虑如何减少资源的浪费,遏制资源的破坏,还要考虑废弃物的处理,减少旅游生产垃圾以及旅游消费垃圾对环境可能造成的破坏。

(2)生产。旅游产品的生产过程应该是一种"清洁生产",包括尽量避免使用对环境会造成破坏的材料,减少生产过程中的各种危险性因素,完善各项管理措施,等等。此外,还需要特别关注原料与能源的节约以及产品在旅游者使用过程中及使用后,不会形成对健康与生态环境有害的因素。

(3)品牌。旅游企业在对产品进行命名以及形象设计时,应符合"环境标志"的要求,使人们在消费该旅游产品时联想到葱郁的植被、茂密的森林、诱人的花草、平衡的生态;认识到产品从生产到使用、回收处理的整个过程,都符合特定的环境保护要求,对生态环境无害或损害极小。

(4)售后服务。旅游企业产品在满足旅游需求的同时,还需要考虑废弃物的遗留问题。尽量考虑废弃物的再生利用性与可分解性,提高废弃物的回收,以免对环境造成污染。

4. 制定适宜的绿色价格,选择恰当的销售渠道

(1)制定绿色价格。在旅游产品营销过程中,应摒弃"投资环保就是白花钱"的思想,树立"污染者付费,环境有偿使用"的理念,将企业用于环保方面的支出计入成本,使其成为价格构成的一部分。此外,针对旅游者崇尚自然、求新、求异的心理,采取"高价高质"的认知价值定价法,提高旅游企业的效益。

(2)选择绿色渠道。旅游企业要选择恰当的绿色营销渠道作为开拓市场的依托,扩大绿色产品的销售量。增加销售环节,降低价格,实现销量方面的营销目标。

5. 大力开展绿色旅游产品的促销活动

(1)运用绿色旅游产品的广告,大力宣传绿色消费。绿色旅游产品广告可以强化和提高人们的环保意识,使旅游者将消费与个人生存及人类生存联系起来,从而主动选择有利于个人健康和人类生态平衡的绿色产品。

(2)通过绿色公共关系,开展促销活动。绿色公关是树立旅游企业及其产品绿色形象的重要途径。绿色公关活动能够帮助旅游企业更直接、更广泛地将绿色信息传播到广告无法到达的旅游细分市场,给旅游企业带来竞争优势。

(3)绿色人员推销和销售推广。绿色人员推销是旅游企业的促销方式之一,要有效实施绿色营销策略,旅游推销人员必须了解旅游者绿色消费的兴趣,回答旅游者关心的环保问题,掌握旅游企业产品绿色含量以及企业在经营中的绿色表现。

6. 实施绿色管理

绿色管理是融环境保护观念于旅游企业经营管理之中的一种管理方式。

(1)建立旅游企业环境管理新体系。国际标准化组织顺应世界环境保护的潮流,对环境管理制定了一套国际标准,即《ISO 14000 环境管理系列标准》,以规范旅游企业的环境行为,达到节省能源、减少污染、改善环境、促进经济持续健康发展的目的。旅游企业应参照 ISO 14000 系列的六个子系统进行管理。向环境管理体系、环境审核与环境检测、环境标志、环境行为评价、产品寿命同期环境评估、产品标准六个子系统提供试用产品,提高旅游企业的知名度。

(2)进行全员环境保护教育,提高企业环境保护能动性。实施旅游绿色营销,需要旅游企业全体员工积极参与。实践经验表明,即使高层管理人员制定了绿色战略,如果没有员工的配合,战略的作用也会降低。因此必须加强对全体员工的环境教育,通过了解本国和他国有关的环境保护规定以及有法律约束力的国际环境协议,对公司的发展项目和产品生产做出决策。同时对旅游生产服务一线员工要进行教育和培训,提高他们的环境保护意识,增强他们保护环境的主动性。

(3)参照环境保护法律法规,实行强制性管理。我国于 1989 年颁布了《中华人民共和国环境保护法》,1994 年制定了《中国 21 世纪议程》,为我国制定新的环境保护法奠定了基础。在

现有的法律基础之上,根据我国经济发展的需要,旅游企业需要参照国际惯例与国内法律法规,依法进行绿色营销。

十、节庆旅游营销

(一)节庆旅游概述

1.节庆旅游的概念

节庆是人们依据长期生活习俗逐渐约定俗成的庆典日,并随着人们社会习俗和思想的改变而改变,其形式包括各种传统节日以及在新时期创设的各种新兴节日。节庆是某地区以其特有的资源为主题,自发而周期性举行的大型庆祝活动。这些活动通过内容丰富、开放性、参与性强的项目,吸引大量旅游者,从而带动一系列消费和投资。节庆活动自觉不自觉地被旅游业所利用,逐渐演变为旅游节庆。这类旅游节庆我们称之为传统旅游节庆,如傣族的泼水节等。利用旅游目的地浓郁的自然、人文、历史、文化特色,人为进行节庆形式的策划,在一定时间内展示这种特色,以此来吸引游客,这样形成的旅游节庆称为现代旅游节庆,如中国哈尔滨国际冰雪节等。不管是传统旅游节庆还是现代旅游节庆,以此为载体出现了一种特殊的专项旅游形式——节庆旅游。节庆旅游是以某种具有鲜明主题的公众性庆典活动作为旅游吸引物而开发出来的一种现代新型旅游产品,是以节庆形式对区域特色进行策划和包装,使其产生定向吸引,为旅游业所利用,从而产生社会、经济、文化等综合效益的一种专项旅游形式。不管是对传统节庆进行包装为旅游业所利用,还是对区域特色进行节庆形式的策划产生定向吸引,两者都需要目的地具有某种自然、人文等方面的区域特色或者民族特色,以此策划的节庆活动才能产生预期收益。

2.节庆与旅游的关系

节庆与旅游是相辅相成的。节庆是一种可以开发的旅游资源。旅游资源指旅游地吸引旅游者的所有因素的总和。节庆活动能够形成一定的吸引力,它涵盖了各种能够引起旅游者兴趣的因素。例如哈尔滨国际啤酒节可以吸引一般游客,也可以吸引客商,从而形成一般性旅游或商务旅游。参加节庆本身就可以是一次旅游。节庆是日常生活中一次休闲、感受社会和文化特色的机会,对本地人和外来游客来说都是一次以节庆为主题,以参加节庆地为目的地的旅行。节庆在作为旅游目的地吸引物的同时也可以促进当地其他旅游项目的发展,专门的组织机构可以预先安排、设计节庆的内容和形式,使其成为具有旅游价值的有组织的复合型节庆。

(二)节庆旅游营销概述

1.节庆旅游营销的概念

节庆旅游营销是指旅游节庆组织者以节庆旅游者的需求为出发点,有计划地组织各项旅游节庆活动,为旅游者提供满意的活动和服务而实现旅游节庆活动目的的过程。澳大利亚大型活动专家约翰·艾伦认为,活动下的市场营销是用来和活动的参与者或参观者(消费者)进行沟通,发现他们的需求和动机,开发满足他们需要的产品并制订出能够表达活动目的和目标的沟通计划。市场营销的本质就是发现需求、满足需求。

2.节庆旅游营销的意义

旅游节庆活动具有文化现象和经济内容双重载体功能。经济内容是其主要目的,区域特色文化是实现经济目的的前提和条件,所以文化内涵是旅游节庆活动的核心,旅游节庆活动本质上是文化产品。旅游节庆活动不但需要营销,而且作为文化产品,具有无形性、可变性、脆弱性和不可分割性等特点,市场营销在旅游节庆活动举办过程中可以发挥更大的作用。

首先,通过节庆旅游营销,可以使更多的节庆旅游者参与旅游节庆活动,不仅会给旅游节庆举办地带来更多的经济收益,重要的是旅游节庆活动所反映的区域文化得到了广泛传播,并且通过外地旅游者对这种文化的感知和宣扬,可以使其向区域外进一步拓展。

其次,节庆旅游营销可以保证旅游节庆活动的成功举办。节庆旅游营销的对象是旅游节庆旅游者和旅游节庆赞助者,对节庆旅游者的营销行为,可以保证旅游节庆活动的人气供应;对旅游节庆赞助者的营销行为,使举办旅游节庆活动有了资金保证。

再次,旅游节庆活动还可以通过营销活动了解旅游市场与节庆旅游者行为,从而针对目标市场进行节庆产品定位和宣传,向节庆旅游者明确自己的举办宗旨,使其更好地选择和支配参与节庆活动的行为。

3.节庆旅游营销的特征

节庆旅游营销以其巨大的形象传播聚焦效应、经济收益峰聚效应、关联产业带动效应而普遍受到旅游目的地及企业的重视,它逐渐成为旅游目的地塑造、宣传地区独特品牌形象的重要手段。与传统营销方式相比,节庆旅游营销具有以下六大特征。

(1)时效性强。旅游节庆活动持续的时间有限,营销主体必须在公众注意力最集中凝聚、社会情绪最高涨旺盛的时间点高效而又紧凑地开展系列营销活动才能达到最佳效果。

(2)潜在效益大。除了直接的经济效益,一次成功的节庆旅游营销能给旅游目的地带来巨大的潜在效益,例如旅游目的地知名度、美誉度、品牌价值的大大提升。

(3)目标受众广。节庆旅游营销的目标受众涵盖关注该旅游节庆活动的多个社会群体,范围十分广泛。

(4)媒体关注度高。旅游目的地借助具有轰动效应的热点旅游节庆活动开展的营销活动必然备受新闻媒体关注。

(5)旅游营销信息接收障碍小。节庆旅游营销的传播媒介之一是新闻,目标受众对新闻的信任度和接受度提高了节庆活动的受关注率。

(6)低投入高回报。据有关统计显示,旅游企业运用节庆旅游营销所取得的传播投资回报率约为传统广告的三倍,它能有效树立企业品牌形象,促进产品销售。

最后，旅游节庆活动市场营销也是旅游节庆活动作为举办地营销手段发挥职能的必然要求。

十一、旅游体验营销

(一)旅游体验营销概述

1. 旅游体验的概念

旅游从本质上讲是指人们离开惯常环境到其他地方去寻求某种体验的一种活动，它是一种天然的体验活动。旅游者投入时间和金钱参与旅游活动，追求的不是物质结果，而是一种探索、一种感受、一种挑战，还有一种心理上的彻底放松，当然还有舒服地享受休闲时光。

根据我国旅游体验的现状与参与程度的差异，可以将体验分为表层体验、中度体验、深度体验。传统旅游停留在表层体验阶段，以观光为主。尤其是包价旅游，游客只是走马观花地参观自然和人文景观，很少接触目的地居民、感受当地民俗文化。表层体验对资源的依赖性强，它要创造难忘的经历必须依赖吸引物本身的稀缺性和独特性。也就是说，观光的对象越独特、越稀少，留给游客的印象才越深，旅游经历才越丰富。因此表层体验旅游中，旅游体验效果更多地依赖旅游资源禀赋的高低，在资源品质不高的情况下，旅游者难以获得独特、难忘的体验效果。

随着旅游者消费心理的成熟，他们期望能够近距离、多方式地与旅游吸引物接触，通过直接参与特色活动，并从视觉、触觉、味觉等多方面来体验景区特色以及目的地居民的生活方式。这种体验属于中度体验，旅游者在身体上、精神上与旅游吸引物和目的地居民有部分的接触和交流，能创造出自己独特的体验。

深度体验是指旅游者完全融入旅游产品中，与旅游景区和当地居民进行零距离接触，深刻体验景区的特色和文化。例如像探险家去了解和征服自然景观一样，像目的地居民一样生活，通过完全融入吸引物和当地居民中来体验当地文化。深度体验是超越自己的体力和智力，尝试另一种生活方式，在实现自我价值中获得成就感和快乐感。我国少数旅行社对深度体验进行了初步尝试，如深圳国旅推出了深度旅游第一线，"沿着洛克的道路——最后的香格里拉"十天科考探险团，由植物学家陪同，沿途认知特殊的生态环境和采集绮丽的高山野生花卉制成标本带回，团员们还像职业探险家一样，要学会野营、登山、骑马、漂流及求生技巧等，与旅游吸引物全方位地接触，留下了终生难忘的体验。

2. 旅游体验营销的概念

旅游体验营销是指旅游企业根据旅游者情感需求，结合旅游产品和服务的属性(卖点)，策划有特定氛围的营销活动，让旅游者参与并获得美好而深刻的体验，满足其情感需求，从而扩大旅游产品和服务销售的一种新型的营销活动方式。

3. 旅游体验营销的意义

旅游服务的本质是为旅游者提供一种或多种经历和体验,可以说体验与旅游有着直接的天然的联系,旅游者花费时间、金钱和精力,想换取的就是一种不同于惯常生活的新鲜体验。那么,旅游者在消费一项旅游服务时,他的主观感受与反应就显得尤为重要,这正是旅游企业实施营销的中心关注点,也是旅游产品的实际魅力所在。体验经济时代的到来,要求旅游企业必须适应营销环境的变化,转变传统营销观念,树立体验营销理念,使体验营销成为旅游营销的主要营销策略,这对于提升旅游业的经营质量和经济效益,促进旅游业的更好发展有着重要意义。

(1)旅游消费需求的变化呼唤体验式营销。旅游产品的生产与消费是同时进行的,这就意味着旅游者必须参与旅游产品的生产过程,这正好符合了体验营销与消费者互动的特征。旅游的实质就是一种异地体验,它是旅游者在旅游过程中一种或多种体验组合起来所形成的完整经历。这些体验包括娱乐体验、审美体验、教育体验和逃避现实体验等。旅游活动的开展本身也就是旅游资源及旅游工作人员同旅游者相互作用的过程。旅游企业应该好好利用这种相互作用,让旅游者充分参与其中,享受旅游体验的乐趣。

(2)有利于提高旅游者的满意度和忠诚度。一般来说,旅游者在消费过程中主要追求产品或服务的实际效用和心理价值,要使旅游者满意主要得靠产品或服务的实际效用,但要给其更高层次的满足甚至是惊喜,则更多地要考虑如何提高产品或服务的心理价值。旅游产品的心理价值和体验是密切相关的。旅游体验来自旅游活动对心理的触动,它所带来的感观、情感和文化价值,将同旅游产品和旅游服务共同构成旅游价值。

旅游产品的无形性决定了旅游者在购买旅游产品之前难以比较其性价比,大多只能根据自己的感性判断来选择旅游产品,这就使关注旅游者感性消费的体验营销有了用武之地。在一个合理的价格水平上,那些能够较好满足旅游者的体验需求的企业将更能赢得旅游者的青睐。精明的旅游者一旦发现哪家旅游企业能提供所需的体验时,就会持续购买,这样他们就省去了寻求新的旅游企业的成本和风险。这种购买活动的简化降低了旅游者的交易成本,使供需双方实现了双赢。

(3)有利于旅游企业找准产品定位,开展差异化经营。大众旅游时代的旅游产品往往具有均质、标准化、容易仿制等特点,这样就会因为缺乏核心竞争力而导致以降价来吸引旅游者的激烈的市场竞争。然而与工业产品不同的是,旅游企业控制成本的后果是产品质量迅速下滑。这也就是旅游市场上出现越来越多的散客自助旅游的原因,这种现象在某种程度上正是对大众旅游弊端的一种逆反。旅行社产品类型与服务的提供方式必须适应不同消费人群的需求。而体验营销就是旅游企业针对不同消费群体、不同层次的消费需求,结合旅游景区的自然及人文特色,进行差异化、个性化设计,为旅游者创造独特的体验,从而提升其核心竞争力。

4. 旅游体验营销的模式

为了迎合旅游者的体验需求,旅游业开展有效的体验营销势在必行。结合旅游产品的特点,旅游体验营销具有以下几种模式:

(1)确定体验主题。尽管旅游的本质需求超越了具体的产品和服务,但旅游活动仍然是旅游者参与和接触各种具体旅游产品和服务的过程。要使各种不同的旅游产品和服务给旅游者留下难忘的记忆,必须在各产品和服务间建立一定的关系,这种关系就是体验主题。制定明确的主题可以说是经营体验的第一步。主题化是营造环境、制造气氛、聚焦顾客注意力,使消费者在某一方面得到强烈印象、深刻感受的有效手段。主题是体验设计与传递的指导性纲领,将旅游企业的产品和服务以及每个要素和细节有机地结合在一起,企业所有营销手段都必须支持体验的主题。构建体验主题是旅游产品开发的基础,有了主题,各体验项目的开发目的明确,层次清楚,各项目之间互不冲突,并从不同方面突出和加深主题,从而留给旅游者强烈的印象。如果缺乏明确的主题,旅游者就抓不到主轴,就不能整合所有感觉到的体验,也就无法留下长久的记忆。

(2)整合多种感官刺激,建立与旅游者的接触。主题是设计体验的基础,但它需要在旅游企业和旅游者接触的过程中被正确地传递,因此旅游企业应该在与旅游者接触过程中,整合多种感官刺激,创造统一的体验效果。

贝恩特·施密特认为,体验营销是站在消费者的感官(sense)、情感(feel)、思考(think)、行动(act)、关联(relate)五个方面,重新定义、设计营销的思考方式。此种思考方式突破了传统的"理性消费者"的假设,认为消费者的消费兼具理性和感性,消费者在消费前、消费时、消费后的体验,才是研究消费者行为与企业品牌经营的关键。他将不同的体验形式称为战略体验模块(strategic experiential modules,SEMs),以此来形成体验营销努力的目标与战略。体验通常不是自发的而是诱发的,当然诱发并非意味消费者是被动的,而是说明营销人员必须采取体验媒介。可以从影响消费者行为的内部因素入手,通过视觉、听觉、味觉、嗅觉和触觉多方式传达产品信息,创造体验。

旅游企业与旅游者通过多个接触点或面取得关联,进行信息、服务和产品的交换。各个接触点都是联系旅游者、愉悦旅游者,给他们提供正确信息和丰富他们生活的机会,接触过程中可以提高或降低通过品牌体验建立起来的顾客体验。例如,希尔顿酒店集团上市的互动项目中,首先确认出产品购买前后的17个主要接触点,包括预订、品牌沟通、销售和顾客管理的沟通、到达和入住、叫醒和留言、礼宾服务、客房送餐、商务中心等。立足于接触点,实现服务的个性化,将品牌带进生活,培养忠诚度。

(3)强体验效果的阶段性检验。由于每个旅游者的体验感受是不同的,而旅游者在旅游企业设计的活动中可能感受到的是与企业最初设想不完全相同的体验,旅游企业很难完全预测或完全控制旅游者的思想,因此旅游企业必须在一段时间后检验体验效果检验旅游者的体验,一方面要调查旅游者在消费过程中是否存在与企业当初设计的体验完全相悖的负体验;另一方面调查旅游者在消费过程中的自我创新,也就是企业当初没有想到的,对旅游企业将来发展非常有利的新的体验方式和体验内容。针对负体验,旅游企业需要对体验活动的设计进行调整,或是通过旅游者的反馈,引导旅游者的思想朝正方向思考并行动。针对旅游者在体验过程中的自我创新,旅游企业要进行评估,它可能是旅游者价值观和意识形态变化的一种预先反应。要想使体验长久新鲜,就必须了解旅游者的思想变化,并引导他们。

(4)开展内部营销。员工服务是旅游者产生亲切感与自豪感的重要来源,优秀的服务员不仅是服务的提供者和承担者,而且是情感的沟通者和传递者。服务一方面可以使员工把企业的情感、价值、理念传递给顾客;另一方面又可以把顾客的满意、情谊、感受反馈给企业。这种相互沟通的行为可以使服务升华,不断进入新境界。服务业特别重视服务情景中的员工与旅游者面对面接触的真实时刻(the moment of truth)管理,这一切都是为了给旅游者一个快乐体验。

快乐的人才能创造出快乐并去经营快乐,因此在让旅游者感到快乐之前,先要让员工精神起来、快乐起来。在体验营销的过程中,旅游企业先要进行内部营销。例如:引导员工的思想转变,接受领悟到自觉实施体验营销;设计有利于实施体验营销的组织平台;进行有效的员工培训,使员工完全融入企业,在为旅游者提供满意的服务和体验之前,达到很高的企业忠诚度和满意度。

第二节　旅游营销前沿

一、智慧旅游与旅游市场营销

(一)智慧旅游的概念及特点

1. 智慧旅游的概念

智慧旅游是指利用信息技术手段,提高旅游的质量、效率和便利性的旅游方式。它包括整个旅游过程中的各个环节,如旅游目的地的选择、行程规划、预订支付、旅游服务、旅游评价等。通过智慧旅游,旅游者可以更加轻松、便捷地完成旅游过程,同时也可以提高旅游产业的效率和服务质量。

2. 智慧旅游的特点

(1)信息化服务。智慧旅游应用信息技术为旅游者提供更为全面、实时、个性化、交互性的旅游信息服务。如基于人工智能技术的智能语音导游、移动端 App、电子地图、AR/VR 等的应用,能够让旅游者更好地了解目的地的景点、餐饮、住宿等旅游信息。

(2)精细化管理。智慧旅游借助物联网、云计算等新一代信息技术手段,实现了对旅游资源和旅游者行为的精细化管理,包括景区游客实时监控、旅游数据分析、智能化安保等。

(3)智能化体验。通过科技手段的不断创新,旅游者能够享受到更为智能化、个性化、互动化的旅游体验。例如智能化导览、智能化购物、智能化餐饮等。

(4)绿色可持续。智慧旅游注重环保理念,倡导低碳出行、绿色旅游、文化保护等,使旅游资源利用更加合理,旅游业的发展与生态环境的保护相协调。

(5)创新型发展。智慧旅游引领旅游业的转型升级,推动旅游业从传统的线下业务向互联网、大数据、人工智能等线上业务转型。旅游企业也在不断创新产品、服务模式,实现了全新的市场拓展和业务模式创新。

3.智慧旅游的发展历程

(1)初期阶段(2000—2010年)。在这个阶段,智慧旅游主要是围绕旅游信息化、电子商务和互联网技术的应用展开。旅游企业开始利用互联网发布旅游产品和服务信息,让旅游者可以通过网络进行旅游产品的搜索、选择和购买。同时,一些旅游门户网站、在线旅游平台和社交媒体开始涌现,它们为旅游企业提供了一个新的销售渠道,也为旅游者提供了更加方便、快捷、实惠的旅游服务。

(2)发展阶段(2010—2015年)。随着移动互联网、云计算、大数据等新技术的出现,智慧旅游开始进入了一个新的发展阶段。旅游企业开始利用移动终端开发旅游App,让旅游者可以随时随地通过手机或平板电脑获取旅游信息和服务。同时,旅游企业也开始利用大数据分析技术,收集和分析旅游者的旅游数据,以更好地了解旅游者的需求和偏好,提供更加个性化的定制旅游服务。

(3)智慧化阶段(2015—2020年)。在智慧化阶段,智慧旅游开始发生重大变化。随着5G技术的推广和应用,智慧旅游开始进入了一个全新的时代。旅游企业可以利用5G技术提供更加高效、快捷、智能化的旅游服务。同时,人工智能、区块链等新技术的应用也为智慧旅游的发展提供了更多的可能性。旅游企业可以利用这些新技术实现智能化管理、智能化营销和智能化服务,提高旅游服务的质量和效率。

(4)未来发展阶段(2020年以后)。在未来发展阶段,智慧旅游将进一步智能化和智慧化。未来,智慧旅游将更加注重数据共享、开放式创新和协同发展。旅游企业将会更加重视智慧旅游的生态系统建设、实现旅游产业链的协同发展和优化升级。同时,智慧旅游将会更加注重旅游者的个性化和差异化需求,提供更加多样化、个性化和定制化的旅游服务。

(二)智慧旅游的技术手段

1.人工智能技术在智慧旅游中的应用

人工智能技术在智慧旅游中的应用可以提高旅游行业的效率和质量,为旅游者提供更好的旅游体验。

(1)个性化推荐和定制化服务。基于用户和旅游目的地的数据,人工智能可以分析用户的兴趣和偏好,推荐最适合用户的旅游线路、酒店和景点,为用户提供个性化的旅游体验。

(2)智能客服和语音识别。人工智能可以实现智能客服,通过语音识别和自然语言处理技术,自动回答旅游者的问题,并为旅游者提供帮助。比如,机器人客服可以回答旅游者关于酒店、景点、交通等方面的问题,并且还可以提供语音导航服务,帮助旅游者更快地找到目的地。

(3)联合运营和数据共享。人工智能可以帮助旅游行业实现联合运营和数据共享。通过数据分析和预测,人工智能可以协调各个旅游服务商之间的合作,提高旅游产品和服务的整体效益。

(4)安全保障和风险评估。人工智能可以分析旅游行业的安全数据和风险情况,提供风险评估和预警服务。比如,人工智能可以通过分析天气数据和交通拥堵情况,提前预测交通安全风险,为旅游者提供安全保障。

2.大数据技术在智慧旅游中的应用

大数据技术在智慧旅游中的应用非常广泛,可以用来分析旅游者行为、预测需求、推荐景点、提高服务质量等。以下是几个方面的具体应用:

(1)行为分析。通过对旅游者的行为轨迹、停留时间、购买记录等数据进行分析,可以了解旅游者的兴趣爱好、消费习惯等信息,从而精准推荐旅游产品和服务,提高客户满意度。

(2)需求预测。利用大数据技术可以对旅游者的出行需求进行预测,以便旅游企业在产品设计、价格策略等方面做出更加科学的决策,从而提高市场竞争力。

(3)景点推荐。基于旅游者的个人喜好和历史行为数据,智能系统可以针对性地推荐最符合其喜好的景点和活动,提高旅游者的满意度和忠诚度。

(4)服务优化。通过对旅游者反馈的意见和建议进行分析,旅游企业可以及时发现问题并进行改进,提高服务质量和客户满意度。

(5)营销策略。基于大数据分析,旅游企业可以更加精准地制定营销策略,从而提高品牌知名度和销售业绩。

3.云计算技术在智慧旅游中的应用

云计算是指通过网络将计算资源、软件、数据等进行共享和传输,以提供各种服务和应用的一种技术模式。在智慧旅游中,云计算技术的应用主要体现在以下几个方面:

(1)旅游信息管理。云计算技术可以为旅游企业提供一种安全高效的信息管理方式,将旅游资源信息、旅游订单信息等存储在云端,方便企业随时查询和管理。

(2)旅游资源调配。云计算技术可以通过对旅游资源数据的分析和处理,为旅游企业提供更加精准的旅游资源调配方案。例如,通过对旅游数据的挖掘和分析,可以帮助旅游企业了解旅游产品的受欢迎程度,进而调整旅游资源的分配。

(3)旅游营销推广。云计算技术可以为旅游企业提供一种智能化的营销推广方式,例如通过对旅游者的数据进行分析和挖掘,精准推送符合旅游者需求的旅游产品。

(4)旅游安全保障。云计算技术可以通过对旅游安全数据的实时监控和分析,及时发现和解决旅游安全问题。例如,通过对旅游者的位置信息进行实时监控,可以及时预警和处理旅游者遇到的安全问题。

(三)智慧旅游与旅游市场营销

智慧旅游是指通过信息技术手段为旅游者提供更便捷、高效、智能的旅游服务;旅游市场营销则是指通过营销手段为旅游产品和服务获取市场需求和销售收益的过程。智慧旅游与旅游市场营销是紧密相关的,两者相互促进,相互影响,彼此提高。

1. 信息获取与分析

智慧旅游通过大数据技术收集旅游者的个人信息、旅游行为数据、旅游心理需求等数据,并对这些数据进行分析和挖掘,提供给旅游市场营销者更全面、精准、可靠的市场信息,有助于他们做出更明智的市场决策。

2. 个性化定制

智慧旅游通过人工智能技术和算法模型,为旅游者提供个性化定制的旅游产品和服务。旅游市场营销者可以根据旅游者的个性化需求和偏好,开发符合市场需求的旅游产品和服务,提高市场竞争力。

3. 互动营销

智慧旅游通过移动互联网技术和社交媒体,给旅游者提供互动交流的平台。旅游市场营销者可以通过这些平台开展互动营销活动,增强与旅游者的互动和联系,提高市场知名度和品牌认知度。

4. 实时服务

智慧旅游通过云计算技术和物联网技术,为旅游者提供实时的旅游服务,旅游市场营销者可以通过这些技术提高服务效率和质量。

(四)智慧旅游的未来发展趋势

智慧旅游作为旅游行业的新兴概念和技术,其未来发展趋势主要包括以下几个方面:

1. 智能化升级

未来智慧旅游将更加智能化,涵盖更多的领域和细分市场,如智能客房、智能导游、智能交通等,为旅游者提供更加便捷、高效、舒适的旅游体验。

2. 数据化应用

随着旅游行业的不断发展,数据积累将越来越多,未来智慧旅游将会更多地依赖大数据技术,通过数据分析和挖掘,实现智慧旅游的精细化、个性化和差异化,更好地满足旅游者的需求。

3.科技创新

未来智慧旅游的发展离不开技术创新,旅游企业需要通过技术创新不断提高智慧旅游产品和服务的质量和水平,为旅游者提供更具竞争力的产品和服务。

4.生态融合

未来智慧旅游将更加注重与生态环境的融合和共建,实现智慧旅游与生态旅游的有机结合,促进旅游行业的可持续发展。

5.国际化拓展

随着全球旅游业的不断发展和国际旅游市场的不断扩大,未来智慧旅游将更多地拓展到海外市场,实现智慧旅游的国际化发展,推动旅游行业的全球化进程。

二、旅游定制化营销

(一)定制化营销的概念

定制化营销是指基于消费者的个性化需求和偏好,为消费者提供量身定制的产品和服务,并通过个性化的营销手段进行推广和销售的营销模式。它将消费者作为市场营销的中心,通过了解消费者的需求、喜好和行为特征,提供个性化的产品设计、服务体验、营销策略和沟通方式,实现市场竞争优势和品牌增值。定制化营销是市场营销中个性化营销的一种,其目的是让消费者得到更满意的产品和服务,同时提升品牌形象和市场竞争力。

(二)定制化营销的特点

1.个性化

定制化营销是一种针对个体差异化的营销模式,通过对每位客户的需求进行详细分析,提供个性化的产品和服务,满足客户个性化需求。

2.高价值

定制化营销是一种高价值的服务,其目标是为客户提供高品质、个性化的产品和服务,提高客户忠诚度和满意度。

3.精准营销

定制化营销是一种精准的营销方式,通过对客户的数据分析,定位客户的需求和喜好,从而提供更符合客户需求的产品和服务。

4.灵活性

定制化营销是一种灵活的营销模式,可以根据客户的实际需求,调整和改变产品和服务的组合,以满足客户的不同需求。

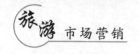

5.高成本

由于定制化营销需要对每个客户进行个性化需求的分析,因此其成本相对较高,需要在产品设计、生产、推广等多个方面进行投资。

6.高回报

虽然定制化营销的成本较高,但由于其能够满足客户个性化需求,提高客户忠诚度和满意度,因此能够带来更高的回报和利润。

7.长期性

定制化营销是一种长期性的营销模式,需要不断与客户保持沟通和交流,了解客户需求的变化,并及时调整产品和服务的组合,以保持客户满意度和忠诚度。

(三)定制化营销的实施步骤

1.调查和分析客户需求

了解客户的兴趣、偏好、需求和消费习惯等方面的信息,这些信息通过市场调研和数据分析等手段来获取。这个步骤非常重要,它是制定个性化旅游产品和服务的基础。

2.制定旅游产品和服务

在了解客户需求的基础上,根据客户的特点和需求,制定符合客户需求的个性化旅游产品和服务方案。这些产品和服务包括行程路线、住宿、交通、餐饮、娱乐等。

3.推广和宣传

定制化旅游产品和服务需要通过广告、宣传和推广等方式让目标客户群体知晓。这个步骤可以通过社交媒体、微信公众号、线上广告和线下展会等方式来实现。

4.确定定价策略

由于定制化旅游产品和服务的个性化程度比较高,因此定价也需要根据客户的需求和旅游产品的实际情况来制定。通常定制化旅游产品和服务的价格会比较高,但也能够得到更好的客户满意度和口碑效应。

5.确定服务标准

定制化旅游产品和服务需要有更高的服务标准,包括行程安排的合理性、服务质量的保证、旅游服务的安全性等。这个步骤可以通过与旅游供应商合作、设立专业团队等方式来实现。

三、主题旅游产品营销

(一)主题旅游产品的定义

1.主题旅游产品的概念

主题旅游产品是指以某一主题或特定主题元素为核心,满足特定旅游需求和兴趣的旅游产品。它不仅包括传统的文化、历史、自然景观等主题,还包括新兴的运动、探险、亲子、美食等主题,旨在为游客提供更为个性化的旅游体验。

 案例拓展 10-1

柳州螺蛳粉主题旅游

近年来,柳州螺蛳粉以其独特的口感和文化魅力,成了中国乃至世界各地游客的热门选择之一。针对这一趋势,柳州市政府决定推出柳州螺蛳粉主题旅游产品,进一步推动当地旅游业的发展。

据了解,该主题旅游产品包括柳州螺蛳粉美食文化之旅、螺蛳粉生产工艺参观之旅、螺蛳粉文化艺术之旅等多个主题线路。游客可以在行程中品尝各类口味的螺蛳粉,了解其历史渊源和独特制作工艺,还可以欣赏由当地艺术家打造的螺蛳粉主题艺术作品。

该主题旅游产品的推出得到了游客的热烈响应。据当地旅游部门统计,自该产品上线以来,游客预订量明显增加,其中不少游客还自行制定了螺蛳粉品尝线路,进一步促进了当地餐饮业的发展。

柳州市政府表示,将继续加大对主题旅游产品的开发力度,进一步丰富旅游产品种类,提高旅游业的吸引力和竞争力,推动柳州市旅游产业的可持续发展。(资料来源:付华周,人民网 2023-05-31)

2. 主题旅游产品的特点

(1)突出主题性。主题旅游产品是以特定主题为核心,设计相关的行程、活动和体验,使旅游者能够深度体验与主题相关的文化、风俗和历史等方面的内容。

(2)强调个性化。主题旅游产品的设计和行程规划都是基于旅游者的需求和喜好,因此更加个性化,能够满足旅游者的多种需求。

(3)丰富多彩。主题旅游产品丰富多彩,其具体内容包括参观博物馆、品尝当地美食、体验当地文化、探索自然景观等。

(4)高附加值。由于主题旅游产品突出了主题性和个性化,使得旅游者可以获得更加深入的旅游体验,从而提高了产品的附加值。

(5)长期稳定性。主题旅游产品的特定主题和体验要素的长期稳定性比较高,可以为企业带来长期稳定的经济效益和品牌效应。

(二)主题旅游产品的开发

(1)市场调研。了解目标市场的需求、兴趣和偏好,确定适合的主题旅游产品类型。

(2)主题设计。根据市场调研结果和目标市场的需求,设计符合主题的旅游产品。主题旅游产品可以基于文化、历史、艺术、自然、体育、娱乐等主题。

(3)产品策划。确定主题旅游产品的行程、服务、活动、费用等方面的细节,制定详细的产品方案。

(4)资源整合。整合旅游资源,包括酒店、交通、景点、导游等,以满足旅游产品方案的需要。

(5)产品宣传。通过宣传推广渠道,向目标市场宣传主题旅游产品的特点和亮点,吸引潜在旅游者。

(6)产品销售。将主题旅游产品推向市场,通过合适的销售渠道销售产品,吸引旅游者购买。

(7)服务提供。为旅游者提供优质的旅游体验,包括提供服务、解决问题、收集反馈等,提升旅游者满意度。

(8)产品改进。通过旅游者反馈和市场需求的变化,及时调整和改进主题旅游产品,保持其竞争力和市场地位。

(三)主题旅游产品的营销策略

1. 整合营销策略

整合各种营销手段,包括广告、促销、公关、直邮、电子商务等,以提高产品知名度、品牌形象和销售业绩。

2. 社交媒体营销策略

利用社交媒体平台,如微信、微博、抖音等,发布旅游产品信息,提高产品曝光度、关注度和销售转化率。

3. 移动互联网营销策略

基于移动互联网技术的营销手段,包括手机客户端、移动网站、短信营销、App推广等,以满足旅游者的随时随地订购需求。

4. 电子商务营销策略

通过在线预订、在线支付、在线客服等方式,提高旅游产品的销售效率和用户体验。

5. 活动营销策略

举办各种主题活动、促销活动、社区活动、合作推广活动等,以吸引潜在旅游者,提高产品认知度和销售业绩。

6. 口碑营销策略

通过口碑传播、用户评价、社交分享等方式,增强旅游者对产品的信任度和认可度,提高产品的口碑效应。

本章小结

1. 旅游关系营销是指以系统论和大市场营销理论为基本思想,将旅游企业置身于社会经济大系统中来考察旅游企业的市场营销活动。旅游企业市场营销是一个与旅游者、竞争者、供应商、分销商、政府机构和社会组织发生互动作用的过程,旅游企业市场营销的核心是正确处理与这些个人和组织的关系,建立与发展同相关个人和组织的良好关系是旅游企业市场营销成功的关键因素。

2. 生态旅游市场营销是对传统旅游市场营销的继承和发展,它是在可持续发展理念和社会市场营销观念指导下的旅游绿色营销。它是指旅游经济个体在生产经营活动的各个阶段减少或避免环境污染和资源破坏,在市场营销过程中注重生态环境保护,建立自己的竞争优势,利用各种营销方式赢得社会的认可,制造和发现市场机会,通过长期满足现有和潜在旅游者的需求,来实现自己的目标。生态旅游市场营销是连接生态旅游产品与生态旅游市场的基本环节,也是生态旅游经营管理的中心环节。

3. 旅游绿色营销是指包括旅游景区(景点)、酒店、旅行社在内的所有旅游企业在旅游经营过程中要体现"绿色"。在旅游营销中注意对地球生态环境的保护,是绿色营销理论在旅游业中的具体应用。

4. 节庆旅游营销是旅游节庆组织者以节庆旅游者的需求为出发点,有计划地组织各项旅游节庆活动,为旅游者提供满意的活动和服务而实现旅游节庆活动目标的过程。

5. 旅游体验营销是指旅游企业根据旅游者情感需求的特点,结合旅游产品,服务的属性(卖点),策划有特定氛围的营销活动,让旅游者参与并获得美好而深刻的体验,满足其情感需求,从而扩大旅游产品和服务销售的一种新型的营销活动方式。

核心概念

生态营销　生态旅游营销　旅游营销　节庆旅游营销　体验营销

课后思考题

1. 旅游关系营销具有哪些特点?
2. 生态旅游市场营销的主要目的是什么?
3. 旅游绿色营销的内容有哪些?
4. 节庆旅游营销的特征有哪些?
5. 旅游体验营销的模式有哪些?

参考文献

[1]沈雪瑞,李天元,曲颖.旅游市场营销[M].北京:中国人民大学出版社,2022.
[2]廖钟迪.旅游市场营销[M].武汉:华中科技大学出版社,2020.
[3]赵书虹,杜靖川.旅游市场营销学[M].北京:高等教育出版社,2018.
[4]赵西萍.旅游市场营销学[M].北京:高等教育出版社,2020.
[5]鲍富元.旅游市场营销学[M].北京:机械工业出版社,2021.
[6]陈丹红.旅游市场营销学[M].北京:清华大学出版社,2019.
[7]邓卓鹏,李慧.旅游市场营销[M].湖南:湖南大学出版社,2018.
[8]吴旭云.旅游市场营销[M].上海:上海交通大学出版社,2020.
[9]赵西萍.旅游市场营销学[M].北京:高等教育出版社,2020.
[10]陈丹红.旅游市场营销学[M].北京:清华大学出版社,2019.
[11]吴旭云.旅游市场营销[M].上海:上海交通大学出版社,2020.
[12]李博洋.旅游市场营销[M].北京:清华大学出版社,2019.
[13]梁入月,熊庆蓉,马香.旅游市场营销[M].北京:北京交通大学出版社,2016.
[14]刘颖,李娟.旅游市场营销[M].北京:中国商业出版社,2016.
[15]安贺新,史锦华,韩玉芬.旅游市场营销学[M].北京:清华大学出版社,2016.
[16]李翠霞,林士.旅游市场营销[M].北京:中国轻工业出版社,2022.
[17]王培俊,马扬梅.旅游市场营销[M].北京:北京师范大学出版社,2021.
[18]李学芝,宋索红.旅游市场营销策划[M].北京:中国旅游出版社,2021.
[19]陈雪阳,吕沛,毛娟.旅游市场营销[M].广西:广西师范大学出版社,2020.
[20]李光瑶,石斌,刘从立,等.旅游市场营销[M].北京:清华大学出版社,2016.
[21]郭英之.旅游市场营销[M].大连:东北财经大学出版社,2014.
[22]张颖.旅游市场营销[M].大连:东北财经大学出版社,2016.
[23]徐春波.旅游市场营销[M].北京:中国纺织出版社,2009.
[24]陈国柱.旅游市场营销学[M].天津:天津大学出版社,2010.
[25]张念萍.旅游市场营销[M].北京:中国旅游出版社,2016.
[26]宋国琴.旅游市场营销学[M].杭州:浙江大学出版社,2016.
[27]赵毅.新编旅游市场营销[M].北京:清华大学出版社,2011.

[28]陆雄文.管理学大辞典[M].上海:上海辞书出版社,2013.

[29]吴健安.市场营销学[M].北京:高等教育出版社,2011.

[30]刘葆.市场营销学[M].合肥:安徽大学出版社,2009.

[31]程道品.旅游市场营销学[M].北京:北京大学出版社,2010.

[32]龙雨萍.旅游市场营销理论与实务[M].武汉:华中科技大学出版社,2019.

[33]吴建安.市场营销学(精编版)[M].北京:高等教育出版社,2012.

[34]孙九霞,陈钢华.旅游消费者行为学[M].大连:东北财经大学出版社,2015.

[35]朱承强,曾琳.现代酒店营销实务[M].武汉:华中科技大学出版社,2016.

[36]鲁峰.旅游市场营销学[M].北京:中国科学技术出版社,2008.

[37]董倩,张荣娟.旅游市场营销实务[M].北京:北京理工大学出版社,2018.

[38]杨艳蓉.旅游市场营销与实务[M].北京:北京理工大学出版社,2016.

[39]雍天荣.旅游市场营销[M].北京:对外经济贸易大学出版社,2008.

[40]陈国柱.旅游市场营销学[M].天津:天津大学出版社,2010.

[41]孟韬.市场营销策划[M].大连:东北财经大学出版社,2018.

[42]纪宝成.市场营销学教程[M].北京:中国人民大学出版社,2012.

[43]科特勒,鲍文.旅游市场营销[M].北京:清华大学出版社,2019.

[44]所罗门.消费者行为学[M].北京:中国人民大学出版社,2018.

[45]杨振之,周坤.旅游策划理论与实务[M].武汉,华中科技大学出版社,2019.

[46]檀小舒,陈樱.旅游市场营销与策划[M].厦门:厦门大学出版社,2015.

[47]张圣亮.服务营销与管理[M].北京:人民邮电出版社,2015.